優婆塞戒經講記

——第一輯

——平實導師　講述

ISBN　986-81358-2-6

目錄

自序

宣講菩薩戒的經典，有《梵網經、地持經、菩薩瓔珞本業經、優婆塞戒經》以及《瑜伽師地論》，此書所宣講之經典是其中一部經典，全名爲《菩薩優婆塞戒經》。

此經專爲在家菩薩宣示菩薩戒的精神，詳細的說明：在家菩薩修學佛法以布施爲第一要務。佛陀如是開示之目的，實因佛菩提道之修證，必須先修集見道、修道、入地、成佛所必須具備之福德；若福德不具足者，即無可能進入大乘見道位中；欲求修道實證及成佛者，即無可能；是故菩薩以修施爲首，次及持戒、安忍、精進、禪定，然後始能證悟而發起般若智慧，進入大乘見道位中。

非唯見道必須有福德爲助，乃至見道後修學相見道位觀行所得之智慧，亦須具備福德作爲進修之資糧；如是次第進修諸地，莫不如是；乃至即將成佛之前的等覺位中，尚須百劫專修布施，頭、目、腦、髓、舍宅、妻、子，無一不可布施，都無貪著；以如是百劫難施能施所得福德，方能成就佛地三十二大人相及無量隨形好，具足如是廣大福德之後始能成佛。由是緣故，佛說菩薩六度乃至諸地所修十度波羅蜜，都以行施爲首要。

然而布施與成就佛道之因果與關聯，屬於因果之了知，其中原理並非等覺菩薩所能全部了知，故說因果之深細廣大，唯佛與佛方能究竟了知。而菩薩盡未來際之修行，恆以施爲上首，若不先行了知施因與未來受果之關聯者，即不能了知布施與異熟果報間之關係；若不知者，欲求諸菩薩盡未來際行施而成就佛果，殆無可能；由是緣故，佛爲菩薩弟子四眾宣演此經，令得知悉行施與果報間之因果關係。於此部戒經中，佛爲菩薩四眾細說「布施與菩薩世世不斷之可愛異熟果間之因果關係」，解說極爲深入；若能了知其義者，即可不退於菩薩六度，是故選取此經而爲菩薩四眾詳解之，欲助當代、後代菩薩四眾。

復次，此經亦詳說第一義諦之眞義，故於業行之說明中，宣示異作異受即是自作自受之眞義；如是正義，於一般經典中難得一見。若能確實了知其義，則於行施之際，既可不執著於未來世必將獲得之菩薩可愛異熟果報，亦可繼續行施，修集廣大福德，亦不致因此而壞世間法，導致家屬及世人之側目，令菩薩修施易得成功，道業因此而得助益；緣是，故選此經而爲眾人宣講，冀能助益菩薩四眾，同得見道而證菩提。

此外，初機學人樂種福田，然而大多不知福田與毒田差別所在；往往正當種福田時，所種卻是破壞正法之毒田。如是求福反成助惡之因由，端在不知三乘菩提差異所致，是故聞說深不可測之如來藏妙法時，即因名師誤導之故，即等視如來藏妙法同於外道神我，由是而極力護持否定如來藏之邪師，產生了力助破法者之愚行，以冀如來藏妙法消失不傳。由是緣故，欲藉此經中　佛所宣演三乘菩提異同所在之正法智慧力，令諸學人悉得了知眞實福田與假名福田——毒田——之差異所在，由是而令修學菩薩行者所作布施，悉皆正得廣大福德。今此戒經之中，對於三乘菩提之差異所在，有極爲詳盡之剖析；學人讀已，即能深入了知同異所在，以後修學佛道之時，庶幾有眼能判、功不唐捐。

又：戒爲修行之基本，未有不持清淨戒而能證得見道、修道功德者。此經中對於菩薩戒戒相施設之精神，以及戒之犯重與犯輕、性罪與戒罪，都有極爲詳盡之開示；了知戒相及　佛設戒之精神者，即可把握持戒之精神，以戒法之智慧來持戒，不被戒相所繫縛而得身心自在、自不犯戒；如是生起戒體而自然不犯，庶能進道，是故選取此經而說之。

又如十善業道與十惡業道，其中之因緣果報正理，亦有詳細說明。並且特別說明：有人行於少施而得解脫分，有人行於大施而不得解脫分，悉皆各有其原因。若人能細讀此經，並且深解其義趣者，則求二乘解脫之道，輕易可得；然後進求大乘菩提，易得入道，未來成佛之道歷然於心，終無疑惑。如是眾理，於此戒經悉有開示。今將講記發行於世，願我佛門四眾弟子證解　佛旨，悉蒙法益。即以爲序。

菩薩戒子　**平實**　敬識

於公元二〇〇五年中秋

《菩薩優婆塞戒經》卷一

〈前言〉

《楞嚴經》講到這裡，已經圓滿了！接著講《菩薩優婆塞戒經》。以前我們講《楞嚴經》時，僅是經名的「大佛頂」兩、三個字，就要講兩個鐘頭了！但是我們在這部經中，經題將只作簡單的說明就會帶過去；因為這部經是講戒，戒比較偏在事相上，所以不在「菩薩」等意思上面廣作說明；但這部經中既說戒，也同時演說第一義諦，是諸位所沒聽過的，所以我們選這一部律經來說。雖然聽者不一定都是優婆塞、優婆夷，但是比丘、比丘尼聽這一部經，也可以攝取到很重要的知見，所以我們選了這一部經來講。優婆塞講的是在家的男眾，但這部經中的優婆塞戒也函攝在家的女眾，是一體通用的，並不只限優婆塞。《優婆塞戒經》如果不函蓋優婆夷的話，這部經就要改名叫做《優婆塞及優婆夷戒經》，那就很累贅了，因此就以「優婆塞」代表在家二眾。「優婆塞戒」，顧名思義就是說：這部經是以宣講在家戒爲主，並且是以在家的男眾菩薩爲主。爲什麼說這是菩薩的戒經呢？因爲這一部戒經是爲在家菩薩說的，不是爲南傳佛法的二乘人說的，所以叫做《菩薩優婆塞戒經》。接著先講第一品：

〈集會品〉第一

【如是我聞：一時佛在舍衛國祇樹林中阿那邠坻精舍，與大比丘僧千二百五十人、五百比丘尼、千優婆塞、五百乞兒俱。爾時會中有長者子，名曰善生，白佛言：「世尊！外道六師常演說法，教衆生言：『若能晨朝敬禮六方，則得增長命之與財。何以故？東方之土屬於帝釋，有供養者，釋提桓因則爲護助。南方之土屬閻羅王，有供養者，彼閻羅王則爲護助。西方之土屬婆樓那天，有供養者，彼婆樓那則爲護助。北方之土屬拘毘羅天，有供養者，彼拘毘羅則爲護助。下方之土屬於火天，有供養者，火天則爲護助。上方之土屬於風天，有供養者，彼亦爲護。』世尊！佛法之中，頗有如是六方不耶？」】

講記　這一段經文是說《優婆塞戒經》的緣起。有了這個緣起，後來才會傳到中國來，是從印度來的曇無讖法師把這部戒經翻譯出來的。一切經都會把翻譯者的姓氏名號列在經前。中國地區首傳菩薩戒，是由曇無讖菩薩初傳；至於曇無讖的悟與未悟，則非所記。只要曾經受過梵網、瓔珞……等菩薩戒，不管他是在家或出家，都可為人傳授梵網……等菩薩戒。

當年曇無讖傳菩薩戒時，並不是很樂意傳給別人的，他的姿態很高。當年有一位道進法師去求曇無讖法師為他授菩薩戒，曇無讖不肯傳；他求了很久，曇無讖始終不傳給他；好像是前後求了三年，結果都不肯傳。後來道進法師也不怪曇無讖惜戒不傳，他只怪自己業障深重，自己每日努力懺悔；懺悔了大約三年左右，他夢見佛菩薩為他說戒，這時曇無讖也同時夢見他被傳戒了，所以說他有感戒之善，知道他可以得菩薩戒的戒體。所以在傳菩薩戒之前一定要教大家先作懺悔，沒有先懺悔，就算親受了，很可能得不到菩薩戒的戒體，因為可能還沒有感戒之善。道進法師夢見佛菩薩為他說戒以後，再去找曇無讖時，因為曇無讖也在同一時間夢見了，所以就說：「你終於有感戒之善啦！」才為他說菩薩戒的戒相，也為他傳戒。但是，其實道進法師已經先得到戒體了，因為佛菩薩已經先為他解說戒相，當他心中願意受持時，就已經是在夢中爲他傳戒完成了。這就是曇無讖在中國第一次傳戒，中國此時才有菩薩戒開始弘傳。

菩薩戒的弘傳，律部的《菩薩瓔珞本業經》中說：「其受戒者，夫婦、六親得互爲師授。」換句話說，如果丈夫去接受了菩薩戒回來，他就可以自行傳給妻子；如果是妻子先去受了菩薩戒回來，她也可以自行傳給丈夫。六親是指兄弟、姊妹、父母子女、師徒、君臣等，都可以「互爲師授」：丈夫可以當太太的戒師，太太可以當丈夫的戒師，兒子可以當父親的戒師，乃至徒弟也可以當師父的戒師：「夫婦、六親得互爲師授」，在《菩薩瓔珞本業經》中，佛如此開示。所以傳菩薩戒時不限制一定要出家的身分，重要的是你有親自去得到菩薩戒的戒體。

但是出家人受的聲聞戒及這部經講的優婆塞戒就不可以六親互傳了，乃至準出家戒的式叉摩那戒、沙彌戒，都不許互傳；你得要示現出家相，並且合乎出家戒的傳戒規定時，才可爲人傳授出家戒。所以 彌勒菩薩如果不以出家相示現在人間，而是示現在家相時，也不許傳出家戒及這個優婆塞戒，因爲這是 佛所規定的。優婆塞戒不是單指五戒，也不是出家戒，而是在家男眾菩薩所受戒的法，所以這部戒經的全名冠上「菩薩」兩個字，叫做「菩薩優婆塞戒」。

這一部經的緣起是由於佛在舍衛國的祇樹——就是祇陀太子所奉獻的樹林——及阿那邠坻所捐助的土地與精舍中講的。阿那邠坻就是給孤獨。那個園林叫作祇樹給孤獨園，因爲祇陀太子將園地賣給給孤獨長者，可是他說：「我這園裡的樹林並沒有賣給你，我只有賣地給你，所以這些樹林是我的；你買了園地捐給佛，我就把這些樹林也捐給佛。」然後他又捐了門樓那一小塊地，因爲那一塊地還沒有完成買賣過程，祇陀太子看給孤獨長者對 佛那麼恭敬崇信，所以他就不賣那一小塊地，就直接捐給 佛陀；又出資在那塊地上建了一個門樓，所以這個園林就合稱爲祇樹給孤獨園。一九八九年，我們去朝禮聖地時，那個門樓已經不在了。

這個園林的由來是這樣的：當年給孤獨長者去拜訪一位好友，這位好友卻沒有專心招待他，半夜裡一直在忙活兒；忙什麼活兒呢？忙著準備供品。因爲天亮以後要請 佛來供養，給孤獨長者就問：「你是要請誰來供養？請國王還是誰啊？爲何這麼用心？從晚上忙到半夜，還要忙到天亮去呢？」他的朋友說：「對國王，我不會這麼用心啦！我要供養的人不是國王。」給孤獨長者聽了覺得很疑惑：「難道還有比國王更尊貴的人嗎？」「有！」「是什麼人？」「是佛！」給孤獨長者聽到「佛」這個字，全身都感動起來（我光是聽到「佛」這個字，就感動生起雞皮疙瘩—毛髮悚然）。他就問：「佛是什麼樣的人物？值得你這樣誠心供養？」朋友就把 佛的功德大略說明了一些；給孤獨長者聽了，心想：「假使眞的如此，那我一定要去面見！」天還沒有全亮，他的朋友還沒有請 佛，給孤獨長者就先去見 佛了。佛知道他有善根，就向他開示；開示完了，他也證得初果了！

大家不要認爲這事情不可能，我們現在禪三開始時就先讓你得初果、然後再參禪：都是先把你的三縛結砍掉，然後再來幫助你開悟；三縛結不先砍掉，悟了還會生起懷疑而退轉啊！所以他聽完開示就證得初果了，當場就向 佛稟白說：「請您也來我們的國度，受我供養！」 佛就問：「你那邊有精舍園林嗎？不然你怎麼供養我呢？」他說：「我現在雖然沒有，等您去時就一定有了！」然後就請 佛派一位弟子與他一起回去，回到他的國家以後就到處去看地；假使有哪一塊地看中意了，就買下來供養 佛陀！

看來看去，阿難尊者看中一個園林：「這一塊園林不錯，因爲佛不喜歡熱鬧；這個園林離市鎮不遠，托鉢方便，環境又清幽安靜。」給孤獨長者就去問：「這一塊地是誰的？」有人說：「是祇陀太子的。」那就麻煩了。

給孤獨長者就說：「請太子把這一塊園地賣給我吧！」太子說：「我不賣！這塊地我很喜歡，不想賣！」給孤獨長者就纏著祇陀太子要他賣，後來祇陀太子受不了，就講了一句話：「就算你把金塊鋪滿了這塊地，我也不賣給你！」好！給孤獨尊者很聰明，就抓著這句話，去找仲裁者。現在台灣不是也有工商仲裁會嗎？當初他們印度也有這個風俗啊！給孤獨尊者就去找仲裁者說：「祇陀太子有說過：『就算你把黃金鋪滿了這塊地，我也不賣。』這意思就是說，我把黃金鋪滿那塊地，他就得賣給我！」仲裁者找了祇陀太子來問：「你眞的有講過這句話嗎？」「有！我有講！」「那你就賣定了。」「給孤獨長者！只要你把黃金鋪滿了，祇陀太子就得把這塊地讓給你！」裁決已定，太子不能反悔了。因爲當時印度的約定俗成正是這樣！那祇陀太子也只好認了嘛！

給孤獨長者就去把他埋藏在地底下的黃金挖出來，就開始鋪了，鋪到最後就只剩下門樓那一小塊地，他在那邊想：「我要把哪個部分的寶藏挖出來鋪？如果不需要很多，我全部挖出來不就曝光了嗎？」他正在考慮時，祇陀太子就說：「你看！沒有金塊了吧！」他心中這麼想，就說：「如果金塊不夠的話，那沒關係，這個買賣不必成交，你還是把你的黃金帶回去，我還是留著我的園地。」給孤獨長者說：「我不是沒有黃金，我是在考慮，要把哪一個地方埋藏的黃金挖出來鋪比較剛好！」祇陀太子覺得奇怪：「這是如何高貴的人？值得你這樣供養？」他就問：「請問你是要供養誰？肯這麼發大心？」給孤獨尊者就向太子說：「我買了你這一塊園地，是要供佛！」「佛是什麼啊？」給孤獨長者就向他說明　釋迦佛的功德：「我親眼見過了，我也在佛的開示下證果，所以法眞實、佛眞實。所以我要供佛。」祇陀太子聽完了就說：「人間眞的有佛啊！」就說：「好！那你不要再鋪黃金了，剩下的這一小塊地就由我來捐助，我再興建一個牌樓。另外，園林中的樹木也都還沒有議價買賣，你只是買了地皮；現在我把這些樹木也一起捐出來供養佛陀。」所以這個園林就叫做祇樹（祇陀太子的樹木）給孤獨長者的土地與精舍，所以合稱爲祇樹給孤獨園。當然，現在精舍都不在了，只剩下林木和一些地基和磚頭殘垣。

「如是我聞：一時佛在舍衛國祇樹林中阿那邠坻精舍，與大比丘僧千二百五十人、五百比丘尼、千優婆塞、五百乞兒俱」：「一時」二字，我們不要像大師們那樣去解釋，因爲解釋太長了其實沒有必要。一時是說這時，佛陀正在舍衛國的祇園精舍中，與大比丘僧一千兩百五十人同住（大比丘是說已經證得解脫果的比丘），還有五百位比丘尼同住，另有一千位優婆塞和五百位乞兒，與 佛陀同時都在給孤獨園中。這時有一位長者的兒子叫做善生（善生另有他的故事，現在不去講他，因爲我們的目的不在講故事），這位善生童子，因爲他當時還沒有結婚所以叫作童子；凡是沒有結婚的人，五十歲了還是叫作童子，這是古印度的規矩。善生童子向 佛稟白說：「世尊啊！外道六師常常演說一種法，他們這樣教導眾生說：『如果能在早上恭敬的禮拜六方，就可以增長壽命和財富。』爲什麼他們這麼說呢？他們教導的是說：『東方的境界是屬於帝釋。』」

帝釋天就是釋提桓因，我們中國人叫他作玉皇大帝。在佛法中說帝釋天是住在須彌山頂，不是在東方。東西南北四方是四大天王住的，所以帝釋天不是住在東方，外道講的和 佛說的不一樣。佛陀親眼看見他們住在哪裡，就依實際所見而說。帝釋天是住在須彌山頂，四大天王是須彌山的山腰東西南北四面，閻王則是住於下方，但是有時他會在天界掌管下方地獄的事情。外道說：「東方之土屬於釋提桓因，如果有人向東方禮敬供養，釋提桓因就護持他、幫助他。南方之土屬於閻羅王，如果有人供養禮拜，閻羅王就會幫助他、護持他，讓他增長壽命、增長財物。」佛法中說閻羅王是住於欲界天，但是每隔一段時間他就得受熔銅灌嘴之苦。佛教中的閻羅王是要受苦的，雖然他掌管地獄，還是得要因為業報而受苦。所以與道教所認知的作威作福的閻羅王是不一樣的。但是外道說南方是屬於閻羅王，其實在佛法中說南方是屬於增長天王，不是閻羅王。

外道又說：「西方之土屬於婆樓那天」，就是水天：「如果有人禮拜恭敬供養婆樓那天，這個水天就會護持他、幫助他，增長壽命與財物。」其實佛法中說，西方之土屬於廣目天王，不是水天。外道又說：「北方之土屬於拘毘羅天，如果有人恭敬供養北方之土，拘毘羅天就會幫助他。」但其實佛法說北方天王是毘沙門天，又叫做多聞天王，六師外道說的與佛說的不一樣。外道又說：「下方之土屬火天，有供養者，火天則為護助；上方之土屬於風天，有人供養時，風天就會護持幫助，讓他增長壽命和財物。」善生童子就來問：「世尊啊！我們佛法中是不是也有供養六方的說法呢？」但其實六方的說法是外道的說法，並不準確。他們是依人間眾生的想法自己來施設的，就好像藏密也施設了很多的「佛法」：譬如空行母、佛母、五色菩薩、五方佛、大樂光明、遷識法……等等妄想，都是自己施設的。善生童子問完了，佛陀開示說：

【「善男子！我佛法中亦有六方，所謂六波羅蜜。東方則是檀波羅蜜，何以故？始初出者，為出智慧光因緣故；彼東方者屬眾生心，若有眾生能供養彼檀波羅蜜，則為增長壽命與財。南方即是尸波羅蜜，何以故？尸波羅蜜名之為右，若人供養亦得增長壽命與財。西方即是羼提波羅蜜，何以故？彼西方者名之為後，一切惡法棄於後故，若有供養，則得增長壽命與財。北方即是毘離耶波羅蜜，何以故？北方名號勝諸惡法；若人供養，則得增長壽命與財。下方則是禪波羅蜜，何以故？能正觀察三惡道故；若人

供養，亦得增長命之與財。上方即是般若波羅蜜，何以故？上方者即是無上；無上故，若有供養，則得增長命之與財。善男子！是六方者屬衆生心，非如外道六師所說。」「如是六方、誰能供養？」「善男子！唯有菩薩乃能供養。」】

講記　佛開示說：「善生善男子啊！我這個佛法中也是有六方啊！我所說的六方是六種到彼岸的法：東方就是檀波羅蜜，爲什麼這樣說呢？因爲這就是一切到彼岸的法最初開始出現的處所啊！譬如世間的光明剛開始出來時，一定是從東方開始出來的；同理，我釋迦牟尼的佛法，最早開始出現智慧光的因緣，就是布施波羅蜜啊！東方既然是最初出現光明的地方，我佛法六波羅蜜中的第一個當然就是布施到彼岸啊！所以這是佛法智慧剛出的地方，所以東方叫做檀波羅蜜；因爲東方就是衆生的心啊！因爲衆生受苦樂果報的覺知心都是世世不斷的出生，才會有世世的壞滅，所以衆生心出生的地方就是東方，所以東方屬於衆生心啊！如果有人能供養布施波羅蜜，那就是供養衆生；既然是供養衆生，就會從被供養衆生的身上來增長了自己的壽命與財物。」因爲布施一定要有受者啊！如果沒有受者，如何能成就布施的功德呢？因爲有成就受布施的眾生存在，這個受布施的人就一定是眾生啊！東方是出生之處，所以說東方是眾生的出處；你布施給眾生，就是供養東方，你能供養布施波羅蜜——也就是布施到彼岸——波羅蜜就是到彼岸的意思。有人作了很多布施卻不能到彼岸啊！菩薩布施卻能到彼岸，這個等到後面再來說。那你如果能供養這個布施波羅蜜，就能增長你的壽命和財物，這就是供養東方。

供養南方就是修習持戒波羅蜜。持戒波羅蜜是經由持戒而到解脫的彼岸。爲何說南方是持戒到彼岸呢？因爲尸波羅蜜——持戒波羅蜜——稱之爲右方啊！南方正是在東方的右方嘛！這個右方叫做尸波羅蜜，叫做持戒波羅蜜。如果有人能供養持戒波羅蜜，他也可以增長壽命和財物啊！

西方就是羼提波羅蜜，就是忍辱波羅蜜啊！羼提翻譯成中國文叫做忍辱。這個忍波羅蜜是西方，當我們面向出生眾生的東方時，右邊就是南方，後方是屬於西方，所以「西方者名之爲後」；爲什麼要修忍呢？是對一切惡法都不要再去犯，要能安忍，以免造業；所以對一切惡法都要棄於身後，都不去看它，所以後方就是羼提波羅蜜；如果有人能供養這個西方——後方——那就可以得忍，由於得忍，就能增長壽命與財物。如果不能忍，偏要與別人爭到底，那就不好。有的人花錢就是這麼樣花的：當他向店老闆買物品時起了爭執，心中很不高興，他想：「老子有的是錢！」就去找房東把屋子買下來，然後把店老闆趕走。可是這樣買房子，當然要買很貴嘛！要付出較大的代價，這就是不能忍嘛！這樣哪能增長財物？他就要賠財了！人間眞的有這種人啊！我們曾遇見過啊！其實不過是雞毛蒜皮的小事情，只爲了一口氣不能忍，就去找房東買下來，付出高代價來報復店老闆。不能修忍，也會影響到壽命啊！有人因爲不能忍，看不慣別人說話或做事，故意瞄別人一眼，人家就對他「白的進、紅的出」，結果把命都賠了，何況財物呢？所以菩薩爲了道業的修習，得要能修忍！

北方就是精進波羅蜜，爲什麼呢？因爲北方有一個名號叫做勝諸惡法；後方是把惡法丟掉不顧，左邊的北方則是要勝過一切的惡法，不會被惡法所影響，這就是精進。所以如果有人能供養北方精進波羅蜜，當然可以增長壽命、增長錢財啊！每天晚上更以利樂眾生修學佛法的功德迴向，求佛菩薩加被多活個十年，壽命增長，當然也可以成就更多的道業。你又不斷地精進布施，利樂有情；精進的嚴持戒法，增長戒財，當然佛菩薩會加持你啊！讓你增長壽命、增長錢財啊！所以精進還眞的能勝諸惡法。

下方就是禪波羅蜜，爲什麼這樣說呢？因爲下方是要觀察人道之下的三惡道，三惡道在人類的下方，往往是由人心所掌管的。三惡道眾生就是因爲以前在人間時造惡業，死後就落入三惡道中；生天或者下墮三惡道，都是以人間作樞紐，所以生天或下墮三惡道，都是由人掌控、由自己來掌管。禪就是靜慮，透過靜慮才能細觀三惡道，如果能觀察下方禪波羅蜜，好好供養禪波羅蜜，也可以增長壽命和錢財啊！因爲能靜慮而作正觀察，就不會再造墮落三惡道的業了！當然也會增長壽命、增長財物。

上方是般若波羅蜜，爲什麼呢？因爲上方就是無上嘛！既然是上，你在這個地方就是沒有超過它，它才叫做你的上方啊！因爲般若無上的緣故，如果能供養般若波羅蜜——供養般若到彼岸的法——就可以增長壽命和財物啊！所以 佛說：「善男子啊！這六方全部都屬於眾生心，因爲這六方都不外於眾生的心相應的境界，都離不開眾生心，如果離開眾生心就沒有這六方。」換句話說，離了眾生心就沒有布施到彼岸，更沒有般若到彼岸啊！離了眾生心，也沒有三乘菩提可說啦！三乘菩提都是依眾生的心來說的，眾生假使都滅盡了，還有菩提可說嗎？當然沒有啊！所以說這六方都屬於眾生之心，不是外道所說的天王、火天等等。

善生童子又問：「這六方，到底有誰能供養呢？」供養之意就是如實去做啊！誰能如實去做呢？佛陀說：「善男子啊！只有菩薩才能供養這六方啊！」所以六度波羅蜜的供養，只有菩薩能做！二乘人做不來！一般眾生也做不來！只有修學六度法門的菩薩們才能做得到。

【「世尊！以何義故名爲菩薩？」佛言：「得菩提故名爲菩薩。菩提性故名爲菩薩。」「世尊！若言得菩提已，名爲菩薩者；若未供養彼六方時，云何得名爲菩薩耶？若以性故名菩薩者，誰有此性？有此性者則能供養，若無性者則不能供養。是故如來不應說言：彼六方者屬衆生心。」】

講記　善生菩薩也是蠻聰明的，這表示他在聽 佛開示時，有在思惟法義，不是照單全收。諸位也一樣，不管是來這裡聽我說法，或是去別的地方聽誰說法，都不可照單全收，你一定要去加以思惟、整理、判斷，不可照單全收；包括我說的也一樣，一定要從經論中去比對。但是比對時要把經論弄通喔！千萬不要斷章取義、斷句取義，也不要把經論的意思曲解了。善生就是有這個智慧，他提出來請問：「世尊啊！您說只有菩薩才能供養這六度波羅蜜，那又是以什麼樣的道理而說這個能供養六波羅蜜的人叫做菩薩呢？」 佛開示說：「有兩個原因叫他爲菩薩。第一，他已證得佛菩提；第二，因爲他有佛菩提性，所以叫作菩薩！」因爲這個人有佛菩提的種性，或者是因爲他已經證得佛菩提，所以他叫作菩薩。所以菩薩的定義有兩種：一種是已經開悟了，另一種是雖然還沒有開悟，但是他的菩薩種性——菩提性——已經發起了，也就是菩薩性發起了。

善生又請問：「如果是說證得菩提的人叫作菩薩，那您又說還要能供養這六方，才能叫作菩薩。那麼，如果他還沒有供養這六方，怎麼可以稱作菩薩呢？他還沒有供養六方以前，就不可能證得佛菩提啊！那又怎麼可以叫作菩薩？」那就不可能有第一位菩薩出現了嘛！如果是第二種說法，說「因爲他有這個菩提性，他發起了這個菩薩性，所以名之爲菩薩的話，那又是誰有這個菩提性呢？」在他還沒有供養六方之前，就不可能是菩薩，就不可能有菩薩性啊！怎麼說有哪一位菩薩能有菩提性呢？有這個菩提性的人，他就能供養這六度、六波羅蜜；如果沒有菩提性的人，他就無法供養這六度啊！那他如何能有菩薩來供養這六度呢？善生問的也有道理啊！所以就作一個結論說：「所以，佛陀啊！您不該說那六方屬於眾生心啊！因為如果是眾生心，眾生還沒有供養這六方就沒有菩提性啊！那如果是已經供養的，他已經是菩薩了啊！為什麼又說這個是眾生心呢？所以如來不應該說這六方屬於眾生心！」嘿！他好像挑到語病了啊！但是對於 佛的說法，千萬不可執言取義。佛所說的「得菩提名為佛，具有菩提性名為菩薩」，在文字表面上看來，好像是善生說的才對，但是實際上， 佛的意思不是善生講的這個意思啊！

【「善男子！非得菩提故名菩薩。何以故？得菩提者名之為佛，未得菩提乃名菩薩；亦非性故名菩薩也，善男子！一切眾生無菩提性，如諸眾生無人天性、師子虎狼狗犬等性。現在世中和合眾善業因緣故，得人天身；和合不善業因緣故，得師子等畜生之身；菩薩亦爾，和合眾善業因緣故發

菩提心，故名菩薩。若有說言一切衆生有菩薩性者，是義不然。何以故？若有性者，則不應修善業因緣、供養六方。善男子！若有性者，則無初心及退轉心。以無量善業因緣故發菩提心，名菩薩性。」】

講記　佛所說的「得菩提」，是要證得佛地的菩提果啊！因地的證悟還沒有成佛，所以不算是已得菩提。佛說：「善男子啊！並不是得到菩提——菩提就是覺悟——並不是得到究竟覺悟的人叫作『菩薩』，爲什麼呢？因爲得到究竟覺悟的人就叫作『佛陀』啊！還沒有得到究竟覺悟的人才叫做菩薩。」這個覺悟是指佛地的究竟覺，不是等覺以下的開悟啦！「也不是有菩提性就叫作菩薩啊！」你看！前面說：「菩提性故，名爲菩薩。」現在卻又說：「不是這個意思喲！」爲什麼不是文字表面的意思？佛解釋說：「譬如說，一切衆生本來是沒有菩提性的，因爲一切衆生都沒有自己想到說：『我要證得佛菩提。』沒有啊！他只是想『我應該如何出離三界生死』啊！他沒有想要證得佛菩提啊！所以一切衆生本來是沒有菩提性的，就好像你看一切衆生，衆生並沒有一定是人的自性、天的自性。」衆生如果永遠都是人性，那就只能永遠當人嘛！就不應該有時當人，有時下地獄，也不應該有時去當畜生、當天人啊！所以眾生並不是永遠都是人性或永遠是天性，永遠是獅子性、虎狼狗犬等性。

眾生心性是不固定的，因爲不定，所以有時當天，有時當人，有時墮落三惡道，有時當阿修羅，所以說眾生心性不定。同理，「**眾生並沒有這個菩提性可說，就好像眾生沒有一定的人性、天性、獅子虎狼狗犬等性一樣。只因爲現在這一世和合種種的善業以及因緣。**」不是只有善業，還得要有因緣喲！因爲人家告訴你：如何可以保住人身！如何可以得人身，如何可以生天，下輩子得天身啊！得天身也要有天身的因緣啊！還要有善業以及有人能爲你說明啊！所以還要有因緣。得人身要有得人身的因緣啊！你總要有這個器世間，還要有與你有緣的父母，還要加上自己的善業，所以說和合眾善業與因緣，才能在此世得到人、天之身。如果他是和合了不善業和別的因緣。譬如說遇到惡知識的因緣而支持惡知識的謗法行爲，結果是幫助人家謗法而沒有自己親謗，來世就獲得畜生之身。

如果自己親自開口誹謗：「**阿賴耶識是生滅法！如來藏是外道神我的第六意識。**」好！來世就下地獄去，所以 佛陀說：「**和合眾不善業以及因**

緣，就得到獅子、虎、狼……等畜生之身」，所以眾生本來並無畜生性，因爲造惡業的因緣才有了畜生性。同理，「菩薩性是怎麼發起的——菩提性是怎麼發起的？要和合眾善業及善法因緣！」光是眾善業還是不夠啊！譬如基督教的救世軍，他們如今不都是在造善業嗎？可是爲什麼沒有菩提心呢？因爲沒有發心的因緣嘛！還得要遇到善知識，說明有佛菩提可以親證，這才算是有了眾善業以及因緣。當這些眾善業與因緣和合起來時，你就發起菩提心了嘛：「我決定未來要成就佛道！」就有了菩薩性。或者說：「我決定要成就二乘菩提果！」那就不是菩薩了，那叫作「發二乘性」。我們會裡前天辦三皈依時，大家不是發了四宏誓願嗎！四宏誓願就是發起成佛之心，就叫作初發菩提心。

如果過去世還沒有皈依過，這一世是第一次皈依三寶，那你前天就是初發菩提心，就是初有菩薩性；若過去世有皈依過，那就是已經發過菩提心了，這一世再皈依，就叫作增發菩提心——增益發起菩提心。四宏誓願發了以後，決定「要成佛！要救度眾生！」這樣發起的菩提心是要什麼條件呢？要有眾善業以及因緣和合，才能發起了這個菩提心，就有了菩薩性，所以叫作菩薩。所以這個菩提性就是菩薩性嘛！因爲這一部經講的是大乘的佛菩提啊！所以 佛開示說：「因此說，如果有人這麼說：『一切眾生都有菩薩性！』這個說法是錯誤的。爲什麼不對呢？如果一切眾生都有菩薩性、菩提性，那就不應該去修種種的善業，還要再加上因緣，再來供養六方、然後才能發起菩薩性、菩提性。所以不應該說：『一切眾生有菩薩性、有菩提性！』而是說：『眾生要有種種的善業加上因緣，然後才能供養六方而發起這菩薩性。』如果你沒有發起菩薩性，教你來供養六方，你是不會實行的。」

爲什麼呢？譬如說：當你聽到六度波羅蜜的第一度是布施，「哎喲！我趕快把口袋按緊一點，別讓錢財落入別人口袋裡。」心想：「不要讓我的口袋空掉了！」香港有一位念佛人寫信來說：「我聽某某法師說：『一切法皆空』，我就趕快按緊口袋，不要叫我口袋空了。」他就是不信印順法師他們那夥人說的。他目前只信兩個人：第一是蕭平實，第二是妙蓮長老，別的人一概不信！因爲蕭平實不曾向人開口勸募錢財，而印順的法是破壞正法、否定極樂世界的。這就是說，菩薩性就是菩提性，這不是一切眾生本來都有的；無漏法性是一切眾生本來就存在的，但是要發起菩提性而求成佛及廣度眾生，世世願意當菩薩，這卻不是本來就有的心性，得要有善業，還要有善知識因緣的配合，才能發起這個菩提性、菩薩性。所以佛開示說：「如果一切眾生都是本來就有菩提性，就有菩薩性，為什麼會有初發心的人呢？為什麼又會有退轉於菩薩性、菩提性的人呢？」

既然是有初發心的人與事，就表示那個人以前還沒有發起菩提心，是現在才發起嘛！所以才叫做初發心嘛！這就好像「輾轉無差別」的道理一般，「輾轉」就已經在告訴你「本質無差別」了嘛！同樣的道理：既然是初發心，就表示發心之前你還沒有菩薩性嘛！現在發心了，你有了菩提性，就有菩薩性了！至於退轉：既然有退轉，退轉二字就表示已經喪失菩提性了嘛！既然有退轉而喪失菩提性的事情，就表示這個菩提性不是本來就有、永遠都有的嘛！所以退轉的意思，是與初發心的意思一樣，都表示他們沒有菩提性嘛！是因為初發心了所以後來有了菩提性，是因為退轉了所以後來無菩提性，這表示眾生不是本來就有菩提性，不是本來就有菩薩性，這就表示：「一切眾生本來沒有菩提性，要修種種的善業，加上善知識的因緣，所以發起了菩提性，才稱爲菩薩。因此說，以無量的善業和因緣才發起了菩提心，這才叫做菩薩性。」所以讀經眞的不可執言取義。

【「善男子！有諸衆生受行外道，不樂外典顚倒說故，發菩提心。或有衆生住寂靜處，內善因緣發菩提心。或有衆生觀生死過，發菩提心。或有衆生見惡聞惡，發菩提心。或有衆生深知自身貪欲瞋恚愚癡慳嫉，爲訶責故發菩提心。或有衆生見諸外道五通神仙，發菩提心。或有衆生欲知世間有邊、無邊故，發菩提心。或有衆生見聞如來不思議故，發菩提心。或有衆生生憐愍故，發菩提心。或有衆生愛衆生故，發菩提心。」】

講記　佛開示說：「既然衆生不是本有菩提心，有的人是初發心，也有人發心以後退轉了。」這已顯示衆生不是本來就都有成佛之心的，這種菩提心是後來才發起的。然而衆生是什麼緣故而發起菩提心呢？佛就先說明發心的因緣。發心，這個名詞可不要錯用了，「發心」講的是發起大乘成佛度眾的菩提心，可是「發心」現在被引申濫用了：「師姊！請您發發心啦！請大家發心把這些食物一起分完吧！」現在變成這種事情也稱爲發心了。其實佛法中的發心，本來是說發起成佛的菩提心。佛在這裡說：「有的眾生是因為信受、奉行外道所說的法義之後，發覺外道的經典所說的法義，在道理上和事實上是顛倒的，是講不通的，所以才發起成佛之心，想要讓大家都能住在如理作意的正知見中。」

在理論與實際上都講不通的情形有很多啊！譬如《舊約聖經》記載：上帝在六千多年前以七天時間創造世界，在物理學上的世界成就次第檢查就已經顛倒了！其餘的造人……等說法就更加顛倒了，所以都是顛倒說嘛！若是從實相來看它，當然更是顛倒了。有的人正是因為「不樂於外道的典籍說法顛倒的緣故，所以發起成佛之心。」因為成佛時是無上正遍知覺嘛！可以了知宇宙中一切法的眞實相嘛！所以他不要外道的顛倒說——不樂外道典籍的顛倒說——所以發起了菩提心，想要修學成佛之道。

有的眾生住於寂靜處——阿蘭若處——也就是住在遠離喧鬧散亂的處所，由於寂靜的內心境界而發起善因緣，因此而發起菩提心，想要成就佛道以及利樂眾生。另外有一種眾生是由於觀察生死的過失以及生死過程中的種種苦痛：觀察到自己無法避免生死，也觀察其他所有的眾生都和自己一樣不能避免生死的苦痛，所以因為這個緣故而發起菩提心。也有的眾生是由於看見眾生造作惡業，有時也聽說有眾生造作惡業，由於親眼看見和聞見的緣故，就知道眾生因此不免生死的輪迴，乃至下墮三惡道，所以他因為要救度這些眾生，就發起菩提心。也有眾生從自身的觀察，深刻瞭解到自己有貪欲、瞋恚、愚癡、也有慳和嫉等不好的心所有法，難免將會成就惡業、輪轉惡道，所以為了制止自己落在不好的果報中，因此發起菩提心。發菩提心之後，凡是遇到有貪、瞋、癡、慳、嫉等等，就可以用自己所發的菩提心來對治，以求改善，所以發了菩提心。也有的眾生是看見外道修學仙道、神道而有五種神通，或者看見外道有修行者成為神仙之類的眾生而得延年益壽，或者有一些奇才異能，但又看見這些外道們都不知道自己有過失，都不能出離生死的輪迴，因為看見這個現象，所以發菩提心，希望將來成就佛道，可以救護這些眾生。

也有眾生是為了求證眞相：「究竟世間是有邊、還是無邊？」為了探究這個眞相而發菩提心。這種現象，在我們會中早就有這種人了，所以會因為想要探究眞相而發菩提心。不過，有個問題說：「到底世界是有邊、還是無邊？」這個觀念，大家應該轉變一下。早期的科學家有人主張世間有邊，也有科學家主張世間無邊。認爲世間有邊的人，他是從三界的器世間來說；認爲世間無邊的人，他是從虛空無盡來說，但其實都不對。縱使依《華嚴經》所說的世界海，乃至七金山、香水海之外，縱然已經沒有世界了，也不能說無邊，也不能說有邊，因爲有邊與無邊都只是一種施設。

爲什麼說它是施設？因爲：世間有邊是從器世間來說的，但是器世間的有邊與無邊都不是恆常的狀態；世界有時擴大有時縮小，並不一定！這不是科學家所講的世界持續不變的擴大或持續不變的縮小，而是說當眾生的惡業報盡、或是善報即將開始時都會開始轉變；由成劫後的住劫開始不久時的不宜人類居住，然後漸漸的提升到人類能居住的狀況，顯然世界必須會改變；然後世界將壞而必須另有世界來容納這些眾生的往生時，世界就必須增加了，在此世界之外的虛空某處將會開始由共業眾生業力的感應，另外生成新的三千大千世界，漸漸冷卻之後，此世界的所有眾生就可以往生去那邊安住了。就依這個新生成世界的外緣，而說世界有邊。

可是，十方虛空無邊無際，無盡的虛空中當然就會有無量的世界，所以這個三千大千世界之外，也還是會有許多的三千大千世界的；無量的三千大千世界就合稱爲世界海。如果說世界有邊，你又如何去斷定這個世界海之外，就沒有別的世界海呢？你又如何去斷定這個鐵圍山之外就沒有別的鐵圍山呢？所以，虛空，其實是依世界來施設說有虛空，所以虛空不是實有法啊！如果是先建立虛空爲實有法，然後說：「虛空無盡所以世界無量，所以世界無邊。」那也是依世界而建立虛空啊！但是世界是依什麼建立的？其實是依眾生的心量建立的：當眾生的心量應該要有多少個世界時，虛空中就會出現多少個世界。當眾生需要更寬廣的世界時，就會有更寬廣的世界感應而出生了。所以世界是不固定的，不應當說有邊，也不應當說無邊。因爲有邊與無邊都是相對法，相待於眾生的如來藏而施設世間的有邊或無邊。如果有人想要探討世間是有邊或無邊的話，我今天已經告訴你了，你就不必在那邊苦思不解了！

接下來，有的眾生是聽見人家傳說，或者他有大福報，親自眼見或聽聞到如來有種種的不可思議功德，因爲這個緣故，所以他發起菩提心而進入佛道。也有眾生是因爲對眾生產生了憐憫心的緣故，所以他發起了菩提心；因爲眾生不知道如何實證解脫，不知道如何求得眞實的快樂，不知道如何才是眞實解脫的道理，當他們心中想要解脫時，卻造作了種種身口意惡業，都是導致他輪迴生死墮落的身口意業。心中想要追求究竟的安樂，但是所造的身口意業，卻都是會造成他未來世大不安樂的惡業，這就是眾生愚癡！有的人是因爲看見眾生這麼愚癡，所以心中生起了憐憫的緣故，因此而發起了菩提心，修學佛道。也有眾生是因爲愛惜一切的眾生，想要讓眾生離苦得樂，所以他發起菩提心。以上說的是發菩提心的因緣。接下來，要探討菩提心到底是有、是無？有幾品？要如何增上？

【「善男子！菩提之心，凡有三種，謂：下、中、上。若言眾生定有性者，云何說言有三種耶？眾生下心能作中心，中心作上；上心作中，中心作下。眾生勤修無量善法故能增上，不勤修故便退爲下。若善修進則名不退，若不修進名之爲退。一切時中，常爲一切無邊眾生修集善故名不退轉。若不如是，是名退轉，如是菩薩則有退心及怖畏心。若一切時中，爲一切眾生修集善法得不退轉，是故我記是大喜地，不久當得阿耨多羅三藐

三菩提。」】

講記 菩提心有三種。正因為菩提有三種，所以發菩提心時就一定會有三種不同的發心：第一種是下等的菩提心，再來是中等及上等的菩提心。下等的菩提心是指聲聞菩提，中等是指緣覺菩提，上等是指菩薩的道心，就是大乘教的發起佛菩提心。關於菩提心的發心，不能說眾生一定有菩提心或者一定沒有菩提心。也就是說，眾生都應當要先有熏習之後才會發起菩提心的；往世若沒有熏習過佛法，就不可能發起菩提心。

如果有人說，眾生一定都已經有菩提心的種性，那又為什麼可以說菩提心有三種的發心呢？那就不應該說菩提心的發心會有三種啊！正因為菩提心的體性，不能說眾生一定有，所以有人發心時成為下品菩提心，有人成為中品，有人成為上品。如果是眾生本來都一定有菩提心，應該是三品都具足，或者一定是三品都無。這三種菩提心，眾生發心以後也不一定就永遠不再改變；所以說，眾生發了菩提心之後，以前所發的若是下品菩提心，只想要修證解脫道而出生死苦，就是聲聞菩提的發心。但是卻可以在這個下品的聲聞菩提基準上面，作為中品緣覺菩提發心的基礎，乃至也可以將所發聲聞菩提的發心，作爲發起上品佛菩提心的基礎。也有人一開始是發佛菩提，上品的菩提心，但是後來害怕眾生難度、佛道難成，所以「上心作中」，發心就隨著轉變爲中品了！就去修學緣覺菩提。乃至有人不敢修學緣覺菩提，就「中心作下」，改爲修學聲聞菩提，因此說已發心的人，三種菩提之性並不決定；如果決定，就不應該有所改變；如果決定就不應該會有增上或者退轉的事情，所以不可說眾生定有菩薩性。

眾生發心之後如果能精勤修學無量的善法，像四宏誓願所說的法門無量誓願學、煩惱無盡誓願斷，眾生無邊也誓願度，這就是勤修無量善法呀！當他發起聲聞菩提之心時，也許只是因爲運氣不好，遇到聲聞之師，不一定就是聲聞種性；後來遇到緣覺之師，他就可以進一步修學因緣法的現觀，這就是下心作中；乃至因爲勤修一切善法而增上，後來遇見了大乘法之師——遇到了菩薩僧——他就可以再增上來修學佛菩提，就是中心作上。相反的，如果他不肯勤修一切的善法，他就會退轉而往下轉進；往下轉進，就會上心作中、中心作下。如果能善於修進，這個人就稱爲菩提心不退；如果不努力修進，那麼就稱之爲退。上心作中就是退失於大乘菩提，轉修緣覺菩提；中心作下就是退失於緣覺菩提而轉修聲聞菩提。如果能在一切時中，常常都爲一切眾生，爲了無量無邊的眾生來修集善業、善法，這個人就不會退轉，就稱爲不退轉於菩薩性。如果不是常常爲了一切的無邊眾生去修集一切善法，只是爲了自己的世間利益，那麼他就會退轉於佛菩提。像這樣的菩薩就是退心爲緣覺或聲聞，他將會對佛菩提有恐怖之心。

有退心，是因爲他不願意再修學大乘的佛菩提啦！爲什麼會有退心呢？因爲他有恐怖畏懼之心。恐怖畏懼佛菩提之心是一般人常有的，且不說在家菩薩，出家菩薩們的退心更多；你如果光告訴他說怎麼樣去修解脫，不必專爲眾生而三大阿僧祇劫辛苦修行，他們就會努力修學；如果你告訴他超越了二乘菩提的佛菩提道，他心裡就會生起煩惱。諸位可以觀察：我們同修會中，有多少比丘、比丘尼修學大乘菩提呢？不多嘛！這表示他們對佛菩提沒有恐怖畏懼之心。會外一般的法師們聽到明心與見性的法時，他們心中就先起煩惱了；何以見得？因爲看見蕭平實許多書本寫出來說可以明心、可以見性，他們就開罵了。爲什麼開罵呢？因爲生起煩惱了！爲什麼生起煩惱呢？因爲不能信受！不能信受的原因又在哪裡？是因爲他們妄自菲薄嘛！一天到晚老是把「末法」兩個字放在心中，就說：「啊！末法時代沒有人能開悟啦！只要老實念佛就好啦！」我這句話的意思並不是說念佛不好啊！而是老實的念佛，這老實二字不容易作到。所以請不要作錯誤的解釋喲！

這意思是說：愈到末法之時，佛子們的根器愈小、愈低劣，當有人聽到說：「蕭平實竟然在書中公開說可以開悟明心，也能以三乘經典確實印證。」他們不相信！不但如此，「無形無色的佛性可以眼見！」有些比丘們心中更加不信！好了，因爲不信，所以有的人就要出面否定嘛！那麼最近有位印順系統的無福法師叫做「慧廣」，在他的雜誌中，不是登了一篇文章嗎？他公然否定「眼見佛性」，那這就是否定《大般涅槃經》嘛！那我不曉得他出家了要幹啥？《大般涅槃經》他都敢公然否定欸！膽子也眞大啊！那麼我們將會有人寫書回應他；因爲他的文章題目就叫做〈眼見佛性的含義〉，所以我們回應的書名就叫作《眼見佛性》，副題就是〈駁慧廣法師「眼見佛性的含義」文中謬說〉，同修會就又多了一本書啦！都因爲他們不信邪嘛！

但是沒關係，永遠都會有不信邪的人一再的出現；他們因為沒有親自遇見，所以總是不信，就是信不具足，所以這裡才叫作五濁惡世。如果我們出了一本《護法集》，人家就全都相信了；如果出了《平實書箋》，人家就全都信了，那這裡就不叫作五濁惡世了。所以現在出了《燈影》以及張老師的《護法與毀法》，明年二月、三月，台南共修處的法義組還會再出兩本書（編案：是《假如來藏、辨唯識性相》，都已出版），接下來這本《眼見佛性》會再印出來（編案：已出版）。因為眾生不相信，所以才會有這麼多的書籍印行出來教化；但是五濁惡世的眾生中，永遠都會有不信邪的人，不怕沒有這種人繼續出現，這是五濁惡世中的正常事！沒什麼好奇怪的。

這就好像有的人得到佛菩薩的加持，他相信佛菩薩的確存在，可是沒有親自得到加持的人會說：「**我怎麼都沒有？你亂講！佛菩薩早就入滅了，哪還能加持你？**」又比如有人被護法神警告了，或被護法神幫忙了，他們體驗過，所以相信了；可是還沒有遇到的人，他們心中不信，就說你是亂講，所以他就繼續誹謗：「**什麼護法神？都是假的！**」得要等到將來他親自遇見了才會信！所以這世界永遠都會有不信正法的人，不怕無人出來挑戰正法的。同樣的道理，退轉這件事情也很難說，很難了知。怎麼叫做難說呢？這是因爲：哪一種情形才叫作退轉？哪一種情形叫作不退轉？眾生是不知道的。乃至有人在正覺同修會中明心了以後，還會把退轉當作增上，返墮離念靈知意識心中，回到凡夫位中，還自以爲是增上呢！所以，退轉的事相眞的不容易知道啊！

前些時候，楊榮燦先生他們公然否定阿賴耶識，主張說阿賴耶識心體不是如來藏，這是公然違背 佛的聖教！因爲 佛說：「**此如來藏名阿梨耶識，與七識心俱，與無明俱。**」這已經明明白白指出事實：如來藏就叫作阿賴耶識。他們又不是沒讀過，可是卻故意否定；否定之後還說自己是增上，但其實是回到凡夫位的離念靈知意識心中，正是求升反墮；因爲他們的作法實質上已成爲謗法的地獄罪了！也返墮常見外道的意識境界了！但是有多少人眞的知道呢？多數人是不知道的！

有些人眞是愚癡，聽到他們的一面之詞就相信了，都不來求證眞相就無知的跟著誹謗：「**你們證得的阿賴耶識心體是生滅法啦！你們不要相信蕭平實啦！免得成就大妄語業、下地獄。**」這樣一句話就成爲謗法惡業啦！

只要一句話：「阿賴耶識是生滅法啦！正覺那個法不是眞的開悟啦！不要去學啦！」就這麼一句「阿賴耶識是生滅法」，就已經成就謗法的重罪了。阿賴耶識這個法，是第三轉法輪時期的方廣經典中所說的，所以他們的說法叫作誹謗大乘方廣，是 阿彌陀佛接引眾生時排除在外的惡人。

阿賴耶識心又是菩薩藏的根源，菩薩藏所說的一切法都是以第八阿賴耶識心體爲中心而宣說的；所以他們這一誹謗，就是謗菩薩藏，成爲一闡提人，已斷善根了嘛！他們所誹謗的菩薩藏都是方廣諸經所說的中心法義，卻在後來想要藉念佛而求生極樂世界，希望免除誹謗大乘方廣經典的地獄罪，但是這種人，慈悲無比的 彌陀世尊是不攝受的，往生無望，只剩地獄一條路；這在《觀無量壽佛經》中說得很清楚了，所以他們沒有別的路可以走了，只有一生努力懺悔、求見好相，以及迴轉謗法之心而改爲護法之心，只有這一條路可走，沒有別的路。連最慈悲的 彌陀世尊都不收了，他們還能去哪裡啊？琉璃世界當然更會不收容他們，其他諸佛世界更不會收容啦！所以這是很嚴重的事情。如果《觀經》好好去讀，就會知道：彌陀世尊不攝受誹謗大乘方廣如來藏正法者。

但是他們只要一句話就謗法成功了：「**阿賴耶識是生滅法**，你別學了！」如果只是說「你別學了」這一句話，倒還沒有很大的關係，可是前面那一句「阿賴耶識是生滅法」講出來時就完了。所以謗法是很容易的，你們不要認爲謗法的事情不容易造作，你看現在有將近二百人跟著楊先生離開同修會而在誹謗最勝妙的阿賴耶識正法呢！（編案：此書出版時，只剩下大約三十人繼續跟隨謗法的楊先生），他們如今是增上、還是退轉呢？（大眾同答：退轉。）是退轉嘛！因爲連下品菩提都談不上了嘛！所以，什麼叫作退轉呢？退轉的事情很不容易了知啊！凡夫學人走入歧路時，那條歧路其實正是迴轉而向後走的，但是他們走入歧路時還會自以爲是向前走的增上修呢！所以凡夫眾生不能如實的了知三乘菩提會有退轉的情事。

假使不能如實了知大乘菩提的內涵及次第，也會有退轉的情形；但是退轉了以後，對自己的退轉卻是不容易瞭解的。因此說大乘之法，明心破參眞見道而得根本智以後，還得要跟隨善知識繼續進修相見道位的智慧而得後得智；後得智能通達了，才算進到初地的入地心中，這樣才能保證不會退轉。然而初地的行不退仍然不是具足不退，是有時退個五分鐘、三分鐘或幾秒鐘，然後又回來繼續行菩薩道，有時還是會有念退的情形；但是行退的事，只是會退個幾分鐘，大不了退個幾天，他還是會繼續往前進的。但是在地前，一旦不小心而跟著惡知識謗法，那就幾乎沒有救了！所以得要眞的入地了，才能保證絕對不會有謗法而因爲惡業退轉的事情。

但是要進入初地的入地心中，就得要有勝慧啊！你若沒有殊勝的智慧，而且還沒有永伏性障如阿羅漢，也沒有發起初地十無盡願的大心，又無入地所需的大福德，那就無法進入初地了，就隨時都有可能因爲遇到惡知識而跟著謗法及退轉！退轉了還會洋洋得意：「**我們是增上進修，現在比你們正覺更高！**」所以佛菩提道的修行過程有許多岐路。阿羅漢就是因爲聽到大乘菩提中有人會退轉的事情，所以他們心有恐怖而不敢修學大乘佛菩提道；他們已斷盡了煩惱障中的異生性，但是所知障中的異生性還無法斷除。因爲它太寬廣、太深細了，很不容易斷盡，因此二乘人初聞上品菩提時心生歡喜，可是後來聽到佛菩提中有如是等事，起了退心就成爲上心作中的二乘人了；因此，佛菩提要能次第增上還眞的不容易。

如果有智慧能了知，也肯勤修，就能不退於佛菩提，更不會墮於三途，就不會因爲恐怖下地獄而變成上心作中，乃至中心作下。如果自己沒把握，那又該怎麼辦呢？　佛告訴你：要依止善知識，依止善知識就不會退轉！這在後面接著就會說明。如果已經發起道種智的初分了，又能在一切時中都爲一切的眾生來修集善法而不退轉，不是爲自己而修集善法不退轉，這就是行不退啦！這才叫做極喜地啊！這才叫作初地入地心位的菩薩啦！如果是爲了自己的利益而修集一切善法得不退轉，永遠都進不了極喜地的。爲什麼呢？因爲性障沒有永伏如阿羅漢嘛！這時不管是發什麼大心，都是想到自己嘛！這就是私心沒有斷盡，私心沒有斷盡的人總是爲自己而修集一切善法，想要不退轉；　佛決定不會授記這個人爲極喜地的菩薩，因爲他的行爲與心態都與　佛說的顛倒嘛！所以說，如果眞的能在一切時中都是爲眾生而修集善法、永不退轉，這個人才可以成爲極喜地的菩薩，成爲初地的入地心啊！入了初地的入地心中，　佛就會預記說：這個人不久以後就會成就無上正等正覺。這就是預記成佛啦！

可是爲何極喜地菩薩還得要　佛授記才有把握自己不久會成佛？因爲對自己的信心還不夠啊！眞正有信心而不必依靠　佛授記，得要到二地滿心位開始，這時對自己已經有把握了！因為想要轉變多少內相分，以及改變速度的快或慢，都可以由自己掌握；這時成佛的信心就具足了，自知不久成佛。不過對於不久二字可不要錯會了，這個不久是指兩大無量數劫。但是兩大無量數劫，也看你怎麼修啦！如果像 釋迦世尊那麼精進，兩大無量數劫是可以縮到很短的，這個等以後在《解深密經》詳解時再來說。這就是說他已經進入行不退位了，這就是菩提心怎樣去增上的道理。諸位菩薩從這一段的說明中就能瞭解：得要一切時中勤修無量的善法，不要聽到深妙法時就說：「哎呀！這個我沒辦法學啦！哎呀！好深、好難啊！」就害怕了！心中有恐怖時就沒辦法增上了。所以，在一切時中都要能努力精勤修集善法，無量善法的修學都不害怕，這是講第一種的增上。

第二種的增上，是把自我丟開，專為眾生去修學一切善法。沒有智慧的人會說：「我那麼笨？我為眾生去修一切善法？我為什麼不為自己而修一切善法？」其實，為眾生就是為自己嘛！你雖然是為眾生而修，但是你修集一切善法功德成功時，你自己就修上去了嘛！又何必計較是為自己、還是為眾生呢？一個人如果一直都為自己計較而修善法，那他的善法就修不好，因爲我見沒辦法斷，我所的執著也沒辦法斷嘛！更何況是佛菩提的善法呢？所以，爲眾生修一切的善法而不退轉，精進去修，才能增上菩提心，這就是這一段經文所說的道理。接下來要說菩薩性了，大乘菩提是上品發心啊！想要有上品的發心，那就得要有菩薩性啊！可是這個菩薩性是從哪裡來的？是很值得探究的。佛開示說：

【「善男子！三種菩提無有定性。若有定性，已發聲聞緣覺心者，則不能發菩提之心。善男子！譬如衆僧無有定性，是三種性亦復如是。若有說言定有性者，是名外道，何以故？諸外道等無因果故，如自在天非因非果。善男子！或有人說『菩薩之性，譬如石中定有金性，以巧方便因緣發故，得爲金用，菩薩之性亦如是』者，是梵志說；何以故？梵志等常言：尼拘陀子有尼拘陀樹，眼有火、石。是故梵志無因無果——因即是果，果即是因。」】

講記　佛對善生開示說：「善生男子啊！聲聞、緣覺、佛菩提，這三種菩提並沒有定性，也就是說，會因爲所遇到的外緣不同而轉變的。」佛開示說：「如果這三乘菩提之性是有定性的話，那麼已經發起聲聞菩提或緣覺菩提的二乘人，他們就不可能迴心而在後來發起佛菩提之心啊！」佛又開示說：「譬如眾僧」，佛世有許多的出家弟子們，「他們也是沒有定性的。」爲何沒有定性呢？因爲有人喜歡某一個法，有人討厭同一個法，所以定性是不存在的，各人的心性各不相同。人如此，「三乘菩提之性也是如此。」所以，如果有人說：「一切眾生都一定有三乘菩提發心的心性。」或是說：「眾生都一定是聲聞菩提種性。」或說：「眾生一定都是佛菩提種性。」假使有人這樣說，這人就是外道，因爲那些外道們是無因無果的緣故啦！他們所說的就好像自在天無因無果而成就一切法一樣。大自在天說他創造世間、創造萬物，說他創造人類，而不是由業力與我見、我執爲因，來成就世間及果報，這種人就叫作無因無果的自在天外道。善惡業必受其報的因果律，他們不承認，都說是因爲自在天對某人有善心而讓他受善報，對某人有惡心而讓某人受惡報，是無因無果論者。

假使另外有人說：「菩薩有菩薩性，這種菩薩性就好像是黃金礦石中一定有黃金的金性一樣，只是因爲用善巧方便的因緣把它發掘出來的緣故，所以能產生黃金的金性，可以作為黃金來使用，菩薩們的菩薩性也是一樣本來就有的。」如果有人這麼說，這個說法其實是外道梵志所說的。為何這麼說呢？因為那些梵志們他們常常這麼說：「尼拘陀樹的種子中本來就有尼拘陀樹存在，人的眼睛裡本來就有火、有石頭存在。」外道梵志主張說：「尼拘陀樹的種子中已經有尼拘陀樹存在了，所以把它種下去以後就可以變成尼拘陀樹；人的眼睛裡一定是本來就有火、也有石頭存在，所以人的眼睛才可以看到火、看到石頭；如果眼睛裡沒有火，你怎麼能看得到火？如果眼睛裡沒有石頭，你怎麼能看得到石頭？」但是這個說法不對啊！所以說那些外道的梵志們，他們也是無因無果的；因為他們落在「因就是果，果就是因」的邪見中了。他們的邪見是：因為「果就是因」，所以你才能看得到火，就是因為眼睛裡本來就有火，所以你才能看到火；因為因即是果，所以尼拘陀種子中就已經有尼拘陀樹存在著。但是 佛對他們的錯誤認知做了破斥：

【「尼拘陀子具足而有尼拘陀樹，當知即是梵志因果；是義不然！何

以故？因細果粗故。若言眼中定有火者，眼則被燒；眼若被燒，云何能見？眼中有石，石則遮眼；眼若有遮，復云何見？善男子！如梵志說：『有即是有，無即是無。』無則不生，有不應滅。若言石中有金性者，金不說性，性不說金。善男子！因緣故則有和合，緣和合故，本無後有。如梵志言『無即永無』，是義云何？金合水銀，金則滅壞。若言『有不應滅』，是義云何？若說衆生有菩薩性，是名外道，不名佛道。」】

講記　尼拘陀樹的種子中具足有尼拘陀樹，這種因果是梵志所說的因果，本質是無因無果的，不是法界中眞正的因果。爲什麼說他們的因果道理不對呢？因爲尼拘陀樹的種子是因，十年或二十年後長成的尼拘陀樹才是果，果與因不能同時存在。種子因很細，種子只有那麼小一顆，但是後來具足長成尼拘陀樹時的果，卻那麼粗廣，在**因即是果**的道理下，卻看見「因細果粗」而顯然不相當，又怎麼可以說因中已經有具足的果呢？尼拘陀的種子會變成尼拘陀樹，固然是由它的種子爲因，但是還得要有外緣，沒有助緣還是不可能成就未來的尼拘陀樹果；而且現在尼拘陀樹的種子很小，不能相等於未來具足長成的尼拘陀樹，所以因細果粗而不相當，當然

「因中有果」不能成立，不能說：「尼拘陀樹的種子就是尼拘陀樹。」所以他們的因中有果論，其實仍然是無因無果論的邪見。

如果說，因爲眼睛看到有火，就表示人的眼睛裡本來就有火存在，這樣的因中有果論也是不對的！外道梵志因爲看見有人在看火時，那個看火人瞳孔裡有火的影像，他就說人的眼睛裡有火，所以才看得到火，就這樣推斷說：「人的眼睛裡也一定本來就有石頭存在，所以才會看得到石頭。」照他們這麼說，眼睛裡一定本來就有火的話，那麼眼睛應該早就會被火給燒掉了啊！眼睛如果早就被火燒壞了，現在又如何能看得見火呢？如果說眼睛裡一定是本來就有石頭存在，那個石頭早就遮住眼睛了啊！眼睛既然被遮住了，又如何能看得見石頭呢？所以外道梵志所說的「因即是果，果即是因」，是錯誤的說法。

還有梵志這麼說：「有就是有，沒有就是沒有。」他們認爲：有不會與沒有有關，有與沒有二法不會是同一個，所以不可能有非有亦非無，這是他們的說法。那麼世間人聽到學佛的人說：「有一個法是非有亦非無的。」當他完全沒有任何佛法知見時，就會對你反駁：「世間哪有這種東西？有就是有，沒有就是沒有，怎麼非有又會是非無？」梵志們不懂佛所說的法，就會有這種想法。佛說：「如來藏非有亦非無，非斷亦非常！」他們聽不懂，就有了另外的想法。

非有是說祂不是三界有，非無是說祂有眞實存在的功能自性：有眞實能生萬法的自性，有本來涅槃的自性。他們外道只看到意識心，可是意識心斷了以後就是無，不可能叫作非無；當意識心出現時就一定是有，不可能叫作非有。同理，他們引申出來說一切的法也都是一樣：有即是有，無即是無。所以佛破斥說：「如果你講有即是有，無即是無。那麼我就用你梵志所說的法來破你！」這就是佛厲害的地方嘛！凡是外道來挑戰，佛都對他說：「我就用你的法向你說法。」外道說：「你怎麼這樣誇大口呢？我的法你不一定知道，怎麼能用我的法來破我法呢？」所以當佛用外道法破了外道法時，外道的弟子們就統統成爲佛弟子了。因爲佛的智慧不可思議嘛！因爲他們跟著外道學，學了那麼久還弄不通他師父講的東西，結果佛才剛來到，就用他師父的東西把他師父的法破了。

現在佛說：「你既然說『有就是有，無就是無』，那麼依照你的說法，既然是無，就永遠都不會再有任何的法出生了，因爲無法是不可能出生任何一法的；如果是有的話，也應該永遠都是有，不應該有某一個法後來會滅壞而成爲無啊！但是現在你看：尼拘陀樹本無今有，尼拘陀子本有今無，你怎能說『有就是有，無就是無』呢？所以有與無不是定法！」佛又說：「你如果說黃金的礦石本身就有黃金體性，那你爲什麼要說那個礦石有金性？你應該說礦石本身就是黃金啊！怎麼可以說礦石有金性呢？有金性就表示其中的黃金還沒有出現嘛！得要經過提煉，然後黃金才會出現啊！所以金礦不應該說有金性啊！如果說的是金性存在著，那就不能說黃金的礦石就是黃金嘛！因爲金性是還在石頭中啊！你要把它打碎了再加熱，然後黃金才能融化出來啊！黃金流出來時，就不該是你說的礦石有黃金的自性啊！而應該說礦石變成黃金了嘛！那麼你說礦石中有黃金，所以礦石就是黃金，那就不對啊！因爲你還沒有提煉出來，所以你說礦石就是黃金，說『石有金性』，說礦石已經有黃金的自性，就不對了！可是這個金性既然你稱之爲性，那就表示說它仍然是礦石，還不是黃金嘛！所以說『性不說金』，你不能說金性就是黃金，得要等到提煉出來以後才能叫做黃金啊！還沒有提煉出來，你只能說礦石中有黃金，但不可以說礦石的體性是黃金的體性。而且，你爲什麼不說別的石頭也有金性呢？卻只說這個金礦挖出來的石頭中有金性呢？所以『金性與金』它是兩個啊！你不能說金性與黃金是同一個啊！也不可以說礦石就是黃金，不可以說礦石有黃金的自性。所以如果是同一個，金性卻又不能叫做黃金啊！如果金性與黃金是同一個，那你把黃金礦石拿去當作黃金賣就可以啦！所以『金不說性，性不說金』啊！」

所以 佛開示說：「因爲有金性爲因，加上外緣來提煉，因和緣具足和合的緣故，才從金礦變成黃金，所以黃金本無後有；但是因爲礦石中摻雜著黃金，所以能產生黃金，可是還得要有外緣啊！不能沒有外緣就想要有黃金啊！所以石有金性，還要有外緣具足了才能產生黃金，所以礦石中的金性不等於金，所以『金不說性』，你總不能把黃金拿來說這個金塊有金性，因爲金塊就已經是金塊了，而金性是依黃金而存在的。所以『性不說金，金不說性』，所以梵志的法其實仍然是本無後有的，是因爲有因也有緣，因緣和合的緣故，才能本無後有啊！如果像外道梵志所說的『沒有就是永遠沒有』的話，這是什麼道理呢？譬如說，金礦裡有黃金，用水銀把它加熱融化了以後，黃金就不見了，變成與水銀合金了，黃金就不存在了嘛！那你不能說這個叫做黃金了，所以『金則壞滅』。那你如果說『有就一定永遠是有』的話，那麼石中金性這個有，就不應該會滅失啊！所以，顯然你外道梵志所說的道理不對嘛！所以你們這麼說，是不正確的。」

接著就要問他說：「是義云何？」就責問他了！所以如果有人說：「所有的眾生都有菩薩性。」 佛說：「那個人就叫作外道，不是在修學佛道的人。」這一段經文中，有幾句話，不曉得諸位有沒有覺得有些眼熟？在《平實書箋》裡面不是有人問嗎？「若有說言，定有性者，是名外道。」記不記得？這段話是在講菩薩性，不是在講眾生的佛性啊！可是他拿來向我們責備說：「誰說眾生一定都有佛性？這段經文中說『定有性者是名外道』，所以你蕭平實主張『眾生本有佛性』的說法不對！」所以，菩薩性與佛性是不同的，不能斷章或斷句而取其義。接下來佛又開示說：

【「善男子！譬如和合石因緣故，而有金用；菩薩之性，亦復如是；

眾生有思，名爲欲心，以如是欲善業因緣發菩提心，是則名爲菩薩性也；善男子！譬如眾生先無菩提，後乃方有，性亦如是先無後有，是故不可說言定有。善男子！求大智慧故名菩薩；欲知一切法眞實故，大莊嚴故，心堅固故，多度眾生故，不惜身命故，是名菩薩修行大乘。」】

講記　佛說：譬如金礦的礦石本身雖然已有金性，但是因爲有因也有緣，礦石本有金性的『因』，加上人工外緣和合的緣故，後來才會有黃金提鍊出來而有了黃金的功用；菩薩性也是如此，雖然本來都有菩薩性的功能，可是仍然得要假藉熏習菩薩法理的外緣，才能出現菩薩性的，所以不是每個人都有菩薩性的。也是因爲經由不自私的善法熏習，所以有人不會自私自利；如果他運氣好，再熏習到佛菩提道，就會很容易的發起了菩薩性；如果運氣不好，熏習到聲聞道，他就會發起二乘聲聞心。因此緣故，佛說「眾生有思」，「思」就是有一個想要去做什麼事的決定，這個心所法就叫作「思」；心中已經決定了，就叫作思。可是這個「思」心所有法，是從哪裡來的呢？是從欲心所來的，就是五種別境心所有法的「欲、勝解、念、定、慧」中的欲心所，這就叫作善法欲。

他心中的思心所，是想要做什麼呢？是想要證得佛菩提！以這種欲心所的善業因緣而發起菩提心，或者想要——欲——利樂眾生；以欲心所而生起思心所，思就是已經決定了；這就是用欲心所的善業因緣來發起佛菩提心的決定心，這個人就叫作有菩薩性囉！如果他只是為了自己想了生脫死來發菩提心，那就成為聲聞心，就沒有菩薩性了。如果本來是自私自利的，但因為遇到善知識而不斷的熏習菩薩法，最後終於發起少分的菩薩性了，那也是由於熏習而來的，不是原來就有了菩薩性。因此說，一定是先有一個善法欲的思心所，生起了善業因緣，加上跟隨善知識熏習佛菩提的助緣，再和合自己想要讓眾生離苦得樂的善欲心，再加上善知識為他宣說佛菩提，由這些因和緣和合起來，他才會有樂行菩薩道的善欲心所，又加上思惟確定了而有思。眾生都是這樣心中有欲、有思，所以就發起了菩提心，這樣才叫作已有菩薩性，所以菩薩性不是人人本有的。

又譬如眾生本來是沒有菩提心的，如果是往世從來都沒有熏習過的人，他根本就不會有菩提心的。來我們同修會學法的人，多數人是入會以前就有菩提心的；有很多人都是小時候就在思索一個問題：「我從哪裡來的？我死了要到哪裡去？我活著要幹什麼？我活在人間究竟有什麼意義？」都在探討這個問題！也有人是探討：「眾生死了會不會斷滅？出生是不是只有這一世才有？」也有的人是想要探討一個問題：「怎樣可以解脫生死？」有的人更單純：「到底什麼叫作佛？爲什麼大家要信佛、學佛？」有很多人從小就在探討啊！我小時候的問題則是：「到底我是從哪裡來的？我死了以後要到哪裡去呢？我活著又是爲了什麼目的？活著有什麼意義？」我是探討這個問題而入佛門的。所以各人有各人的問題，但這些都是善法欲，都是與無始無明相應的疑問，這也都是導致你學佛的動機。

有很多人探討這些問題時，會走上哲學研究的路，但是走到後來，還是要回到佛法中來！以前我讀書時總是亂讀一通，什麼書都讀，就是不想讀學校裡教的書；所以我在學校時都是在混日子：課本包在外面，裡面還夾著另一本書，讀的東西都是奇奇怪怪的，都是同學們想不到的，譬如但丁的《神曲》啦！還有存在主義的《天地一沙鷗》啦！文學方面大仲馬的《三劍客》、霍桑的《紅字》啦！《木皮散客鼓詞、鏡花緣、紅樓夢》啦！還有《道德經》我也讀啦！我什麼都讀，胡亂讀，沒有限制，包括古時的黃色小說我都讀，譬如《金瓶梅、西廂記》，我都讀；也因爲想「修道」而讀《參同契、洞玄子、黃帝素女經》，我年輕時讀很多書，就是不喜歡讀學校教的書。但是讀歸讀，還是弄不清楚我的問題啊！到底我讀了這些書以後，有得到解答了嗎？還是找不到我要的答案！因爲那時台灣的佛教還沒有興盛起來，我年輕時又是住在窮鄉僻壤的鄉下地方，不可能接觸到佛教，心中也知道學校中一定找不到我要的答案，所以在學校讀書時讀得很不快樂。

有很多人也是因爲這個問題一直在探討，所以能證悟的人，都是從小就有實相上的疑惑存在的。我這一世來到臺北初學念佛時，學了一、二個月，在寺院中念佛共修時遇到法師，就請問：「請問○○師父！我們這樣子唸佛號，是爲了什麼才要唸佛號的？」結果他轉頭就走了，可能認爲我在質難他，一句話也沒有答覆就直接走了！等到後來我開始知道爲什麼要念佛時，我才知道得要參禪，念佛的最終目的就是要找到自性彌陀啊！這才是最重要的事啊！光是在那邊唸唸有詞的念佛，去了極樂世界的目的是聽阿彌陀佛說法，聽法的目的其實正是爲了要開悟實相啊！後來我想，當時的我可能是被當作一個問題人物吧：不肯乖乖痴痴的唸佛號！

這就是說，你有一個動機，想要探討實相是什麼？你一直有這個懷疑存在。這是因爲還沒有離開隔陰之迷嘛！過去世所證的法義都忘了，現在這一世是全新的意識啊！所以要重新去摸索探討它！探討的結果，不論是哲學也好，世間法也好，探討到後來你會發覺，只能走到窮途末路之中，仍然探討不出滿意的結果，最後只剩下一條路：就是佛教中的修行法門。就不得不走進來！所以我基本上是個討厭迷信的人，卻想不到今天我會出來弘揚佛教的正法！這是當初怎麼都想不到的。因此說，凡是有這種想要探討法界實相、生命實相的人，他通常是過去世已經熏習出菩薩性了！如果不是有菩薩性的人，他不會探討這個問題，他只會探討說：「**我怎樣可以免掉生死？**」或是想要成神、成仙，一定會走入外道法中。就像崑崙仙宗，他們修什麼法呢？他們是在松果體上面觀想用心、練氣功，我練過的東西很多，但是，後來都發覺沒有辦法讓我弄清楚我要探索的答案，只好又離開了，最後還是走回佛教裡來。

蔣介石主政的年代，學校教的書中常常說：「**道教、佛教都是迷信。**」

卻從來都不說天主教、基督教也是迷信。但是我探究問題到最後，已經走投無路了，遇到一個佛法的因緣時，心想：「嗯！這個問題在佛經裡也許有答案吧！」結果是一接觸到佛法時，就一頭栽進去了，認定我所要的答案一定就在佛教中。這就表示說，有的人是過去無量世來一直就熏習過佛菩提的，很早就有菩薩性發起了，已經有佛菩提種子了；但是外面有很多人其實是這一、二世才進入大乘佛門的，所以你們出去會外時，通常會變成「孤家、寡人」，在道業上會變得很孤獨。因為：你出去外面如果只告訴他們要利樂眾生、布施行善，他們都會聽得進去；說持名念佛求生極樂，也都聽得進去；假使講四聖諦、八正道，而不說要把自我全面否定，他們也聽得進去；可是一講到明心與見性，那就沒辦法相應啦！

因為他們想都不敢想明心，更別說眼見佛性了！可是你們走進正覺同修會來，竟然敢說：「老師呀！我不但要明心，我還要見性！」明心、見性後，膽子更大了：「我還要往初地走，往二地、三地、五地邁進。」但是你如果在會外說到明心的事，人家會給你白眼，會偏著頭而且斜眼看你，認為你在說大話！對不對？（大眾回答：對！）對啊！所以你們出去同修會外時，就會變成佛教界的異類了！想要與別人討論佛法時，還眞的不容易說呢！最後就變成「孤家」或是「寡人」了！這就表示說，沒有菩薩性的眾生還是佔大多數的；有菩薩性的眾生永遠是佔少數的。所以我們雖然破邪顯正很久了，可是心裡並沒有想要度很多的人；我們只希望宗門正法不要斷絕，讓未來有因緣的人可以同樣的親證，但是不允許人家來破壞。所以我們對大型的弘法活動，一向總是興趣缺缺，原因就在這裡。以前也曾有電視台打電話來，說想要採訪蕭老師，但我們總是婉言相拒。

這種妙法，公開去外面講，在這個時節因緣下，有誰聽得進去？一般學佛人的菩薩性還不具足時，當他們在電視上看到我說法時，多數人會一面聽、一面罵：「蕭平實說話好狂傲！」他們不可能相信我只是據實而說，都無誑語。所以說，菩薩性不是很多人都一定有的。其實還有很多人仍然還在二乘菩提之中：受了菩薩戒，卻不以菩薩戒爲主要依止，反而把聲聞比丘戒、比丘尼戒作爲第一依止，菩薩戒只是作爲方便用的。法上也一樣，總是把二乘解脫道當作佛菩提道的行門。因爲他們熏習佛菩提不久，剛發心時又只學到聲聞菩提的解脫道，而且是被印順以錯誤的聲聞菩提說成的佛菩提熏習成功了，所以還沒有菩薩性的發起；你若一開始就對他說很勝妙的大乘佛菩提法，特別是在你說到已經明心開悟之時，他們就一定會生起煩惱。所以，要經過很多世很多劫，而且是正確的熏習了大乘佛法，才能眞正的具足菩薩性，那時說到明心開悟時，就不會再排斥了。

菩薩性是何時才算具足呢？其實明心時還不算具足，見性了也還不算具足，還得要十行位滿心以後才算是具足菩薩性。所以十行位滿心之前都還有可能「上心作中、中心作下」啊！從這裡就知道佛菩提道不是那麼容易修的法，因此假使有人明心之後退轉到聲聞法中只求解脫，不願再來人間利樂眾生，那也是正常的，一點兒都不奇怪！外面的人不知道，就說：「哎呀！明心了還會退轉？那一定不是正法。」誰說明心不會退轉的？佛度的人明心以後般若正觀現在前，也都還有八萬人退轉了，這在律經中已經講過了！而且佛準備宣講《法華經》之時，尚且還有五千聲聞法中的增上慢人當場退席，當場對佛公然表示不信，何況是明心以後對「阿賴耶識就是如來藏」的事實表示不信而退轉，當然也是正常的。至於眞實的不退，就得要等到初地入地心對般若通達以後了；所以 佛說菩薩性的發起，得要靠眾生的善法欲，再加上思心所的確定：決定想要利樂有情眾生。然後加上遇到善知識的助緣，才能發起佛菩提的菩提心來。

所以說，就像眾生他本來沒有菩提心，但是後來有因緣熏習了，才會有菩提心啊！菩薩的心性也是一樣，所以菩薩性也是先無後有，所以不可說菩薩性一定有：不可說眾生本來都有菩薩性。有哪些人是這幾世才剛開始熏習佛法的呢？我遇到過一件事情，有個鄰居在十餘年前被人家拉了去佛光山，在遊覽車上聽了法師許多話，回來路上又同樣聽了法師同樣的許多話，回到家以後就抱怨：「開口也是要錢！閉口也是要錢！」他心中生起煩惱了，就不願再去任何佛教寺院了。但是他下一輩子會不會發菩提心呢？還是會！因爲多多少少聽到一些佛法了！雖然他這一世絕不可能再去了，因爲他回來一直在罵法師勸募的事，只是他沒有想到去那邊有佛法可聽可學啊！這只是因爲他過去世沒有熏習過佛法嘛！他不懂：去人家道場學佛法就是要護持人家嘛！即使法師在路上一直在講資金勸募的事情，他也不該起煩惱的，多少隨緣隨力也好，總是種了一個善根啊！但是他回來以後一直罵！這就表示他這一世是首次接觸到佛法，過去世還不曾接觸到。假使是有善根的人，他最多只是聽了心中笑一笑就算了，一定不會開罵。這就表示說，佛法的熏習並不是每人都一樣的，不應該等視同觀。菩薩性當然也如此啊！所以不該說菩薩性是人人定有。

因此說熏發三種菩提之心時，並不是一定的，還要看外緣；縱使你有利樂眾生的心，但是遇到的緣不一定是佛菩提的緣；因爲想要遇到大乘正法是不容易的，大部分所謂的大乘法義往往是錯誤的，多數是以錯誤的二乘法來替代大乘法的。在大乘法中熏習而又遇到勝義菩薩僧，那也是很不容易的；所以我們的發願文才會求願「不遇聲聞緣覺師」，原因就在這裡。

佛接著又開示說：「**爲什麼這個人發心了就叫作菩薩呢？爲什麼不說他發心了叫作聲聞，叫作緣覺呢？因爲他是求大智慧的緣故啊！**」他所求的並不是二乘小法，二乘法的「解脫道、因緣法」在我們同修會來講，它算很粗淺的；但是在外面，大師們都已經弄錯了，都把解脫道誤會了，都想要把意識的粗心進入無餘涅槃中，或者要把意識細心進入無餘涅槃中，連小法的解脫道都已經誤會了。但是菩薩不一樣，他要求的是佛菩提的大智慧，對二乘法雖然仍是很尊重，但是他的目的不在這裡，志向是在佛菩提！所以求大智慧的人才能叫做菩薩，如果得少為足，得到個解脫道、緣覺法，他就滿足了，這就表示他還沒有發起菩薩性，所以他在法上的心量還不夠廣大。

「欲知一切法眞實故」：菩薩想要知道一切法眞實，不是想要知道一切法空。如果是想要知道一切法空，心中認定一切法緣起性空，無一法眞實，那就不是一切法眞實，而是一切法都空掉了，這哪能叫作眞實呢？你總不能說：「一切法都緣起緣滅，最後一定會滅盡，滅盡了以後就是眞實！」滅盡了一切法就是空無啊！要怎麼叫作眞實呢？既是眞實，一定有個實體常住不壞；而這個實體又不是三界有，所以滅盡三界有以後永遠不壞，才能稱為眞實法，這就只有第八識如來藏才能有這種自性了。因此，「性空唯名」是一切法空虛、斷滅，不是一切法眞實、如如。「一切法眞實」就表示說，有一法是萬法的根源，萬法依此而生而滅；萬法的生滅不已，永無止盡，都要依這個眞實法，才能生滅不已、永無窮盡，這才叫作一切法眞實。假使心中想要求證一切法眞實，這個人就一定是菩薩，不是想求一切法空的二乘解脫境界。

除此之外，他還要修成大莊嚴果，大莊嚴和二乘菩提不同啊！我們以前常去台中——我去台中上課三年——每次下課回臺北的火車上，大家就輪流買包子或別的食物一起享用，眞有福報啊！每次都有點心吃啊！如果是二乘人，你甭想半夜有點心啊！因爲他們過午不食嘛！還能吃什麼？菩薩爲利樂眾生就沒有這些限制，照吃不誤，中午十二點過了都還照吃，維持色身的健康與力氣，能利益更多的眾生；這不只是在求寂滅法，而是說寂滅法當中仍然有莊嚴法。

如何莊嚴呢？法界實相心的親證讓你產生了無量無邊智慧，以無量深廣的智慧來利益一切有情，就是大莊嚴，求這種大莊嚴的人就是菩薩。二乘人不會想要有這個莊嚴法，他們只想得解脫，所以托鉢回來用齋、經行以後就打坐入滅盡定去了；到明天早上才又出定，準備又去托鉢；如果當天沒有人來問法，他就不說法，吃完及經行後又入定去了，所以他們才能日中一食。但是菩薩不斷的爲眾生做事，不斷的度眾生，不分日與夜，一直是如此在做的；因此，聲聞人無法得到大莊嚴，只有菩薩能得到大莊嚴。

菩薩還得要其「心堅固」：菩薩修證佛菩提道，不管是多麼辛苦，不管法是多麼深奧難學，都不會退轉：「再怎麼深奧，我都要拼命學，我得要努力往上走。」絕對不會說：「哎喲！明心啊！那好難喔！我何人斯？焉敢望此？」他不會這樣想，菩薩明心了以後還要拼見性，見性了還要拼十行位、十迴向位的功德，一直往上走，絕對不退轉，心極堅固！心堅固就不會退轉於佛菩提啦！具足菩薩性了！所以被叫作菩薩。

不只如此，菩薩還得要多度眾生，他不是這一生明心以後只度一個人就滿足了！像禪宗的船子德誠禪師一生只度一人，這種菩薩很少；如果船子德誠今天還在，我一定趕過去把他推下水裡去，把他浸在水裡；他如果想要上岸，就與他先約法三章：「你得要多度幾個有緣人，不許只度夾山一個。」菩薩得要度很多眾生啊！將來成佛時的淨土就是在度眾生之中才能成就的。因此，菩薩無所謂出家與在家：在家也好，為未來世多結一群法眷屬；出家也好，寺院中也結一群法眷屬，都無所謂！

正因為這個緣故，所以 釋迦世尊無量劫前為了度一個女人（因為老是度不了她，所以下定決心要度她），佛在因地時怎麼度她呢？就在下一輩子去與她結婚，結了婚以後那女人因為非常愛他，就只好聽他的話學佛法了：「妳若不學佛，那我要走了。」她就乖乖學佛了。所以菩薩有很多的方法，就像《本生譚》講的一樣嘛！因此，菩薩爲了「多度眾生故」，什麼樣的事情都可以做，什麼樣的緣都願意結，就是只有一樣事情他不做：殺業不做。有時菩薩爲了度一頭羊，他就每天吃牠的奶、餵牠吃草、與牠親近，就與牠結了緣嘛！爲了度那一頭牛，每天吃牠的奶，這個緣就結上了。那一頭牛、那一頭羊跟著菩薩一輩子，菩薩吃了他的奶，總要餵牠吃草吧！互相布施，這個緣結深了以後，未來世牠來到人間遇到菩薩時，就一定要當菩薩的徒弟啦！這也是結緣的一種方法啊！所以菩薩總是有很多眾生緣。

譬如放生，目的在哪裡呢？就是未來世要收牠當徒弟啊！就是在攝取佛土啊！可是很多人不瞭解這個道理，只是當作在行善；不曉得把牠買來放生以後，牠對你這個關係是很深的，因爲這是救命之恩。因爲這個救命之恩，牠未來世見了你，就會沒來由的喜歡你，一天到晚都想要親近你，聽你講話；你想要他學佛，他就順從的學佛，因爲你在往世救過他的性命。菩薩要有這種心量，所以「眾生無邊誓願度」，發願要度很多、很多的眾生，這才叫作菩薩嘛！

還有，菩薩「不惜身命」，這一點是最難的。有很多人在明心以後膽氣很雄壯，看到《華嚴經》中說初地菩薩的十無盡願，覺得十無盡願太好了，就在 佛像前跪下來發願；可是眞正遇到需要他來做某件事情時，他卻又不敢做了，譬如破邪顯正！有人在佛前發過十無盡願，可是看到我破邪顯正時他們心中就害怕了，他們怕人家來殺我時會傷害到他。可是我心中覺得好笑：「你當初發十無盡願是怎麼發的？」所以，十無盡願不是隨便能發的啦！心量不夠，願力就不夠，這種願發了也是白發，沒有辦法得到初地的增上意樂。進入初地就是要有十無盡願的增上意樂，決定要實行到底，沒有增上意樂就進不了初地啊！

可是十無盡願的實行，其實並不好玩！菩薩生生世世遊戲人間，是怎麼玩法呢？是要拿命來玩的欸！因爲菩薩在初迴向位就得要不斷的破邪顯正，破邪顯正時篤定要得罪諸方大師啊！因爲證悟的人永遠都是少數人啊！你雖然不舉示他們的姓名與法義來破，他們也會認爲你已經得罪他們了！因爲你說出來的法理已經顯示他們都沒有開悟嘛！你說要證得如來藏才可以叫作開悟，而大師們卻一致認爲：懂得緣起性空的道理就是開悟了！又私下認爲：意識是常住不滅的。佛光山的星雲法師與印順、昭慧……等人就是這樣啊！可是你說得要證得如來藏時才可以叫作開悟，那你不是間接的說大師們都沒有開悟嗎？他們當然受不了，當然會私下用盡小手段來抵制你。

這還是小事，我們當年寫出《護法集》時，當時百分之六、七十的同修們都反對出版，爲什麼呢？因爲當時台灣東西南北都有人弘揚月溪法師的邪法，他們的勢力太大了！我們當時卻只有一百多人——不到二百人。而且我們才剛剛出版一週，劉邦友縣長就被暗殺了，當時好多人很擔心我。可是以現在的局勢來看，當年寫出《護法集》只算是小兒科，《狂密與眞密》的出版才是大事，因爲能把外道法逐出佛門；可是現在密宗的喇嘛們很氣我，因爲他們越來越難混了，所以西密有好多喇嘛、法王們在修誅法，想要誅殺我。可惜的是誅法所能派遣的鬼神都是層次很低的山精、鬼魅，所以對我完全沒有作用；層次高的神祇卻不可能被他們所派遣，所以他們的誅法對我根本無用。

爲什麼我們要做這些吃力又不討好的事情？老好人不作，卻要不斷的得罪大師們？都是爲了正教的永續流傳嘛！所以藏密的勢力雖然那麼龐大，我們還得要做，不可畏懼藏密的龐大勢力。藏密在大陸的勢力比在台灣的勢力大上許多倍，大陸的佛教，根據大陸的法師們說：「**百分之九十都是學西藏密宗的法！**」他們不是學唐密，而是學藏密，所以藏密在大陸的勢力很龐大，因此喇嘛們有恃無恐的放話：「**蕭平實有種就來西藏，我們一定會幹掉他！**」有些西藏喇嘛們已經放話了。可是我們做這件事的目的，無非就是讓正法永續、讓西藏喇嘛們回歸正道而證眞正的菩提！這個悲心就是我們不畏藏密龐大勢力而逆勢去做的動力。爲了讓正法永續，一定要達成這個目標，那就不應該老是怕死，得要能不惜身命。尤其現在台灣與大陸的佛教界，大家都爭著要當好人，沒有一人肯當糾察。

當我們有智慧力了，卻還不敢做，那就表示菩薩性還沒有具足；因爲菩薩的性種性是要在十行位就滿足的，性種性的性，講的就是菩薩性。十行位滿足而進入初迴向位時，那就是要「救護一切眾生離眾生相」；你想要救護一切眾生遠離眾生相，卻又不願意破斥邪說而顯示正理，那你又如何救護眾生遠離眾生相？完全不可能啊！所以，滿足了菩薩性而依初迴向位的行門「救護一切眾生離眾生相」來實行時，就得要準備不惜身命，不怕得罪人而破斥邪說。只論法義對或不對，不管大師們與你交情深淺，得要盡力救護眾生離開眾生相。

具足這些條件才算是具足菩薩性了，這些條件共有幾個呢？「求大智慧、欲知一切法眞實、大莊嚴、心堅固、多度眾生、不惜身命」，總共是六個；有了這六個條件，就說你眞的是「菩薩修行大乘」；如果沒有這六個條件，就不是具足修行大乘法的菩薩。如今這一段經文中說：菩薩性不是眾生本來就一定有。意思是：成佛的種子、功德，一切眾生的如來藏心中都是本來都有的，可是有這個種子與功德，卻得要經由熏習而發起菩薩性以後才能進修成功。但是菩薩性、聲聞性、緣覺性，卻不是本來就有的，而是經由往世第一次的接觸熏習，再世世熏習增長以後才能具足菩薩性。有了菩薩性，要如何區分退或不退呢？是以戒法的退與不退來界定的：

【「善男子！菩薩有二種：一者退轉，二者不退。已修三十二相業者，

名不退轉；若未能修，是名爲退。復有二種：一者出家、二者在家。出家菩薩奉持八重，具足清淨，是名不退。在家菩薩奉持六重，具足清淨，亦名不退。善男子！外道斷欲所得福德，勝於欲界一切衆生所有福德。須陀洹人勝於一切外道異見，斯陀含人勝於一切須陀洹果，阿那含人勝於一切斯陀含果，阿羅漢人勝於一切阿那含果，辟支佛人勝於一切阿羅漢果；在家之人發菩提心，勝於一切辟支佛果。出家之人發菩提心，此不爲難；在家之人發菩提心，是乃名爲不可思議。何以故？在家之人，多惡因緣所纏遶故；在家之人，發菩提心時，從四天王乃至阿迦膩吒諸天皆大驚喜，作如是言：我今已得人天之師。」】

講記　佛說菩薩有兩種：一種菩薩是退轉菩薩，另一種是不退菩薩。念佛人念佛結束時都要讚佛，最後還要發願：「不退菩薩爲伴侶。」從來沒有人唱：「有退菩薩爲伴侶。」有退菩薩，你與他作伴侶，是想要跟著他退轉嗎？你心中明明就不想退啊！不想退就不要與有退菩薩爲伴侶。所以你要和不退轉的菩薩們爲伴侶。

菩薩悟後既然有這兩種人，未能進修的人就是退法菩薩！什麼法未能修就是退？能持續進修三十二大人相的種種福德善業，就叫做不退菩薩；如果不能修三十二大人相的福業，就叫做退轉菩薩，將會退回二乘解脫道中，不再尋求成佛、廣利眾生的法道了。三十二相業都是屬於修福，今天暫不說它，因爲隨後的〈修三十二相業品〉中就會講到。如果悟後肯繼續在三十二大人相的福業上進修而不退轉，就是不退菩薩。但是有個前提：「不許謗法。」萬一誤謗正法，修再多的福業也仍然是退轉啊！謗法而成爲一闡提人了，未來的七十大劫的無量世都會在三惡道中受苦，完全不能修行了，哪還能叫作不退菩薩呢？這個前提大家都得注意！

三十二相業都是在善法福德上修集，所以慳貪的人，拔九牛之一毛以利天下而不爲，這個人鐵定不是菩薩！要能利益眾生，才可能是菩薩；因爲這部經是爲在家菩薩說的，是爲善生等在家人說的。在家菩薩以什麼爲第一個重要行門呢？是「布施」。在家菩薩以財施爲主，出家菩薩以法施爲主，無畏施則是共同隨緣隨力去做。所以這裡說：三十二相業都是修福。如果悟後能修這三十二相業的福而不悔不退的人，就叫作不退菩薩；悟後不能無止盡的修三十二大人相的無量福業，就是退。如果有一天正覺同修會宣佈說：「你們來正覺學法時都不許捐款護持，保留給一個大富翁護持就好。」那我告訴你：正覺同修會一定是出大紕漏了。因爲這已顯示正覺同修會離開菩薩正道了。假使眞的這樣，你來學法時要如何成就六度呢？第一度就通不過了，施波羅蜜就無法修成了，何況其他五度呢？

雖然我們一向都不開口勸募，各班親教師——包括我——都不開口勸募，都是大家自動自發的護持，但是我們雖然不開口勸募，卻也不能拒絕大家的護持。假使二十年後我們錢太多了，大家還是可以向同修會種福田：**「錢太多了，那是你正覺同修會的事，你不能拒絕我們種福田。」**如果那時錢太多了，同修會就要傷腦筋啊！要趕快把它轉施出去，利樂有情的事情得要趕快去做，可是不能拒絕別人在同修會種福田，擅加拒絕就是干犯因果。所以我常常說：**「出家法師既然身披福田衣，就沒有權利拒絕人家在他身上種福田。」**你們出家了以後，沒有權利拒絕大眾的供養。那你有了錢而用不完，因爲被人種福田而使自己的福德資糧減少時，又該怎麼辦？那是你的事，你仍然不能拒絕眾生在你身上種福田，因爲你穿著福田衣時就有這個義務！至於你收受了供養以後，要怎樣去利樂人天，那都是你的事啊！你不能說：「我現在計畫還沒作好，所以我拒絕別人對我布施！」你不可以拒絕的。

佛陀接著又說，菩薩除了退與不退，還有兩種分類：一種是出家菩薩，另一種是在家菩薩，這是從戒體上來分判的。以戒來楷定這二種人時，又是怎麼楷定的呢？是如何說退與不退的呢？

出家菩薩要奉持八重法，八重法在比丘尼方面，則以「八敬法」來說。八重法就是四棄法再加上另外四個戒法。「四棄法」的「棄」，就是被佛所棄、被僧團所棄之意。既然把它捨棄了，就是惡法；卻有人又重新再拾回來，那就表示已經犯重戒了。犯什麼重戒呢：「殺、盜、淫、妄」四個重戒，這四個重戒是一切出家人都應當捨棄的惡法。四棄法再加上四個重戒就是八重法：「殺、盜、淫、妄、摩觸異性、粗語、作媒、二不定法。」

「摩觸異性」這個戒法，大家都要小心注意。在家菩薩們在這一世初學佛時，不懂規矩，見了出家師父時因爲歡喜，就把手放在法師的肩膀上表示親近，或者拉拉法師的手與臂膀，這都不可以！得要尊重一點。有時師父們不好意思說話，不想讓你難過，所以不說你的過失，可是他必須要趕快把手抽回去！有的人就說：「哎喲！怎麼這樣子？我與你拉拉手親近，這有什麼關係？」不行的！你們得要學會尊重法師，特別是在法師不是與自己同一種性別時！如果你是法師，對異性有摩觸的行爲，這就叫作「摩觸異性」的重戒，若是默許的被異性所摩觸，也是嚴重犯戒的行爲。「粗語」就是講粗話，像社會上的粗俗人一樣開口就是三字經，或者大聲罵、喝，都不行！出家人與菩薩都不可以粗語或大聲講話。還有就是「爲人作媒」，你們千萬不可要求法師：「師父啊！請你幫我作媒！」師父對你拒絕了，你又說：「哎呀！沒關係啦！只是現成的媒人啦！」那也不行！出家人不可以爲人作媒，也不可以當證婚人而爲人證婚，不許在結婚證書上爲你蓋章證婚，否則就是違犯聲聞戒律。八重法的最後一個是「二不定法」，「二不定法」，就不方便在這裡公開說了，出家眾們自己知道就夠了。

以上說的是八重法，可是也有另外一種說法，就是不要犯「十三僧殘」；犯了十三僧殘的重罪，也會成爲僧團所擯棄的人，這是另外一說啦！原則上我們依據經文而以八重戒爲主。能奉持八重戒，就是不退的出家菩薩，在家菩薩則要奉持六重法。但實際上《梵網經、地持經》有說十重，有說八重，並不一定！《菩薩瓔珞本業經》則是說十重法。但因這部《菩薩優婆塞戒經》的戒法是一生受，不屬於盡未來際受；而且是作爲正受盡未來際的菩薩戒以前的方便受，所以這一部戒經講的是一生受的六重二十八輕戒；所以這裡講的是六重戒永遠不犯時，就是不退的在家菩薩。六重戒留在後面說。如果能奉持八重、六重而具足清淨（出家人要滿受八重戒、在家人要滿受六重戒），就叫做「具足」清淨，這就是不退菩薩。

佛又開示說：「外道斷欲所得福德，勝於欲界一切眾生所有的福德。」

「外道斷欲」就是證得初禪的外道，他所得的福德勝過一切欲界眾生的福德。證得初禪時，雖然他只是外道，但一切眾生在欲界所修的全部福德合起來都不及他，因爲他已經超過一切欲界眾生了。

「須陀洹人勝於一切外道異見」：須陀洹人就是已證得聲聞初果，勝過所有一切外道異見。爲什麼叫做異見？因爲外道們的解脫道見解不同於聲聞初果人嘛！但是一個聲聞初果人所得福德，勝過所有外道得初禪乃至四禪八定具足的人；即使所有外道都證得四禪八定了，但他們的福德合起來仍然及不上一個初果人。所有的初果人合起來的福德不及一個二果人，所有二果人的福德合起來不及一個三果人，所有三果人的福德合起來也不及一個阿羅漢，所有阿羅漢的福德又不及一位辟支佛，所以辟支佛的福德最大。可是 佛陀話鋒一轉又說：如果有一個在家人發起菩提心，也就是發起四宏誓願，並且確實去做而成爲眞正的菩薩了，這個在家人發起成佛度眾之心，福德是不可思議的！所以勝過一切的辟支佛果。

經中不是有個典故嗎？徒弟揹著行囊在阿羅漢後面走，他想著、想著就突然發起大心：「我要行菩薩道，我要救度一切眾生！」這阿羅漢正好是三明六通的大阿羅漢，他想：「我這徒弟竟然敢發大心，我這個師父卻做不到，這個徒弟眞的是菩薩。」就趕快把行囊拿過來自己揹，不敢讓菩薩徒弟揹。可是這徒弟跟著大阿羅漢走著、走著，腳累了，心想：「走路就這麼辛苦了，還要行菩薩道？那眞的太苦了！我看還是修聲聞解脱道就好了。」大阿羅漢馬上就知道了，隨即又把行囊還給徒弟揹了。從這裡就知道：發菩提心眞的不容易啊！發菩提心的人，心中要有準備：有朝一日得要把所有的時間全部奉獻給眾生，不能爲自己求一分一毫的世間利益。

佛說一個在家人發起菩提心，仍然只是凡夫，就勝過所有辟支佛的果位。只不過是一個在家的凡夫而已，爲什麼會這麼殊勝？佛就解釋原因：「出家人發起這種大乘佛菩提的菩提心，並不是很困難的事。在大乘法中出家，他的目的就是發大乘成佛之心，就是想要成佛及度眾生；可是在家人發這個大心，可就眞的是不可思議啊！爲什麼這麼說呢？因爲在家人的身邊總是有許多惡因緣纏繞著他們啊！」你們不是常常有人因爲太太反對而產生了一些困擾嗎？也有一些女眾出現了先生找麻煩的事情。這還不打緊，往往又去說服父母加進來反對，有時又說服了子女一起來向你反對！所以在家人的惡因緣很多，老是被惡緣纏繞著！因此，在家人在這麼多惡因緣纏繞之下，還能發起菩提心而不退失，不只是發二乘菩提心；因此當他發起大乘菩提心時，從四王天開始，往上到色究竟天，諸天都大驚喜啊！他們都會這麼說：「我們未來終於會有人天之師了！」所以 佛陀說在家人發菩提心是很殊勝的。

〈發菩提心品〉第二

【善生言：「世尊！眾生云何發菩提心？」「善男子！爲二事故發菩提

心：一者增長壽命，二者增長財物。復有二事：一者爲不斷絕菩薩種性，二者爲斷衆生罪苦煩惱。復有二事：一者自觀無量世中受大苦惱不得利益，二者雖有無量恆沙諸佛，悉皆不能度脫我身，我當自度。復有二事：一者作諸善業，二者作已不失。復有二事：一者爲勝一切人天果報，二者爲勝一切二乘果報。復有二事：一者爲求菩提之道受大苦惱，二者爲得無量大利益事。」】

講記　善生菩薩又問　世尊說：「衆生是在什麼樣的情況下會發起菩提心呢？」佛開示說：「善男子啊！衆生是爲了兩件事情而發菩提心的，第一是爲了增長壽命，第二是爲了增長財物，所以發起菩提心。」一般人不能增長壽命，往往是因爲心地不正；特別是世俗人，專在世俗法上有所貪著，所以往往與諸衆生發生爭執，因此減短壽命。有的菩薩是爲了增長壽命的緣故，所以就發起菩提心，發了菩提心就進入佛門來修學佛法。

「二者增長財物」。諸位都聽過一句話：「三寶最吉祥。」所以修學佛法之後，應該是財物繼續增長才對，如果修學了佛法以後變成財物損耗，那就不對了。學法以後財物損耗很常見的一個情形，是在藏密中。他們爲了修學財神法，上師會先要求供養：「你先拿一百萬台幣來供養我，我再傳你這個法！」還沒有掙錢就得先賠錢。前年有人來問我事情，她爲什麼來問呢？因爲她有個好朋友學藏密，非常有感應，一天到晚都會看見「佛菩薩」來感應，我告訴她說：「你要警告你的朋友，快要出問題了！那都是鬼神化現的。」果不其然，兩個多月後精神失常了。爲什麼失常了呢？因爲財物耗損嘛！而且在損耗了財物以後，想要得的法又得不到，想不開的結果，就是被送進榮民總醫院的長青樓精神病房去了。

爲什麼她的朋友會這樣呢？因爲去修學藏密以後，來對她說：「有某一種我想要的法，眞的可以得到！」她的朋友拿了房子去銀行抵押借錢五百萬，送到上海去給那個藏密上師供養，結果是錢送出去了，想要得到的法並沒有得到，原來是騙人的：灌頂法修了以後並沒有用，而感應的佛菩薩其實都是鬼神來冒充的。不久，因爲學法沒有結果，回來台灣以後，心中很不情願，鬱悶在心，後來就精神失常了。她來要求我去向他開示，我說：「我不是不慈悲，而是因爲你朋友學的是藏密的法，不是來我這裡學正法！我說法時他並不相信，所以我沒辦法去爲他開示。知見也是南轅北轍，相差太遠了，就算為他開示了，他也聽不進去。」而且我的時間也不夠，又是非親非故的，實在沒有因緣可以幫助他。

這就是說，學了密宗的財神法以後，不是增長財物，反而是耗損財物。其實眞正發財的法，就是為別人傳財神法而得到錢財的供養。以前鴻源集團的沈長聲……等人，不是最信受財神法的人嗎？結果卻是失敗到不能想像的地步啊！假使只是為了增長財物而發菩提心，這樣的發心並不是很正確的，因為求發財的事不是眞正的佛法嘛！可是藏密也告訴你要發菩提心啊！但他們教你發心的法並不是眞正的菩提心法，而是與鬼神相應的世俗法啊！因此，發菩提心之後應該是壽命增長、財物增長的，不該失財短命精神失常。譬如有人生來短命，不論命盤怎麼排，不管找了哪一家算命師，排來排去反正就是只能活三十九歲，排上十家還是三十九歲；該怎麼辦呢？只能深切的發菩提心啊！把四宏誓願發心起來確實而勇猛的去做啊！不是開空頭支票而眞的發心，並且出家把身心奉獻給眾生去了，後來活到七老八十了，如今還活著為眾生做事，這不就是增長壽命嗎？

增長壽命了，當然財物也會跟著增長啊！你多活了這幾十年，不就多用了許多財物？那就是增長財物。一般人發菩提心時會有這個利益。世俗愚人想要增長壽命，就殺大豬公去向老天爺求命求壽，有時也很靈感啊！我年輕時也幹過這種傻事，但不是爲自己求壽命，而是想要把自己的壽命撥給父親，我們兄弟們共同幹過這種事！在午夜子時供起大豬公，以道教的方法，把法事隆重的辦起來，五個兄弟各減五年壽命撥給父親。現在想來是有些愚癡，但是並不後悔！不過那是世間法中的孝心，與發菩提心無關。因爲那時還沒有接觸到佛法，不懂佛法中對此事的看法。

也有人爲二件事情來發菩提心，第一種是爲了讓菩薩種性不會斷絕，怕菩薩種性斷絕了以後就沒有人繼續流傳佛法，以後人間就不會再有人可以成佛啦！所以爲了延續菩薩的種性而發菩提心，來學大乘法。第二種人發菩提心，是爲了斷除眾生的罪苦和煩惱；眾生的罪業深重，但是他們自己完全不瞭解。其實在人間有許多的痛苦，可是他們在苦中不知苦，所以應該讓眾生瞭解什麼叫作苦，所以佛法中才會有三苦、八苦來爲眾生開示，想要使眾生把罪業和種種苦都斷除，還想要把眾生們的煩惱消除。這裡講的煩惱不是講世俗法中的煩惱，而是指煩惱障上的煩惱——見思惑。

有的菩薩是爲了這個原因來發菩提心的。

另外，有人是以比量來觀察：自己從無量世以來受過種種的大苦惱，根本就沒有眞實的利益可說啊！凡是有利益時，都只是世間法上的利益，都是無常之法，不能永隨自己而去未來世，因此不曾得到眞實不壞的利益。後來知道只有在佛法中才有眞實不壞的利益，所以應該要發菩提心，讓自己可以得到眞實不壞的利益。第二，觀察到學佛的人這麼多，但是卻沒有多少人能得度！雖然有很多尊佛不斷出現在人間來度化，但是諸佛其實都不能度化我，諸佛都只能告訴我得度的方法，至於眞實的度到生死彼岸，就得自己親自去實行，所以都應該要自度；既然得要自度，當然就要發菩提心嘛！不發起菩提心就無法自度啊！爲了想要自度，爲了得到眞實不壞的利益，所以就發起菩提心了。

有人則是因爲另外兩件事而發心。第一是爲了讓自己可以做眞正的善業，世間法上所說的善業都不是眞實的善業，只是表相的善業。譬如基督教救世軍也在利益眾生，他們發覺中古時代的十字軍東征其實不是眞正的善事，因爲都只是在殺害異己及眾生，所以，後來就改爲救世軍而開始利益眾生，一直在做布施的工作。四十年代的台灣人也得過他們的好處，那時有很多人吃過他們贈送的牛油、穿過洋人的舊衣。這些都是世間法上的利益，但不是眞正究竟的利益。

又譬如說，在人間募化許多錢財來救濟眾生的貧病，這是世間的善事，並不究竟，不是眞實的善事；因爲這種事情會使行善的人生到欲界天去享福，但是享福的日子過得很快，不知不覺一生就過去了；欲界天的一生過去了，以前在人間修來的福報就都享盡了，只剩下在人間時曾造的小惡業了，接著就要還報惡業而入三惡道了！短時間內無法再來人間了！除非往生天界之前都沒有造過任何惡業。但是那種人不多啊！所以這不是眞正的善；執著善業而想要獲得善業的果報，執著於欲界天我所的境界，終究不免五趣輪迴，所以不是眞實的善業。學佛人既然發覺到這些都不是眞實的善業，所以他想要造作眞實的善業，就發起菩提心了！可是眞實的善業是什麼呢？只有大乘法才是眞實的善業，因爲二乘法還不夠眞實，不能了知實相，而且不能利益廣大的眾生，所以眞實的善業就是大乘法。爲了做種種大乘法中的眞實善業，所以他發起菩提心。

第二，有人希望所作的善業，作了以後永遠都不會消失掉。換句話說，這種善業不是無常法，可是作已不失的善業，就只有大乘法一種；二乘法是作了以後就都沒有了，因爲：入了無餘涅槃以後，連自我都不存在了，哪裡還會有眞實常住的善業可說呢？作了善業而能繼續存在不壞的，只有大乘法。因爲大乘法永遠不滅七識心，乃至成佛以後仍然八識心王具足，轉爲純淨的八識心王而利樂有情永無窮盡，則一切的善業都不會失壞，這樣才是眞正的作已不失的善業。有的菩薩正是爲了這兩個原因，所以發起大乘菩提心。

此外就是爲了勝過一切人天所得的果報而發菩提心。有什麼法是勝於一切人天的果報呢？只有三乘菩提可以勝過一切人天的果報！但是三乘菩提的果報，又只有大乘菩提是最殊勝而常住的。一切人間所有的果報，一切天界包括無色界的果報，都及不上三乘菩提的修證，而二乘菩提又及不上大乘菩提的修證，所以有人爲了勝過一切人天的果報而發起大乘菩提心。第二個原因是爲了勝過一切二乘的果報，有的人不是爲了勝過人天的果報而發心的，他是已經了知大乘菩提果最殊勝，不願修習二乘法，專爲了勝過二乘法的果報而發起大乘菩提心。

二乘的果報爲什麼不是最殊勝的？因爲它只能讓眾生證得解脫果，無法了知法界的實相，無法發起般若智慧，更不能使人具足一切種智，故無法成佛，所以不是最殊勝的法果。所以二乘聖人所得的果報只是解脫果，這就是二乘菩提所能獲得的果報：無法證得佛菩提果。假使爲了勝過二乘的果報，就一定要修學大乘菩提。這個「勝」字不是比高下的「諍勝」的勝，而是要求證最殊勝無上的果報。修學大乘菩提所證得的人天果報是超過世間一切人天的，因爲菩薩世世不斷的利樂有情，必然可以獲得後世無量的可愛異熟果，而這個可愛的異熟果和世人、天人所得的果報不一樣，它是伴隨著佛菩提果而存在的，所以是菩薩的可愛異熟果報；菩薩修集的福德因爲伴隨著佛菩提智，因此而超越於一切人天的果報。不但如此，道業上的證量果報也超勝於一切二乘聖者的果報。所以不是爲了比較高下，而是爲了得到殊勝的超勝於一切人天、一切二乘出世聖人的果報而發菩提心，以此心態來學大乘佛法。

另外兩件事是大家應該知道的：第一是發心爲求成佛者，應該願意受大苦惱；第二是爲求得無量的大利益事而求佛菩提果。有人發心時，願意爲了求菩提之道而受大苦惱，因此而發起菩提心。眾生在世間輪轉，根本不知道有佛菩提、二乘菩提，但是菩薩爲什麼發四宏誓願呢？因爲發覺大部分的人求佛菩提，或求二乘菩提時，往往受種種的大苦惱，卻仍然無法如願證得；因爲眾生在求證二乘菩提時就已經很不容易了，更何況是求大乘菩提呢？現在是眾生最有福報的年代，古時的祖師們，光是爲了求證解脫道，草鞋要穿破多少雙？漿水要喝掉多少錢？想想就知道了，他們都是幾百里地、幾千里地，靠著兩隻腳這麼走，到處尋訪善知識；古時這麼困難的狀況下，想求個解脫道都不容易；如果想要求證佛菩提道，那就更難了，可是現在已經容易多了。

你們從台南來的人，以前都是坐火車五、六個鐘頭來，回去時又坐五、六個鐘頭火車，眞辛苦！現在不用來了，我們準備了 DVD 在台南放映就行了，這不是很有福報嗎？現在台中的學員還是有一部分人繼續來台北聽講，可能是爲了臨場感及容易聽得懂吧！也可能是現場的攝受力比較好；但是多數人在台中道場也都可以聽看 DVD 啊！不必再辛苦的北來南往了，多有福報！而且我們正覺所傳的法，不單有二乘的解脫道，還有大乘的佛菩提道啊！所以現在大家眞的是有福報。不過話說回來，沒有福報的人還是很多；你們看那些人，爲了求菩提之道而受大苦惱：有好多人一捐就是兩千萬、三千萬、上億元，可是他們捐助的道場教的是什麼法呢？既沒有解脫道，也沒有佛菩提道，因爲都是在意識心上面轉來轉去，連我見都斷不了，更不用說證得實相心了。

看看會外那麼多學人，辛苦而且熱心的護持道場而求菩提之道，總是要受大苦惱；他們捐了好多錢出去護持以後，結果是沒有佛法可學：沒有二乘菩提可證，不能斷我見、斷三縛結，更不可能悟入大乘菩提。心中每天都苦惱：「我哪一天可以證得初果解脫呢？我哪一天可以開悟實相呢？何時可以眞正進入佛法內門中呢？」諸位不妨回想一下，你來到正覺同修會之前，不也是和他們一樣的嗎？既然知道爲求佛菩提而要受大苦惱，那就該趕快發菩提心，趕快把這個大苦惱的過程提前結束，不要生生世世一直都在這種大苦惱中啊！所以爲了這個緣故，應當要發菩提心。

第二個發心的原因是爲了無量的大利益事！什麼法能有無量的大利

益事呢？當然只有大乘的佛菩提道啊！因爲在二乘法中沒有無量的大利益事，再大的利益也就只是一世而已！成爲俱解脫的大阿羅漢以後，也就只剩這一世人天應供的風光了嘛！捨壽後就進入無餘涅槃，套句內地話說：「啥都沒了！」五陰十八界全都滅盡了，什麼都沒有了，這哪裡叫作無量？這叫作有量！但是菩薩證悟了以後不是這樣的，此世得到勝妙法以後，來世的生生世世又會再度悟入，又繼續廣度眾生；成佛歷經三大無量數劫，所以世世度眾也就無量無數；乃至未來成佛以後，永遠不入無餘涅槃，卻又永遠保有無餘涅槃的證境，在無住處涅槃當中利益眾生永無窮盡，這不是生生世世都很風光而且大利眾生嗎？像諸佛這樣的莊嚴報身，在諸天法界中，誰不恭敬供養呢？來到人間利益眾生時，一樣是有很多人會恭敬供養的，所以對眾生的利益也是無量的。爲了得到這種無量的大利益事，所以應該發菩提心來修學佛菩提。

【「復有二事：一者過去未來恆沙諸佛皆如我身，二者深觀菩提是可得法，是故發心。復有二事：一者觀六住人雖有轉心，猶勝一切聲聞緣覺，

二者勤心求索無上果故。復有二事：一者欲令一切衆生悉得解脫，二者欲令衆生解脫、勝外道等所得果報。復有二事：一者不捨一切衆生，二者捨離一切煩惱。復有二事：一者爲斷衆生現在苦惱，二者爲遮衆生未來苦惱。**復有二事：一者爲斷智慧障礙，二者爲斷衆生身障。」】**

講記 有很多種的兩個原因，所以要發大心來修學佛菩提啊！第一，以比量來觀察諸佛如來：過去的諸佛如來，未來的諸佛如來，都和自己一樣，一直都有這種人間的色身在受種種的苦惱；但是從另一方面來看，也說諸佛如來以往與我們一樣，因爲有這樣的色身存在，所以能修學佛菩提道；如果沒有這個色身作爲工具，就無法修學佛菩提道啦！諸佛如來以往既然都有這個色身，能修學佛菩提；我們也同樣有色身，也可以來修學佛菩提；既然是這樣，我們就應該要趕快發起菩提心啊！

再來是深細的觀察，佛菩提是確實可以親自證得的法，不只是想像的法，所以應該要迅速的發起菩提心！有人說佛法是不可知的、不可證的，那麼我們發菩提心來學佛，不是傻瓜嗎？請問現在有沒有這種傻瓜呢？（大眾同答：有）有啊！印順的《妙雲集》裡不是說「涅槃是不可知、不可證的」嗎？既然是不可知也不可證的，那你又何必求證涅槃呢？回到佛菩提來說，假使你師父對你說：「開悟的事是不可知也不可證的，我們沒有辦法證啦！以後也不可能證啦！末法了，誰還能開悟、還能親證？」那我告訴你：你若是眞求佛法的人，聽到這句話時應該馬上走人。因爲：既然菩提是不可知也不可證的法，那你發菩提心而努力修學，又爲了什麼呢？所以應該要說：「佛菩提是可知也可證的！我們大家來發菩提心！」這樣說話才有意義嘛！所以大家都應該發起佛菩提心。說到這裡，你們大家都應該爲一件事情鼓掌、慶幸，爲什麼呢？因爲外面那麼多人總是認爲「佛菩提是不可證的」，可是他們還是願意發菩提心，可見他們的發心也眞的是大心，在不能知也不能證的情況下，還願意發菩提心及護持三寶，終生不退，所以應該要鼓掌鼓勵。（大眾用力鼓掌良久）眞的啊！明知道自己對佛菩提是不可證的，還願意發心護持，這些人可眞的是不簡單欸！所以我們也應該給予讚歎，不應該只讚歎我們自己。諸位是有智慧，發覺到佛菩提是可證之法，所以來到正覺同修會，皈依時就發四宏誓願；爲了這個緣故，所以應當要發菩提心。

另外兩件事情說：第一，觀察還在六住位的菩薩們，他們縱使還進不了七住的位不退中，所以還會退轉，因爲他們還沒有證得實相心，所以無法進入位不退的第七住位中。《菩薩瓔珞本業經》也是這麼說的：在六住位修學般若波羅蜜多，正觀現前——只有證得如來藏者才有辦法使般若正觀現前——就進入七住位不退中；但是有個附帶條件——佛說法時常常有附帶條件——佛說因爲善知識所護念攝受的緣故，所以進入第七住而得位不退；如果沒有善知識攝受護念，很快就會退失了；就像是往劫的王子舍利弗、天子法才一樣退失十劫乃至千劫，無惡不造；後來是因爲往世有善法緣，所以遇到 釋迦牟尼佛，才又回到正法中安住於位不退中，所以《菩薩瓔珞本業經》說七住心是位不退的菩薩，但是有個前提：必須有善知識攝受，自己也願意被善知識攝受，才能不退失。

在《優婆塞戒經》這一段經文中說：六住位的菩薩還沒有證得如來藏，不能了知實相，所以還是有退轉之心。悟不了的人常常會因爲不能生起般若實相智慧，心中就氣餒了；氣餒了就說：「**啊！算了吧！我這一世是沒有辦法開悟的。我參了三十年都悟不出來，太苦了！不參了！**」這不就是退嗎？這就是懈怠了，所以說六住人還沒有悟得實相心，雖然還有退轉之心，縱使是這樣，這一世放棄而不參究般若禪了，仍然勝過一切的聲聞阿羅漢、緣覺辟支佛的。　佛這樣子開示，你們看大乘法中的發心，功德大不大？（大眾回答：很大！）很大呀！所以雖然還只是一個凡夫，卻遠勝過阿羅漢、辟支佛啊！所以你們在正覺同修會中，縱使還沒有悟，也可以依照　佛的開示來安慰一下自己嘛：「**我還是勝過阿羅漢，勝過辟支佛的。**」為什麼勝呢？因為大心所以超勝！但這不是對已迴心的阿羅漢、辟支佛來比較勝劣喔！當他們迴心了，你是絕對勝不過的了；因為他迴心以後，就跟你一樣了！雖然還沒有證得實相心而仍然同在六住位中，不過他的解脫果已經證得，你卻還沒有證得，所以他還是勝過你。這裡說「勝」，是說你勝過那些不迴心大乘的決定性阿羅漢、辟支佛。因此而說這個發大乘法的菩提心確實是殊勝的，因此應該要發菩提心。

第二，為了精勤的想要求證、探討無上果，所以要發菩提心。二乘人所發菩提心是二乘果的菩提心，但是大乘法中發菩提心，那是在四宏誓願上面發心的；由於四宏誓願，使得菩薩生生世世不斷努力精勤的修學、取證的結果，最後就成爲世尊——成就究竟的佛道——所以叫作無上果。二乘果只是世尊方便度化眾生所施設的一個果位而已，實際上，從唯一佛乘來講，二乘果本來不算證果的；但是怕眾生不肯學大乘法，所以先方便施設四個解脫果，讓他們去取證。有四個解脫果當生就可以證得，證了以後去檢查自己確實可以出三界生死苦，有些人因此就對難修難證的佛道生起了信心，願意迴心轉向大乘。漸漸的再爲他們宣說般若實相法，再向他們解說第三轉法輪的一切種智可以成佛，眾弟子中就會有許多人迴小向大、走向成佛之道了。

這就是佛陀的方便施設啊！因爲這裡是五濁惡世，眾生心量狹小，信心不夠。你若一開始就向他們解說無上佛道，他們聽了也不相信的，心中會這樣想：**「佛陀啊！你把自己說得太高了！」**他們不相信的！會起煩惱的！你們別說我這句話是虛構的，譬如 佛將宣說《法華經》時，五千位聲聞人公然的當場退席抗議欸！對於 佛說「諸佛的境界和阿羅漢不同」的事，他們不相信！所以叫作「增上慢」！聲聞人猶有增上慢， 佛說想要成佛的菩薩們得要勤修三大無量數劫，他們聽不進去，認爲 佛是自吹自擂：曾經修行過三大無量數劫才成佛。所以當 佛受請三次而決定宣說《法華經》時，他們就當場退席表示不信了。在他們還沒有成爲阿羅漢以前，你一開始就向他們解說諸佛的境界，他聽了不罵死你才怪呢！他們會想：「哎呀！你自吹自擂啦！哪有這種境界？」所以佛道的最後究竟極果，眞的是無上果，聲聞人和世俗人都無法想像的；乃至菩薩入地了，都還不能想像，到等覺位時都還想像不出來，所以叫作無上果。菩薩知道這個道理，爲了親證這個無上果，應該要發菩提心。

還有兩件事：第一，菩薩想要使一切眾生全部證得解脫，所以發菩提心。阿羅漢不會發這種心的，阿羅漢發心只是說：「我現在成爲阿羅漢了，我捨報前就隨緣度化眾生！能度幾個就算幾個。」他不肯發心說：「我下一輩子再來！我永遠與眾生同在三界中來利樂眾生。」爲什麼呢？他怕啊：「我還沒有離開隔陰之迷啊！隔陰之迷還沒有斷除啊！我下輩子再來時一定會忘了此世的解脫果智慧，萬一那時沒有人度我得解脫，萬一我來世又幹了惡業，豈不倒楣死了？」所以他會害怕啊！因爲害怕胎昧，就不願意發心再來人間受生而利樂眾生。他在這一輩子死了以後，絕對可以入無餘涅槃啊！下一輩子再來時可就不一定了！萬一遇到惡緣，再幹了什麼惡業的話，或是被瞎眼阿師誤導說：「以一念不生的離念靈知心入住無餘涅槃境界中。」就成了外道涅槃，就得繼續流轉生死而受苦無量，那不倒楣死了？所以他不肯發心再來人間。

菩薩的心量就不同了，菩薩是因爲對於自己在性障的修除上面已有把握，他說：「我下一輩子就算忘了般若實相智慧，但是當我再來時，再怎麼壞也不會幹什麼惡事吧！」他就有把握啊！因爲菩薩有努力在除性障習氣種子啊！他有把握絕對不會去幹什麼惡事，小錯也許會犯，大錯絕對不會犯；來世就算是忘了般若智慧，只要佛教的弘法表相還在繼續流傳，他總有自己再度悟入的一天吧？於是他就來了！再不然，菩薩心中想：「我發了願，要來度眾生，即使因爲胎昧而在下輩子忘了般若智慧，可是祂老人家（導師指著背後的 世尊）總要幫我安排一下吧！總要給我一個悟入的因緣吧！難道放著讓我去迷糊一生，再去幹惡業嗎？總不會這樣子吧！我確實有度眾利生的願心嘛！」他就這樣子發了菩提心，因爲對三寶有眞正的信心，對自己也有信心，所以就敢發大願：「我要生生世世來人間度眾生，我要讓眾生全部都得解脫，一世只度一百人也沒關係，我就十、百、千生一直度下去，絕不畏懼！」這種願心，定性阿羅漢聽了都怕，都不敢發願；當你發了這個願，天宮都會震動的，只是你沒神通所以感覺不到而已。因為這個願力，因此就在大乘法中發菩提心了。

另外，他度眾生證得解脫果時，想要使眾生所證的解脫果勝過「外道等」所得果報，「等」字就包括二乘人。換句話說，菩薩在大乘法中發心時，不是只幫眾生證得二乘菩提就算了，而且要讓眾生證得解脫果時，還能親自證實無餘涅槃裡面是什麼！讓眾生親自證實無餘涅槃中的境界內涵，在還沒有捨壽時就先知道了，就有勝過二乘聖人的大智慧了。阿羅漢死了以後名為取證無餘涅槃，其實還是沒有證得無餘涅槃，因為在四大部阿含中　佛說滅盡蘊處界時名為無餘涅槃；如今入涅槃時，阿羅漢的十八界都滅盡了，又是誰能證得無餘涅槃呢？人都不在了！還能證得涅槃嗎？沒有人證得了嘛！所以阿羅漢的證無餘涅槃，只是方便說：他們確實是入了無餘涅槃，但無餘涅槃中仍然是菩薩所證的如來藏自住境界，不是阿羅漢的十八界所入境界。所以在大乘別教的第一義諦中，阿羅漢雖入了無餘涅槃，卻是沒有證得無餘涅槃的。

但是菩薩完全不同，菩薩還沒有取證無餘涅槃時就知道了：「無餘涅槃中的境界就是這個如來藏的自住境界嘛！無餘涅槃中的如來藏離六塵見聞覺知，既不思量又不作主，又沒有我，也沒有我所，絕對的寂靜。」你們已經明心的人想想看、現前觀察一下，是不是這樣？（大眾回答：是！）是啊！就是這樣子嘛！你還沒有入無餘涅槃中，就已經知道無餘涅槃裡面是啥了嘛！可是二乘聖人能知道嗎？他們不知道。他們能取證無餘涅槃，但不知道無餘涅槃裡面是怎麼樣的境界，他們不曉得！以前還有人在網站上罵我說：「二乘人入無餘涅槃，怎麼會不知道無餘涅槃的境界？」這種人叫作初生之犢，根本不懂得老虎叫什麼東西，也就是說他完全不懂佛法。如果把大藏經確實讀過一遍，他就不敢來誹謗我了，因為我最近發覺聖天與護法菩薩的《廣百論》中已經把這個道理說過了，我以前沒有讀過，所以不知道已經有人講過這個道理了。應該是上上週吧！為了找一段經文而讀到時：哎呀！聖天、護法菩薩早就講過了。

所以菩薩發菩提心時，不會小鼻子、小眼睛的啦！他要幫眾生證得解脫道，可是眾生跟著他修學而證得的解脫道，還得要勝過外道與二乘聖人；因爲二乘聖人沒有證得如來藏，不知道無餘涅槃裡面是什麼境界，所以他們對無餘涅槃的解釋就無法說得很深細。但是眾生跟著菩薩證得涅槃以後，他可以把無餘涅槃中的境界說得很深細。所以當代佛教界講涅槃講得最多的大概就是阿拉（蕭老師指著自己），我講得最多啦！因爲我知道無餘涅槃中的境界。假使不知而裝作已知，講出來的涅槃境界如果講得很多，就會有很多自相衝突的地方；講得越多，自相衝突的地方就會越多；但是親證的人講得越多，就越精彩，卻不會有前後自相矛盾、衝突的地方。但是印順說的是：「**涅槃是不可知的、不可證的。**」不可證，從阿羅漢的證境來講是對的，從他的知見來講卻是錯的，因爲涅槃確實可證啊！印順對涅槃講得很少，可是他不知道卻要裝著知道，當然一講就會講錯了！

所以，涅槃，講得最多的大概有史以來是我講最多，我幾乎每一本書都在講涅槃。聽說有人從網路上去查涅槃的解釋，查出來的結果，蕭平實講的涅槃有一大堆，別人講的大概一、二頁就沒了，可是我的說明大概有二、三十頁；其實不止此數，因爲局版書中的解釋都還沒有被整理上去。

這不曉得是誰去整理的？聽說網路上都查得到，可能將會把我對涅槃的說明，越蒐集越多，還會逐漸的增加。那麼我們爲什麼能這樣廣說涅槃而不會前後自相衝突矛盾？正是因爲大乘菩提所證得的解脫果，超勝於二乘無學聖人所證的解脫果啊！至於外道就更甭提了。爲什麼呢？因爲外道證的解脫果，那根本就沒有解脫的果報。菩薩也是爲了要讓眾生跟著他修證的解脫果都能超勝二乘聖人及外道，所以也有人在這個原因之下來發菩提心，所以菩薩們都不肯發心於二乘菩提，都是發起大乘菩提心。

另外有兩件事情：菩薩不願意捨棄任何一個眾生，自己卻又同時捨離一切煩惱。你們以前發四宏誓願時，第一句話是什麼？（大眾回答：「眾生無邊誓願度」），對啊！你看！既然你發了「眾生無邊誓願度」的願，那你成佛以後可以入無餘涅槃嗎？不許欸！成佛以後利樂有情永無窮盡，永遠不入滅度，就是這個原因啊！這樣成佛，佛好當嗎？不好當啊！釋迦牟尼佛成佛以來已經十劫，但是你看他還願意在二千五百年前，印度那麼困苦的地方示現成佛，那時度人都要靠雙腿走路的欸！想一想：我們以前去朝禮聖地時，從新德里搭遊覽車到菩提迦耶，要坐七個鐘頭的車！而且沒有冷氣，大家就呱呱叫：「哎呀！好辛苦喲！好熱喲！」可是 佛陀當年沒有車子可搭哩！大太陽下用兩條腿走路欸！這樣從菩提迦耶走到鹿野苑，當年搭遊覽車要五、六個鐘頭，最快也要五個鐘頭，現在不曉得路有沒有修好一點？我們那時要坐五個多鐘頭的車子。可是 佛陀都是走路的，那是要走多久呢？大家想想看！像這樣子辛苦， 佛陀還是不捨一切眾生，還是願意來受生示現及說法；雖然這裡是五濁惡世，可是眾生得度的緣成熟了， 祂就來了，所以叫作不捨一切眾生，菩薩就得效法 佛的大慈悲，要這樣子行菩薩道。

諸天天主爲什麼對 佛陀感恩戴德？想想看： 佛是三界尊，諸天天主見了都得要頂禮、供養，可是 佛卻願意爲了五濁惡世的凡夫眾生，用兩隻腳辛苦的走那麼遠去說法，這也是 佛的大慈悲所在。如果是將來 彌勒佛來成佛時，可能是坐私人飛機，也許已經有飛碟可以搭乘了！很方便的啊！但是 釋迦世尊就是這麼慈悲，在這個年代辛苦的度這樣惡劣的眾生。明知道眾生會誹謗 佛， 佛還是願意來辛苦的說法，這叫作不捨一切眾生啊！大家想想看， 佛以祂的證境，願意紆尊降貴來度這些五濁凡夫，那我們是不是更應該要感恩戴德呢？竟然有人在學佛以後還會謗佛，那可眞是太荒唐了。以上說的就是不捨一切眾生，因此而發菩提心。

第二，爲了捨離一切煩惱而發菩提心。煩惱，分爲起煩惱與上煩惱，起煩惱比較容易斷，我見、我執、我所執的現行斷除了——思惑斷了——就解決了，但是上煩惱就很不容易斷了啊！因爲上煩惱的意思與內容，一般人學佛十年、二十年、三十年以後連聽都沒聽過，要不是這個被有心人罵作「邪魔外道」的蕭平實，寫出上煩惱的義涵來，當今佛教界可能到現在都還沒有人知道什麼叫作上煩惱呢！到目前爲止，二、三百年來，有誰講過上煩惱啊！沒有！所以，所以，所知障的上煩惱，當代根本就沒有人講過，因爲大家都不懂。起煩惱得要斷除，連大家所不知道的上煩惱也得要斷除，那就得要發起大菩提心，才有可能斷除上煩惱的。發二乘菩提心，只需斷除煩惱障上的煩惱，名爲修斷起煩惱，他們是無法斷除上煩惱的。你既然想要雙斷起煩惱和上煩惱——要斷盡一切的煩惱——那就應該要發大乘的菩提心嘛！所以菩薩因爲認清了這兩種煩惱而發大乘菩提心。

另外兩件事，第一是爲了斷除眾生現在的苦惱，第二是想遮止眾生未來再生起苦惱。斷除眾生現在的苦惱，以大乘菩提來講，那最容易了；一般眾生不太願意修學二乘菩提，因爲當你告訴他：「想要證得二乘菩提的解脫果，要先斷我見，把自己否定掉。」眾生心中想：「否定了我自己，那不是斷滅了嗎？那還得了！」他就不願意接受了。可是大乘菩提就比較容易被接受啊！你對他說；「斷了五蘊我以後不是斷滅，你還有如來藏常住啊！還有這個眞我常住不滅啊！」「喔！還有眞我常住啊！那我就安心了！」所以二乘菩提度人時還不是很容易度的，只有對某一部分很厭惡生死苦的人，才說是容易度的；對大部分的一般人來講，則不容易得度，因爲他們還沒有解脫生死就是滅盡自我的正確觀念，心裡恐怕落入斷滅中。

對於一般喜樂二乘法的聲聞行者，你對他說：「滅盡五蘊我以後還有如來藏常住，所以不是斷滅。」他聽了你的說明，卻懷疑的說：「你又沒有辦法證明給我看如來藏在哪裡？那我爲什麼要相信你？」他不相信！可是如來藏的所在又不許明講，所以菩薩弘揚大乘法時，還眞的只能度大乘種性的人。對於一般執著自我的眾生而言，你用二乘菩提的眞義來爲他們解說時，眾生也很不容易接受啊！因爲你說的道理是要把我所的貪斷除，那是他們很難接受的啊！想要成阿羅漢，就得要斷除我所的貪著，可是對眾生而言，我所的貪，那怎麼能斷？「花這麼漂亮，怎麼叫我不要種、不要摘來房子裡佈置；好吃的東西，叫我不要貪；漂亮的老婆，也叫我不可以貪愛，這怎麼可以？」他會這麼想的。要他斷除我所的貪愛都不可能，還要進一步斷掉對自我的執著，那就更難了：「我斷滅了，無我了，那還行啊？」那可是絕對不行的！所以眾生不太能接受啊！

要自我斷滅，連最後一分的、微細的我執——離念靈知的最細境界——非想非非想定中的自我都得要斷滅掉，他們可是絕對不願接受的；所以當我們破斥離念靈知心，說祂是生滅心時，元音老人的徒眾們就會大表不滿，所以就有劉東亮、黃明堯、淨慧法師……等人在網站上貼文誣謗我是邪魔外道，把我附入十大外道中；那都是因爲他們死不掉我見，堅固的執著自我，不能體驗及現觀蘊處界我都是虛妄的生滅法，所以才會堅固的認定識蘊中的離念靈知意識心是常住不滅的眞如心。

二乘法是傾向於修頭陀行的，因爲想要斷除我所執與我執。那就得修頭陀行，所以二乘聖人大多住在山林或石洞中修行，要遠離居家所有的一切事，消滅自己對我所的貪愛。像這樣的修行方法，一般眾生聽了大多是不會接受的！可是菩薩的行門不一樣，菩薩不論是居家或出家，好看的花照樣佈置，好吃的東西照樣吃，富麗堂皇的房子照樣住，你們看 維摩詰大士不正是這樣嗎？並且 維摩詰大士還有兒子，而且眷屬成群；他身上又是瓔珞莊嚴，家中什麼財寶都有，眾生看見了就說：「學大乘法這麼好，你看好快樂，又有名聲，又有資財，眷屬又是成群，不必特地枉受世間的苦惱啊！原來菩薩一直都有世間的可愛異熟果報啊！那眞不錯！那我就學菩薩的法吧！我才不要學二乘聲聞法。」這樣就相信大乘法了。

所以在家菩薩出世度眾時，還眞的不能太窮，有時還得要富有一點。在家菩薩都不必受人供養，自己可以過活，要什麼有什麼，就是要這樣子，眾生看了就讚歎說：「啊！當菩薩很不錯欸！」他就會問：「你爲什麼這一世可以這樣子解脫而又富有呢？」你就告訴他爲什麼可以這樣子。那就是在後面會講到的：布施、持戒、忍辱、精進、禪定、智慧啊！這些就等到後面再來說，現在先不說它。你如果想在下一輩子很有錢，年紀輕輕就可以退休專學佛法，那你這一世該怎麼做呢？在後面經文中 佛會告訴你。

這一段經文的意思是說，由大乘菩薩法的示現，可以讓眾生願意斷除現在的苦惱，眾生看到菩薩法這麼殊勝，知道修學佛法時其實不必一天到晚辛苦的自我壓抑，不必因爲修學佛法而變得很痛苦，就會生起願樂修學佛法的心情，就可以發起菩提心了！

你看大菩薩們，天女散花下來，諸天天主散花下來，大菩薩們都認爲是稀鬆平常的事：「這有什麼！我家裡多的是這種花！你如果要啊！我也可以變給你，這沒什麼稀罕的。」所以花掉下來時都不會沾到菩薩身上不落，因爲菩薩根本無所謂：身上有花也好、沒有花也好，他都無所謂。可是阿羅漢們就怕死了：「這美麗的天花可不要掉在我身上，可別黏在我身上！」他越怕被天花黏住，可眞的就黏住了，結果渾身上下都是花；阿羅漢一看：「每一個阿羅漢都與我一樣，我們這樣還算是阿羅漢嗎？還能說是出家人嗎？難看死了！眞不莊嚴！」他們心中害怕失去出家的清淨相，愈怕就愈被美麗的天花黏住。可是菩薩一天到晚在五欲裡頭打滾，對於五欲，菩薩是有就用，沒有時也絕對不會生起煩惱去貪求，更不會爲了追求五欲而犯戒，不爲五欲而心生貪念，因爲菩薩已經習慣五欲而不覺得稀罕：「反正五欲就是這樣子，我家多的是。眼前的黃金只不過是一塊而已，我家可埋了很多黃金哩！」他根本沒有必要去為了那一斤、二斤的黃金去殺人或竊盜，連起心動念都不會，菩薩就是這樣的。

菩薩就用自身富饒的示現，以及深妙不可思議的妙法來為眾生說法。眾生看見菩薩富饒而又得法自在，心中就生起歡喜：「修學菩薩的法是這麼勝妙，不是只有日中一食自苦其身；只要是為了眾生、為了道業的成就，早上也可以吃，中午也可以吃，晚上也可以吃，宵夜也照吃不誤。當菩薩眞是好啊！」他就願意學大乘法了嘛！當他願意修學大乘妙法以後，就能遮止他未來可能生起的苦惱了。因為他知道說：「原來菩薩的法可以比二乘的解脫果更殊勝，而且也不必一天到晚刻苦自己、虐待自己啊！」所以他不會為了這一世的五欲貪樂而去造作惡業。這樣一來，也就遮除了他未來世的苦惱，也讓他願意在這一世不斷的利樂有情，結果就是下一輩子廣有福報，生活美滿快樂，更有資糧進修菩薩道了，這就是遮除了眾生未來的苦惱。菩薩往往是為了這兩件事來發菩提心。這在二乘菩提中是做不到的，只有在大乘菩提中發心以後才能做得到。

還有人是因爲二件事情而發菩提心：一者爲斷智慧障礙，二者爲斷眾生身障。爲了斷除智慧的障礙，也就是想要斷除所知障。智慧障又叫作智障，也就是所知障。爲了斷除所知障，所以菩薩要發大乘菩提心。只有發大乘菩提心，才能斷除所知障；如果是發二乘菩提心，就沒有辦法來斷所知障。因爲二乘菩提法中，只能在「二者爲斷眾生身障」上面來修行，身障是指煩惱障，因爲煩惱障只障礙三界生死的解脫，都是在五蘊身心上面所生的我見、我執、我所執的煩惱，都是執著於我所，執著於自我，因此而生起煩惱，所以都叫作身障，所以身障就是煩惱障。爲了斷除眾生的煩惱障而發起大乘的菩提心。如同前面所解說的道理，你用大乘法來讓眾生斷除煩惱障，眾生比較容易接受，他們比較願意學；當眾生願意修學之後，再來引導他往斷除所知障的深妙法上前進，這樣就可以把眾生的煩惱障一步一步慢慢的斷除。所以，菩薩爲了讓眾生證得解脫果、斷煩惱障，也爲了讓眾生斷除所知障而證得佛菩提，就發起大乘菩提心。換句話說，一者是爲了斷除智障，在自利上面設想而發大乘菩提心，二者是爲了利他，爲了幫助眾生證得解脫果而發大乘菩提心。上面所說發菩提心的因緣，把它們分析歸納出來，就是這兩個法：爲了自利而發菩提心；爲了利他而發菩提心。所以菩薩的道——大乘菩提——不是像二乘法一樣只有自利，而且還要盡未來的自利、利他。

【「善男子！發菩提心有五事：一者親近善友，二者斷瞋恚心，三者隨師教誨，四者生憐愍心，五者勤修精進。復有五事：一者不見他過，二者雖見他過而心不悔，三者得善法已不生憍慢，四者見他善業不生妒心，五者觀諸衆生如一子想。善男子！有智之人發菩提心已，即能破壞惡業等果如須彌山。」】

講記　這一段是說，發菩提心的因緣講過了，心也發了，當然就是眞的皈依大乘三寶了，眞的發起菩提心了。可是發心之後並不是就沒事了，並不是皈命三寶之後就沒事了。皈命三寶之後還有五件事要做，並且是兩個五件事；第一個發心後的五件事中，第一件事就是先要親近善友。也就是說，發菩提心之後第一件最重要的事情就是親近對你有益的善友；凡是親近之後，會對你有利益的善知識和同修，都是善友；親近善友是發心之後第一件最重要的事，所以把它排在第一。但是善友與非善友，對一般人而言，那是很難區分清楚的。如果親近了惡友，他就專門叫你行善而不修證菩提。如果是惡友，他叫你來修學佛菩提時，卻是教導給你錯誤的菩提；乃至惡意的籠罩你，說他有更勝妙的菩提，結果卻是誹謗正法的假菩提，這樣就是假名善友，不是眞實善友。所以歸命三寶而發菩提心之後的第一件事情，就是特別要注意所親近的人是不是眞正的善友？是不是眞正的好同修？是不是誤導你去親近惡知識的同修？是不是指引你去親近眞正的善知識？或是牽著你去親近假名善知識？所以歸依發心之後的第一件要事就是分別眞假善友，也就是在親近善友之前，先要有智慧去揀擇。

第二件事情是要把瞋恚心斷除，發菩提心而皈依大乘三寶之後，開始修學佛法了，可是老脾氣不改，一天到晚爲了小事而生氣，看誰不順眼就發脾氣，這樣的行爲就會斷了人家的佛法慧命，而且也讓自己的道業受到障礙，所以得要把瞋恚心給斷除。瞋恚心的斷除非常重要，在經中　佛曾經提示過：淫亂眾生百千次的過失，都不如對眾生發一次大脾氣。這就是說瞋恚有大過失，爲什麼呢？因爲如果是兩情相悅而淫亂了眾生，那些眾生就與你結了歡喜緣，雖然是犯了邪淫罪，但是這些眾生未來世看到你，還是會繼續喜歡你；假使你未來世中開始學佛了，他們遇見你時就會跟著你學佛，在未來世中總會有好的發展。可是你只要對某些眾生大發脾氣一次，他們將會永遠記住你，未來無量世中只要見到你，就會莫名其妙的討厭你，他根本不會跟著你的腳步開始學佛。所以在經中 佛說過——是哪一部經已經忘了——佛說：「**對於菩薩而言，犯瞋恚的過失遠比犯邪淫罪更嚴重！**」大意是如此。所以眞修菩薩道的人，瞋恚心一定要趕快斷，不要心裡想著說：「**我又不妨礙人家的家庭，我對他們發大脾氣又有什麼過失？**」但是這樣會障礙那些眾生未來世追隨你學佛的因緣。所以佛說發脾氣比淫亂人家的眷屬還要嚴重，所以這個瞋恚心得要趕快斷。

第三件事，既然親近善知識，檢查過他，證明是眞正的善知識了，就要隨師教誨。在末法時代當師父很難當的，特別是我最難當！因爲我這一世沒有身披僧衣，所以最難。我只要說他幾句話，還沒有大聲的罵，有的人心裡不高興就走人了，只因爲我這一世不是身披僧衣的表相出家人，你看我這個師父還眞難當啊！所以現在就藉著 佛的話來告訴你們：要隨師教誨！這不是假傳聖旨啊！還眞的是聖旨呢！

既然認定某人是你的善知識，他的教誨既然是眞正的教誨，你就應該要聽從嘛！善知識假使有時說你幾句：「你某些地方做得不好，以後記得改進。」那你就改嘛！不要因爲這樣就心裡老大不痛快：「老師一天到晚找我麻煩，說我某些事情沒做好。」心裡就不歡喜，那就對自己不好，所以要隨師教誨。因爲你如果心中沒有辦法接受善知識的訶責，對他所傳授的妙法就學不上手，因心中老是懷疑善知識啊！當你對善知識懷疑、沒有好感時，他的妙法你怎麼能學得到呢？心中總是不可能信受的。這就像《華嚴經》講的：值遇善知識難，與善知識共住也難；與善知識共住了，要跟隨善知識學法也難；和善知識學法了，要得他的法也難。你們看！親近了善知識，都還有很多的難處啊！所以眞的要懂得隨師教誨。

第四件事，是要生起憐憫心來對待眾生。我有時和別人一起出去辦事時，有的人看到眾生造惡業時，心裡就會生氣：「啊！這種人太惡劣了！……」就罵起來了。我說：「你不要生氣，你應該憐憫他們。」他說：「我不得不生氣，我看了就心裡有氣啊！」我說：「還是不要生氣吧！」

他說：「我怎麼能不生氣？」我說：「可以的！」他說：「有什麼道理叫我不生氣？」我說：「你心中就只要記住一句話：『眾生本來如是。』眾生本來就是這樣子，既然本來就是這樣子，你還要為他們而生氣，那就是你愚癡嘛！」我說了這句話以後，他記住了：「眾生本來如是。」就永遠不再對眾生起瞋了：「對啊！眾生本來就是這麼愚癡的嘛！我氣他們幹什麼呢？」他從此以後不再氣眾生了，所以你們大家也記住這一句話吧！

第二講堂、第三講堂的同修們都聽見了沒：『**眾生本來如是啊！**』得要記住這句話。因為眾生就是眾生，不同於你，否則就不叫作眾生；所以看見他們造惡業乃至謗法，你都不要生氣；你如果眞的要生氣，就氣自己，不要氣別人：氣自己沒有能力度化他們，千萬不要氣別人！因為眾生本來就是這麼愚癡的嘛！否則就和你一樣的有智慧了！那就不叫作眾生了嘛！正因為愚癡，所以他會做這一些惡業，也會為了一世的世間法利益而謗法、謗人，他們不知道、或者不能確定造惡業一定會有惡果報啊！所以才會造惡業，所以你要生起憐憫心說：「他們是愚癡的眾生！」有了憐憫心，你當然就不會計較，甚至於心裡會想要去度他們進入佛法內門中。

第五件事情是要求自己必須勤修、精進。勤修就是說你已經有親近善友，被善友教導而知道佛法的路該怎麼走了，那你就得要精勤的、精進的努力實修，不要光是聽法而不作實修，也不可每天懶懶散散的不精進，否則就是把自己的生命——寶貴的光陰——浪費掉了！所以發心及聞法之後，要依眞善知識的正法殷勤修學，要精進的付諸於實行，這就是勤修精進。以上五者都是在面對自己而要求自己，接下來是面對別人時來要求自己，不要用要求自己的五件事來要求別人：

「一者不見他過」，這是說不要一天到晚尋找別人的過失，這是在事相上去找別人的過失。同修之間假使看見有人犯了過失，就應該找個沒有別人同在的地方，私下對他勸告一下，私底下就不要把他的過失去對別人講，這就是不見他過。對同修們如此，對家人也應當如此。在家中，家人還不曾學佛，你就不要用學佛者的標準來要求他們；你可以用學佛的標準來要求自己，但別要求家人也一樣，因爲他們還不是學佛的人，所以不要一天到晚看見他們有什麼過失就心生煩惱。甚至於說，你們都別尋找我的過失，只要看我對你們的好處就夠了；這不是爲了我，而是爲你們自己；

就算你能找到我的過失，對你也沒有好處的。你如果一天到晚在注意看蕭老師有什麼過失，那你就學不好我教授的法了，特別從別人聽來的傳聞不實的過失，不求證就相信了，會障礙你自己道業的增上，這道理得要好好的記住。這叫作不見他過：面對別人時，不要特別去注意他人的過失。

第二，縱然看見別人有過失，但是心中不要後悔；不要因爲今天去度某個人來正覺同修會學法，明天卻看見他對家人大發雷霆，心裡就說：「我度錯人了！好後悔啊！我度這種人來學佛，算什麼呢？萬一這個人來到同修會中，一天到晚要與同修們吵架，那眞是我的罪過。」千萬別這樣想！你只要勸止他生氣，設法轉變他的瞋習，不必後悔幫他引進同修會的事；假使他入會以後明心了，仍然愛發脾氣，你也不必後悔；因爲明心了也只是七住位而已，只是有了見地而生起智慧；可是生氣的事情卻是悟後修斷的事情，所以他還不是聖人啊！只是三賢位中的七住賢人而已。賢位菩薩的意思是說，以解脫道來講，不過是個初果人：我見斷了，三縛結斷了，只是發起見地的智慧而已，但他還只是習種性的人啊！既然只是習種性的人，還沒有到二果，不是薄貪瞋癡的二果人，當然還是會發脾氣嘛！

連二果人都還有時會發脾氣，所以二果人叫作「薄貪瞋癡」：貪瞋癡比較淡薄了。可也只是瞋恚的心比以前淡薄而已，這表示他有時還是會生氣嘛！二果人都還會生氣，初果人發脾氣時可就是平常事一樁嘛！這有什麼好見怪的？誰說初果、二果聖人不許生氣的？可以的啊！因爲初果人才只是「見地」，還沒有正式進入修道的階段，所以只是有解脫果上的智慧而已，不能拿修道的心性境界來要求他。二果人才能稱爲「薄貪瞋癡」，所以二果人有時發個脾氣也是正常的；到了三果時才不會生氣，所以三果人才能叫作「離地」，離貪瞋癡了。所以你別這樣子說：「**哎喲！某個人來到正覺同修會三年後明心了，明心以後還會發脾氣！**」然後就後悔度他來同修會，千萬不要後悔，這就是心不生悔！請大家都把這些話聽進去，以後同修之間就可以和樂相處了。

第三件事情，是在明心乃至見性了以後，得到佛菩提的見道善法之後，心中不可對別人生起憍慢之心。當你出去會外，到了別的地方，看見那些大師們，以及他們的徒弟、信眾時，瞭解到他們什麼都不懂時，對於明心或見性的事情都不知道，心裡卻不可生起憍慢，反而要生起憐憫心說：「這些人好可憐，跟著大師學了三十年下來，連解脫道的道理與內容都不懂，佛菩提的實相就更不懂了，怎麼辨呢？」要生出憐憫心，而不是在心中說：「哼！這些人差我遠著呢！」這樣的心態就不對了！有這個念頭，就表示你的證境還沒有往上提昇，與他們差不了多少，所差的只是有沒有見地而已；這樣一來，你們的距離就相近了，就不是超勝了嘛！就不是超勝一切眾生囉！那你想要超勝的話，該怎麼辦？得趕快把憍慢心斷除掉；憍慢除掉了才是眞正的超勝，眞正超勝時，你就不會覺得自己是超勝的，所以套一句《金剛經》的模式說：「所謂超勝者，即非超勝，是名超勝！」雖然這句話只是從事相上來講，而不是從理上來講，但也可以相通啊！所以《金剛經》的勝妙就妙在這裡，從實相來講：「所謂實相，即非實相，是名實相。」也可以講得通；但是你從事相上也可以講得通啊！所以《金剛經》就妙在這裡。

第四件事情，是看見別人有善業時，心中不生起嫉妒之想法。善業當然包括世間法中的善業，也包括出世間法的善業。世間法的善業，譬如說：看見某個大公司的董事長一捐就是二十七億元，以前不是有個大公司老闆捐給慈濟二十七億嗎？我們窮得要死，他們那邊卻是那麼有錢，一下子就得到二十七億元，我們則是盼望有人來捐個一億元的念頭都不敢有，所以我們並不羨慕，爲什麼呢？因爲了義正法本來就很難與眾生心相應，本來就只容易與「異類」眾生相應——只能與願斷我見的心性不同的眾生相應——就好比諸位肯死掉離念靈知心。當我們看見別人能造這個善業，心裡假使不服氣：「他憑什麼就能一次捐二十七億？我想要捐個五萬、十萬元，都要每天剋扣自己的飯菜錢、零用錢，眞不容易。」心中就有些嫉妒。這個心態是不對的！我們應該知道：假使他在過去世做了很多布施眾生財物的大善業，那麼他今天本來就該有這個大福報啊！那一定不是無緣無故而有的，如果想不透因緣果報的正理，在心中生起嫉妒心，那就大錯特錯了！所以不應該生起嫉妒心啊！

假使心中這麼想：「爲什麼慈濟就能得到這麼多的捐助，我們正覺弘揚的是當代最勝妙的了義法，爲什麼就不行？」當你生起這種想法時就錯了。這就表示我們在意金錢囉！這就是心中很在意正法與表相法的分別：「我們是了義正法，他們不是了義正法；我是究竟正法，他們是表相正法！」這樣的心態會障礙自己的道業，應該這樣想：有表相正法也不錯，至少不會讓外道比以前更猖獗。有同修會對我抱怨：「我們正覺老是這麼沒錢！想要讓更多的人獲得了義正法的利益，卻總是沒有錢來買更多講堂，無法讓更多地方的佛弟子有學法的空間。」我說：「我們不要這麼想，因爲正法——特別是了義的宗門正法——本來就與一般學佛人不易相應。」就像古來的情形一樣，了義正法的禪師們，他們都不會想要做什麼宣傳，都不想搞大規模的活動，都不想造勢；我們如果要造勢，十年前早就開始造勢及宣傳了，但我們一直都不願意去做，因爲我覺得這樣做沒啥意義；了義的正法就要像姜太公釣魚：直鉤釣鯉，而且還要離水三寸；你若願意讓我吃，就心甘情願一點，咬住我這個沒有餌的直鉤就不要再鬆口，心甘情願讓我吃。了義勝妙的正法就該是這樣子啊！所以我們出來弘法以來一向都是這樣，我們一直都不做宣傳，甚至於出書了也不宣傳。

以前出書時被人勸誘過，所以登了兩次小廣告，但是以後就不再做了，因爲眞正的正法是很深的，眾生不容易懂得，知音永遠不多，所以你宣傳是沒有用的。凡是宣傳了以後會來共修的，那都是看表相而來的；可是看表相而隨學的人，不會到我們正覺這邊來的；他們既然是看表相的，就會到硬體很大的道場去，不會到法大的正覺道場來的。眾生不懂得什麼叫法大，他們只看表相硬體大——寺院廣大、人數眾多。所以眾生若想做大善業時，通常都會在那種寺院很大的表相道場去做，在法理廣大的大道場中，他們通常都不會來支持的，因爲他們無法弄清楚法大的義涵。所以我們不必因爲看見別人有那個大善業，心裡就生起了嫉妒心。我們有多少資源，就爲眾生做多少事，不必強求，也不必對別人造作大善業時生起嫉妒心。這是要求自己面對別人時應該要有的正確心態。

第五，觀察眾生時，對眾生要如同自己的獨生子一樣的看待。如果有三個兒子，萬一發生意外而死掉一個，雖然也很痛心，但總不會超過死掉獨子時的痛心。獨子死掉時可眞是椎心之痛哪！菩薩就得如此，把一切眾生都當作是自己的獨生子一樣來看待；爲什麼要這樣想呢？因爲，如果有這樣的想法，就不會看眾生不順眼，個個都看得很順眼，愈看愈歡喜、愈珍貴，自然就會慈眉善目來看眾生；眾生也會感覺到：「這個人每次見到我都是好歡喜，他一直都很喜歡我欸！」那他就不會討厭你嘛！這就是菩薩對眾生應該持有的基本態度。

以上就是另外五種對待眾生時應有的心態。有智慧的人發了菩提心以後，得要面對自己而行前五事，得要在面對他人時對自己行後五事；這十件事具足時，你發菩提心而修行佛菩提，就能破壞惡業的生起，也會破壞掉往世所造的惡業果報；即使往世惡業的果報像須彌山那麼大，也可以把它破壞掉！不過大家都要記住，這是有前提的：這裡所說的大惡業是指世間法上的大惡業，不包括對於出世間法所造的大惡業。換句話說，不包括誹謗三寶在內：不包含誹謗諸佛、誹謗法寶、誹謗勝義菩薩僧寶等大惡業在內。所以學佛人對此可得要特別的小心。

【「有智之人爲三事故發菩提心：一者見惡世中五濁衆生，二者見於如來有不可思議神通道力，三者聞佛如來八種妙聲。復有二事：一者了了自知己身有苦，二者知衆生苦如己受苦，爲斷彼苦如己無異。善男子！若有人能發菩提心，當知是人能禮六方增長命財，不如外道之所宣說。」】

講記　佛總結說：「如果是有智慧的人，他以另外三件事作爲原因而發菩提心，第一是看見惡世中的五濁眾生，所以他發菩提心。」爲什麼看見惡世的眾生有五濁的現象就會發菩提心呢？這得要從五濁來加以瞭解了。五濁的第一濁就是劫濁，可是劫濁是從哪裡來的？劫濁就是無法超越劫數；劫數講的就是一個大劫，或者講一個中劫，就是講住劫，眾生都不能超越它。不能超越的原因是因爲有堅固妄想，因此而執著於色身，這就是色身堅固妄想。如果不執著色身，你就可以超越劫濁，因爲你自己已經確定可以隨時隨地捨身了。下定這個決心以後，就不必像外道們說：「我要固形存想、練精化氣。」辛苦的修鍊內丹、外丹，想要讓色身永遠不壞，那是妄想。就算色身眞的可以永遠不壞，最多能維持多久呢？最多就只是一個住劫嘛！可是當住劫過完了，接下去是壞劫，連大地都燒熔了，他的色身還能存在嗎？當然不可能嘛！這就表示說，他沒有超過劫濁。

假使在壞劫到來時，因爲信受淨土經典的開示，念佛七天後自己提前斷命，也可以往生去極樂世界，那不就超越劫濁了嗎？是超越了！不然的話，發願往生去琉璃光如來的世界，那也是超越劫濁啊！再不然，往生去色究竟天也可以啊！這不就超越劫濁了嗎？所以，眾生不能超越劫濁、被劫所限制的原因，都是因爲堅固妄想；對於色身存有堅固的虛妄想，認爲色身是我，所以存想固形的結果，就被劫所拘束了，就無法超越劫濁而被色法所拘繫了，這就是第一濁，五濁眾生的第一濁。

那你看到眾生這麼愚癡，當然要把眞實的道理告訴他們啊！讓他們知道眞實的道理，他們從此以後就不必再練丹道了。不管是外丹或內丹，外丹就是從練氣功開始，藏密練的氣功就是外丹的一種，修煉丹藥也屬於外丹；中國的道家則是修練內丹的，那就要在一心不亂的狀況下去修氣息；就好比崑崙仙宗……等等，都屬於煉內丹。外丹的煉法，還有一種是煉汞，但是煉外丹的古人大部分都因爲中毒而死，所以諸位千萬不要學習煉外丹啊！這一類人都是劫濁所攝的眾生。當你看見眾生這麼愚癡，你想要度他們超越劫濁，就告訴他們佛法的眞實道理，他們就可以度過劫濁了。

五濁的第二濁就是見濁，見濁是從妄見、惡見出生的。惡見又分爲五利使，這五利使中最根本的一個結使就是我見、身見，把苦樂捨受當中一直存在而與苦樂捨受相應的覺知心，認定是眞實不壞的常住我，這就是惡見五利使中的我見、身見。把覺知心自己當作是眞實不壞的常住我，藉著覺知心去認定覺知心背後處處作主的末那是眞實不壞我，這是因我見而淪墮三界、不能出離生死苦的原因；這種導致生死輪轉的邪惡我見也就是見濁的緣由。因爲有這種見濁，就會被覺知心意識的覺受所繫縛，被覺受所繫縛的原因則是因爲眾生有虛明妄想，認定「能受苦樂的覺知心是迥無色法的空性心」；這就是虛明妄想的見濁。你們看藏密喇嘛不都是主張意識覺知心就是空性嗎？你們也讀過《狂密與眞密》了，我在書中已經有根據的引述出來了！他們因爲覺知心意識的空無形色，就叫作空性。因爲意識心是猶如虛空而無色法之心，所以藏密喇嘛們就把祂認定是空性心；這就叫作虛明妄想，覺知心迥無色法而又明明歷歷的，所以藏密的明光大手印——亦名空明大手印——就落在這個虛明妄想中。他們不知道這也是惡見中的一種，所以都叫作見濁；因爲見不清淨，所以叫作見濁。這就是被能覺能受的覺知心、我見所繫縛了，所以叫作見濁。

第三種就是煩惱濁，煩惱濁也就是說他的煩惱障還沒有斷掉，所以有了三界眾生共有的煩惱。煩惱濁的貪愛是貪什麼呢？是貪著妄心的功能差別，可是這個妄心的功能差別卻是包括如來藏的功德，總是把如來藏的功德據爲己有而說：「這是我覺知心的功能！」誤認爲妄心自己有著如來藏的功能。當然，還沒有明心的人，這句話是聽不懂的，已明心的人一聽就知道我在講什麼！但是我不可以明講。眾生總是把妄心自己的功能牢牢的抓住，並且把如來藏的功能也據爲己有，認爲這也是覺知心自己的功能；因爲執著這些功能，所以就有了煩惱障上的煩惱，所以叫作煩惱濁。煩惱爲什麼稱爲濁？因爲這種煩惱是不清淨的煩惱，而不是無始無明中與不清淨煩惱無關的上煩惱。

換句話說，這不清淨的煩惱是從融通妄想來的，我們在《楞嚴經》詳解時講過融通妄想，融通妄想中其實有很多是意識心的妄想，但是也能會通到如來藏而產生一些反應；眾生往往會把這些如來藏感應出來的功德據爲己有，當作是覺知心自己的功德，這就是融通妄想。融通妄想會使眾生產生我和我所綜合的煩惱，主要是在我執上面；由我執而產生的種種汙濁的現象，就叫作煩惱濁。把妄心自己和如來藏的功德綜合起來，心裡對這個綜合後的功德自性產生了貪愛與執著，因此就不能超越煩惱濁，就無法取證第三果，更無法證得阿羅漢的解脫果，這就是五濁中的第三濁！

第四濁就叫作眾生濁。什麼是眾生呢？大家都認為說：「所有的人合稱起來就叫眾生嘛！所有的畜生叫作眾生，所有的天人叫作眾生。」但是我們佛法中不這麼說。所謂眾生這個名詞，講得廣義一點：五陰就叫作眾生。但是縱使能認知五陰就是眾生，也還是無法顯示出眾生濁；所以眾生濁，要用狹義的解釋，就是說，當你正在執著自己的行陰時，這就是眾生了，所以由行陰而說眾生。因為眾生不管怎麼樣修行，所有外道努力修行的結果，最多就是到行陰的境界，都無法看破行陰。看不破行陰的緣故，所有修證四禪八定而到達無所有處定的外道們，就把是意識覺知心所住的無所有處定中很微細的行陰境界，當作是無餘涅槃中的境界，因此就無法超越眾生濁啊！對於眾生五陰流轉的根源不曾了知，所以落入眾生濁中；眾生之所以為眾生，就是怕覺知心斷滅，無所有處中則是觀察什麼外境都沒有了，只剩下覺知心自己不動，就這樣安住。他覺得很踏實、很實在，但不知道這只是覺知心落在行陰裡面的境界，因為不知道，所以就叫作濁。落在行陰當中時，其實就是眾生。

眾生都離不開行陰的，即使是很散亂的境界，譬如賭博的人很專心與別人賭博，呼五吆六的，那時的行陰也在啊！只是眾生察覺不到，所以不知道這也是眾生境界中的一種，所以就叫作眾生濁。眾生濁都是落在幽隱妄想中的境界，這種境界很微細，大部分的修行者都察覺不到！古時如此，現在也一樣！今時有哪個大法師、大居士能察覺到微細行陰呢？都察覺不到！從來沒有見過哪個大師講出來、寫出來！因爲他們根本就不知道，這就是眾生濁啊！如果能發覺眾生濁，就表示他們修行的層次已經蠻不錯了啊！解脫道就快要完成了！至少我見已經快要斷盡了，可惜的是如今仍然沒有大師勘破我見的境界，這就是第四種濁——眾生濁。

五濁的最後一個叫作命濁，爲什麼叫作命濁呢？因爲始終被命根、壽命繫縛住了，被壽、命所繫縛就永遠離不開命根。所以如果你叫他說，像阿羅漢那樣自殺死掉，進入無餘涅槃，問他好不好？他一定說：「不好！」他不想取證無餘涅槃的，「可以免掉生死輪迴欸！你怎麼不要？」「我才不要呢，輪迴好快樂，爲什麼我要入無餘涅槃？」因爲他覺得「有命是很好的」，他的「有命很好」與菩薩的「有命很好」大大不同。菩薩的「有命很好」，是因爲有命就可以修學佛菩提，一步一步邁向佛道，一步一步邁向佛的境界，同時可以利樂許多有緣眾生。有時候有命很好，沒有命就沒有辦法了啊！但是眾生不然，他們有命而說好，是因爲可以在人間享受五欲啊！可以有大名聲、大權力……等等，所以落到命濁中，因此他就無法把識陰給丟掉，因爲識陰滅了以後就沒有名聲與權力了，這就是命濁。

古時天竺外道所能證得的最高境界，就是識陰的境界，因爲修學四禪八定者最高的境界就是非想非非想定嘛！在非非想定當中，他認爲可以把行陰捨掉，連自我也可以不要，可是外道的覺知心自己卻一直都存在著，捨不掉！因爲我見還沒有斷除啊！他認爲說，我這個識陰不要去反觀自己，那就是實證無我了，就是涅槃了。所以非非想定裡面其實是非有想亦非無想，這樣就變成命濁。他認爲此時連我相都不存在了，因爲已經沒有察覺到自己的存在，我不會起心動念去反觀自己是否存在，好像離開了覺知相、離開了我相，就認爲證得非非想定時即是親證無我，就是無餘涅槃。可是他不知道這仍然是落在虛無的、無相的顛倒妄想中了。所以外道修得非非想定之後，往生非非想天，八萬大劫以後仍然得要淪墮三惡道。這在後面經文中　佛會說到，這裡就不先說明。所以說惡世的眾生同有這五濁，可是有哪些眾生知道五濁是什麼呢？他們並不知道！因此，有智慧的人，當他看見惡世中的眾生有這五濁時，就會心生憐憫想要救度眾生。

第二個原因是看見如來有不可思議的神通，所以發起大乘法的菩提心。不可思議法也就是道。如來的不可思議法門，也包含了不可思議的威神之力。有智慧的人會這樣子想：「**如來是不可思議的，所以我應該在大乘法中發菩提心；我當然不要修學二乘道。**」因此而心生喜樂。

凡是讀過《佛地經》的人，誰會不喜歡佛地的境界呢？因爲佛地中的十地，光是第一地、第二地，等覺菩薩就弄不清楚了，是如何的神妙？當然菩薩們要學佛道了！爲什麼只學二乘法粗淺的解脫道就能滿足了呢？所以當然要學這種誰都不能思議的佛菩提境界，因此就發起大乘的佛菩提心。佛的神通不是三明六通的大阿羅漢們所能知的，這些故事諸位都聽過很多了，我們就不必再講它。至於佛的法道那更不是二乘菩提中的聖人所能知道的，且不說佛地的智慧，光是諸位明心七住位的粗淺的智慧，當你宣講般若實相時，阿羅漢們就聽不懂了，何況是佛地的智慧呢？當然佛地的十力功德，那就更不是二乘聖人所知的了，更何況外道哪能知道呢？菩薩了知這個道理，因此而發起大菩提心。

第三、聽說佛有八種妙聲，菩薩因此而發菩提心。這八種妙聲，我把它查出來說：第一是極好音，極好音就是非常美妙的聲音，誰聽了都喜歡。第二是柔軟音，諸佛說話不會讓你覺得耳朵有刺激不順的感覺，聲音聽起來很柔軟。就好像愛好聽音響的人，一般音響他聽不進去，往往覺得聲音很硬。所以有人爲了想聽比較軟性的聲音，可以花上幾百萬元，就是因爲想要獲得柔軟音。第三是和適音，和適音就是聽了你覺得身心舒暢，不會太大聲，也不會太小聲，音量剛剛好。第四個聲音叫作尊慧音，佛的音聲尊貴而且有智慧，所以叫作尊慧音。第五是不女音，講起話來不像有些女人講話嗲嗲的，使人聽了以後疙瘩掉滿地。第六種是不誤音，發音不會發錯，這叫作不誤音。第七是深遠音，換句話說，諸佛的聲音與我們不一樣，我們講話時，一、二十丈以外就聽不見了，所以我們得要用麥克風，不然第二講堂、第三講堂就聽不見了。假使今天有人自稱已經成佛了，那你可以檢驗他：把麥克風關掉，看我們在第三講堂、第二講堂聽不聽得見？如果聽不見，那他就是大妄語，這是說深遠音。第八是不竭音，諸佛說法好像行雲流水一般不會中斷，除非因緣結束了，所以停講了；不然的話，佛可以一直下去，都不會中斷的，這叫作不竭音。有人因爲知道諸佛有這八種音聲相，覺得太妙了，所以就發起大乘菩提心了。

這是三種發起大乘菩提心的事相，另外有兩件事而發菩提心的：「一者，了了自知己身有苦，二者知眾生苦如己受苦，爲斷彼苦如己無異。」你們有沒有誰敢說自己是沒有苦的？沒有人敢說嘛！以最簡單的苦來說吧！初來聽經的人會想：「**來到正覺講堂聽經，可是蕭老師在講什麼？我都聽不懂欸！**」這已經是苦了嘛！又譬如在這邊聽法眞的很辛苦，是坐在蒲團上而沒有椅子可坐的，腿酸、腿痛，這不就是苦了嗎？菩薩們都了了自知己身有苦。如果你連這個苦都不知道，那就是白癡了。但這只是小苦啊！可是世間法上還有很多的苦，都可以體驗到，所以佛法中也說有三苦、八苦，太多的苦了啊！因爲知道自己有苦，想要滅苦的話，當然就得學佛；想要學佛當然就得先發起菩提心嘛！

第二則是從比量上面而知道眾生也有苦。在自己的現量上知道自己有苦，再來觀察眾生：我有這個苦，眾生也和我一樣，都有這個苦，所以一樣是有苦受的。爲了要讓眾生把這些苦也斷除掉，就像自己一樣能把苦斷掉，所以要學佛、證法，那就得先發菩提心。因此佛說：「如果有人能這樣子，爲利自己也爲利益別人，來發菩提心。我們就可以知道說，這個人是能禮敬六方的。」所以佛法中講的禮敬六方，就是禮敬布施、持戒、忍辱、精進、禪定、般若。如果發菩提心之後，能每天眞正的禮敬這六方的話，他一定可以增長他的壽命，也增長他的財物。所以禮敬六方並不是像外道所說的要禮敬東西南北上下六方的神祇。

〈悲品〉第三

【善生言：「世尊！彼六師等不說因果。如來今說因有二種：一者生因，二者了因。如佛初說發菩提心，爲是生因？是了因耶？」】

講記　現在善生菩薩又提出疑問：「佛所說的發菩提心，和外道所講的外道菩提，二者有什麼差別呢？」善生問：「外道說，修學他們的法，他們是不談因果的；可是如來今天所說的發菩提心，以及發心後證得的菩提果，卻是互相爲因果的啊！如來今天所說因果的因又有二種：一個是生因，一個是了因。譬如　佛說的初發菩提心的因，到底是生因？還是了因呢？」生因就是說，現在所發的菩提心，如果是從往世以來到此世中的第一次，那就屬於生因；假使是往世已經發過菩提心，這一世再度發菩提心，這仍然是生因；但如果這一世發菩提心之後，一世修道就成爲究竟佛了，那麼這一世的發心就是了因。所以因有二種，不但在佛道上面有二種，二乘菩提也有兩種，世間法上也有兩種。

二乘菩提法中怎麼叫生因？怎麼叫了因？譬如說，古時有個人要出家，諸大阿羅漢用宿命通觀察以後，都說他沒有因緣出家，爲什麼沒有出家的緣？因爲觀察他以前八萬大劫中，都沒有與佛法結過緣。所以諸大阿羅漢都不收他作徒弟，他哭哭啼啼回家去，在路上遇見　佛剛好要回精舍，佛見了就問他：「你哭什麼？」他說：「我去找釋迦牟尼佛，求出家，可是如來正好不在；諸大阿羅漢又都不收我作徒弟，都說我沒有因緣出家！」佛眼一看，就說：「你有因緣。」是什麼因緣呢？是因爲他過去世被老虎追逐時，爲了避難而爬到樹梢，因爲緊張就呼救：「我皈命於佛！皈依佛！

皈依佛！皈依佛！」就這樣一句話大聲的不停地喊叫！因此就有因緣出家了！佛就說：「你跟我回去吧。」就度了他。這個人當初避難時大喊：「皈依佛！」有心皈依佛，這就是生因，所以種下了今世出家的因，成爲生因；今天他遇到佛告訴他往世有這個因，所以出家了，今天想出家時，佛爲他講出往世歸依佛的事情，就成爲了因；因爲佛把這一件事情說清楚而圓滿完成了，佛陀解釋他出家的因緣，還是基於往世的歸依佛，把往世的因緣和這一世佛陀的解釋合起來，就成爲了因。所以因有兩種，有生因、有了因。世間法中也有生因與了因，就留待下回分解。

今天颱風剛過去，路上滿目瘡痍，諸位仍然踴躍而來，道心堅強，令人欽敬。我們原則上儘量不休息，是因爲現在台中、台南已經有DVD可以看了，所以還是得要繼續講，否則他們就得暫停一次聞法的機會。這次颱風是在南部比較嚴重，台北情況比較輕微，正好我們也希望進度不要被影響，所以就繼續講。上週講到第九頁〈悲品〉的第二行，說生因與了因，我們還沒有講完，現在繼續說明。

佛初說發菩提心，這個發心到底是生因還是了因？如何判斷？首先要瞭解什麼叫作生因？什麼叫作了因？譬如說，我們佛教中最注重因果，可是因果不是我們能究竟了知的，因爲究竟了知因果是佛地的境界，所以等覺菩薩也無法完全的了知。所以經中說，因果的究竟了知是「唯佛與佛乃能究竟知之」。

有果就一定有因，可是因中又有二個大類，分爲生因和了因。什麼是「生因」？「了因」又是什麼意思呢？從世間法來講，譬如說正在造一件業，這個業造了，就是未來世果報現前的因，因爲是眼前正在造業，造完了就是未來果的生因，留給未來世的自己去承受。從未來世的承受者來說，當受果的緣成熟時，配合未來世受果的緣，就使這件往世的事成爲了因。簡單的說，譬如我正在解說解脫道的法理，當我解說的行爲完成了，就是生因完成了，我這一世的解說法義就是生起因；諸位聽我說明解脫道的正理以後，終於能瞭解：「解脫不是用覺知心去入無餘涅槃，而是無我，把覺知心的我永遠滅盡而不再生起了，才是眞正的無我，才是無餘涅槃。」諸位了達了這個道理，如果是執著輕微的人，我見就斷了，那麼這個聞法的事情就成爲未來證四果時的了因。爲什麼是了因呢？因爲你還沒有正式去觀行啊！現在雖然斷了我見，可是還沒有斷盡我執嘛！當你觀行完成而斷除我執時，那已經是果了，這就不是因。你現在聽了、瞭解了，斷了我見，這就是了因。但這一件事情對我來講仍然是生因，對你們來講，斷了我見就是了因；你們了達了這個正理，接著開始作觀行，把我執斷除了，就是這個了因之後所得到的果。

如果講詳細一點，換另一個觀點來講：你們決定來聽我說解脫道的法理，決定心就是生因；來到正覺講堂遇到我說法，你就可以聽法了，這就是了因，了掉你想來聽法的生因；聞法之時現觀當下就斷了我見，這就是果。但是這個斷我見的果，也是未來斷我執的生因，在未來數年、二十年後，或者在未來世中因此而斷了我執，那麼今天的聞法就是生因；未來重新聽聞正確的解脫道法義，當下斷了我執而證四果時，那時聽法的事情就成爲了因，證果解脫的事相就成爲果報。所以造作這件說法之事——也就是從說法的我——來講，它是生因，諸位聽了、了達了，斷我見了，這就是了因；未來世的你還將會成爲我的徒弟，那時再遇到我而成爲我的徒弟，那時的相遇就是了因。

同樣的道理，佛說初發菩提心時是生因還是了因呢？其實不能說它是生因還是了因，應該說「有二因」。如果只說一因時，佛說的是初發菩提心的因；如果說有二因時，那就是指生因與了因。意思是說，佛說初發菩提心的道理，這是對佛自身來講的，只是生因；但是對聽聞如何發菩提心，對於聽聞發菩提心道理的人們來說，當你在聽聞這個發菩提心的時候，你聽完了，這就是了因完成了；有了這個了因，所以你接著就發了菩提心；當時或是未來成就菩提果，譬如斷了我見，這就是菩提果。所以「因」很難理解，所以「因」有生因和了因；也因爲此故，同一個因，是有二方面的，不是單指一方的。譬如說在佛道上面發菩提心，有生因、有了因。又譬如說，你聽聞發菩提心的因緣之後，是生因完成；但是當你後來眞的在佛前發了心，這已經是了因了；前面的聽聞發菩提心因緣，就變成你後來發心的生因，二者有互相的關聯，所以是相對待的。

在淨業上面也有生因與了因，在世間法的善業以及世間法的惡業上面，同樣也有生因和了因。我們舉古時的例子及現在的例子來說好了！古時安世高是一位經典的翻譯者，也是三藏法師；安世高的故事很多人聽過，他的翻譯任務完成了，因為知道過去世的因果，所以他要把那個因了掉，要把果提早報完，所以去找一個與他前世有緣的人，故意去他家投宿，到了半夜裡就對那個人說：「你幾十年前在什麼地方的曠野，拿刀殺了一個人。」那個人聽到這話，嚇死了，安世高就說：「我就是那個被你殺死的人。」然後他又對他說：「你不必害怕，我被你殺是有因緣的；我不是來向你要債，因為我上一世是合該給你殺的；但是過去世我曾經害死過一個人，我這一世得要去還債，所以我明天要把命去還人家，但是如果沒有人做證，那個打死我的人他就會被冤獄，所以請你來為我作證。明天你跟我一起出門，你走在我後面，當我被打死了，那個人被送到衙門去審判時，你要幫我作證，說我曾經告訴過你這些話，那個人就可以免罪。」

第二天那個人就跟著安世高後面出門，安世高就找到了債主，跟在後面行走；那個債主（就是債權人，安世高是債務人，他要還債）挑著一個擔子，正巧前面綁著擔子的繩索突然斷了，扁擔就往後面打過去，正好打到安世高的頭，當場斃命。這個債還得真痛快，死得真痛快，接著眾人就把那個挑擔的人捉到衙門去了；開始審判時，被安世高所託付的人就上堂作證，說出安世高昨天住在他家裡，留下些什麼證物，又告訴他特地要來作證的話。縣官一聽，知道是賢聖特地來了卻因果，就沒事了！判他無罪。假使依照現在的法律觀點，那個挑擔子打死人的，本來也該是過失殺人，結果被判無罪了。

……。（編案：以上是藉當代的事相，來說明生因與了因。因為往世的因而在此世成果，不可能舉出人證與物證，所以省略不錄）所以法官的確不容易當，縱使所有的證據都齊全了，你判下去也是完全合法、合情、合理的，也必須如此判決，可是判決的結果，從往世的因來看並不一定對：根據現在的法律和證據來看，判決的結果一定對！但是如果要追溯過去世的因果，你判決下去還是不對的啊！所以世間有很多事情從表面看來會很不合理，有時則會很合理；但是不合理的事情，可能是生因的造業，可能是了因的了業，也有可能只是果報，不能一概而論。不瞭解因果的人總是會怪罪：「嘿！你法官怎麼這樣判！」但是法官在判案時，他所判的案子，有時是判造業的生因，有時是判了業的了因，有時則只是判一件往世的因果，有時則是在眾生的因果中扮演了往世因果實現者的角色，有時則是判案者自己正在造業；其中非常的錯綜複雜，不一定如表面所看到的那樣，所以很難講得清楚。因此我們在事相上不可隨便去評論，即使表面上看來所有的證據都認定這個人該得什麼罪，另一個人應該被昭雪；但是其中也許有往世事的因緣果報，也許他造了這件事時純粹是生因，也許有過去世的生因而現在緣熟了，所以成爲了因；所以因果這件事，只有到佛地時才能究竟了知，連等覺菩薩都無法究竟了知的。

因果的可怕就在這裡，已經過去幾百年、幾千年、幾劫了，遇見了還是逃不掉。那麼○○今生搶銀行的事，對他而言是生因；○○因爲這件事情而遇緣受害卻只是了因，被冤而死即是他的果報；辦案的刑警冤枉了他，卻只是在實現往世的因果。生因與了因經過這樣舉例說明，諸位就容易瞭解了。因此說，同一個因，果還沒有實現之前，起心動念而造下的因，對造業的人而言是生因；被造了惡業而受害的人，在果報即將實現時，所造的回報惡業則是了因；回報的惡果實現的現象則是果報。譬如說你過去世行大布施，你是個大富長者，往世曾經布施，施粥很多；古時有錢人會開粥廠，在飢荒時就施粥，讓逃荒者來喝粥；假使今生你出家了，你度了很多的弟子，正是往世被你施粥的人；你往世施粥時的善事就是生因，今天你度來很多人成爲弟子，即是了因。雖然今世你還沒有證得菩提，照樣會有幾萬人的徒弟，成爲大道場的大法師。所以很多事情要從較深廣的層面來看因果，不能只看一世的表相。

往往有同修不平的說：「我們是眞正了義的正法，爲什麼弘法會這麼困難？辦個禪三還得要到處向人家借道場，常常要換地方，到處流浪！那些表相正法的道場卻是道場多得用不完，還不肯借給我們用，眞不公平。」但我告訴你：不必抱怨，因爲我們以前的生因是破邪顯正，世世得罪了他們啊！往世的生因都是在正法、在了義法上面弘揚，了義法的弘揚，能接受的人本來就不多；而表相正法的弘揚，能接受的人數本來就很多嘛！從這裡觀察，就知道原因；所以不必怨嘆，不必怨天尤人。而且我們這一世又不得不繼續破邪顯正，破邪顯正本來就很有爭議性，不是一般人所能理解的。就像　玄奘菩薩當年在天竺到處破邪顯正，剛開始也是很有爭議性啊！剛開始大家都說：「所有人都錯了，就只有你對，天下哪有這種事？」可是到最後，大家都承認他才是正法，但那已是他破邪顯正十幾年後的事啦！從他開始破邪顯正，到諸國國王都尊稱他為「第一義天」，後來大家都承認他，那已是十幾年後了。

乃至後來他回到大唐，如果不是唐太宗肯推崇他，如果唐太宗像清朝雍正一樣支持離念靈知，不支持他的如來藏法，多數人是不會承認他的，那麼第一義天的名號在中土就眞的沒有價値了，他還得要在震旦再繼續奮鬥十幾年才會被承認的。所以破邪顯正的路本來就不好走，因為有智慧的人永遠是少數，永遠都是多數人後知後覺、甚至是不知不覺的；因此大家不必怨天尤人，要把眼光放遠一點，三十年後你們出去外面時，大家會尊稱你：「你破參了！是第一義天！」（大眾皆笑）大家會把大拇指舉起來：「啊！第一義天！」但是現在你們出去時都會成為佛門異類，因為所修所證與人家都不一樣，人家都說：「離念靈知心就是眞如心。」你們說：「阿賴耶識才是眞如心！」那當然不同嘛！一定會是異類。但是眼光如果看遠一點，你的日子就會好過一些，不會再「心不平，口則鳴。」所以，生因與了因，其中仍有許多差別不同；這個差別不同，會牽涉到你弘法的歷程，乃至牽涉到未來世弘法的狀況。這樣詳細說明以後，大家對生因與了因已經瞭解了，所以大家面對弘法時的逆境，就成爲可以忍受的事情了。

【「善男子！我爲衆生或說一因，或說二因，或說三因，或說四因，或說五因，或說六七、至十二因。言一因者：即生因也。言二因者：生因、了因。言三因者：煩惱、業、器。言四因者：所謂四大。言五因者：未來五支。言六因者：如契經中所說六因。言七因者：如法華說。言八因者：現在八支。言九因者：如大城經說。言十因者：如爲摩訶男優婆塞說。十一因者：如智印說。十二因者：如十二因緣。善男子！一切有漏法，無量無邊因；一切無漏法、無量無邊因。有智之人，欲盡知故發菩提心。是故如來名一切智。善男子！一切衆生發菩提心，或有生因、或有了因、或有生因了因。汝今當知：夫生因者即是大悲；因是悲故便能發心，是故悲心爲生因也。」】

講記　佛陀有時爲眾生說一種因，有時說二種因，有時說三因、四因、五因，或者說六因、七因乃至十二因。所以「因」有許多的差別不同，如果是講一因的話，通常是講生因。所以諸位看　佛說的因果，通常講生因而不講了因，只說：「某某人因爲過去世造了什麼善業，所以今天像燈指這樣，他所到之處就是會有黃金；他點到的任何物品都會變成黃金，連死人不小心死在他身上，把他摟住了，放不掉，他爲了要把死人扒離身體，當他的手碰那個死人時，死人也變成金人了，他就一直都有黃金可以布施。」假使佛不詳細講了因的部分，那就是只說往世的生因：當初造了什麼因，現在就得什麼果，就成爲只說一因：就是說生因，不說了因。如果接著講二因，那就有生因與了因，細說現在爲何因緣成熟而受果報，就是講了因；所以有時說因時，說有二個因，是把過去世的生因，現在世的了因，導致現在得到什麼果報，那就是生因與了因。

但是有時又講三因，三因則是講煩惱生起的因，就是煩惱因、業因、器因。煩惱因是說以煩惱爲因，導致眾生輪轉生死，那就是講我見、我執。業因會導致眾生輪轉生死，那就是講眾生造惡業而受惡果報，也是講眾生造善業而貪著善業的果報，所以就輪轉生死不絕。有時講器世間因，是說山河大地的由來：因爲眾生需要報償業果的處所，所以就有了器世間山河大地在虛空中出現，這就是器世間因。

但是，有時講三因，又說是言因、義因、智因。言就是講言語的言，義就是義理的義、正義的義，智因就是講智慧生起的因。生因中的言因、義因和智因，會影響到了因中的言因、義因和智因。所以從因上來說，有「言生因」、「言了因」，有「義生因」和「義了因」，也有「智生因」和「智了因」。譬如說我現在說法，我說法時心中先有離語言文字的意念生起，這就是言的生起因；說完法時，我所要表達的佛法意旨就顯示出來了；我表達出來是從我這一方面來看，是義生因；當我表達完了以後，顯示一件事實：我有智慧！這就是智生因。如果我在講解脫道，那就顯示我有解脫道的智慧，當我講完了，這個智生因也就完成了；那麼你們在聽我說這一些言語而顯示我的言生因，使得義生因與智生因顯示出來時，你們瞭解及領受解脫道的法義了，所聽到的言語對你而言就是言了因；當我在表達這些解脫道義理時，你們領納理解了解脫的眞義，這就是義了因；那我顯示出解脫道智慧時，諸位了知解脫的正義，這叫做智了因，因爲解脫智慧出現了嘛！聽過我講解脫道，你聽完了，對於解脫沒有產生誤解，不會再落在我見中，不會再想要用靈知心、覺知心去入無餘涅槃，那你就有了「智了因」，這些都屬於因。

接下來怎麼辨呢？有因之後也就會有果啊！所以我這邊的言生因、義生因和智生因都是因，那麼諸位你們那邊聽法之後有言了因、義了因和智了因；有了生因與了因之後，智慧就生起了，就分證解脫而證初果了，這個解脫的證境就是果。可是再細分以後，你們有瞭解解脫果的分證時，你們這個果是相對於我來講而叫做果，對你們自身來講也只是了因；你們現在有這三個了因，接著去做更深入的思惟觀行，把自己的十八界拿來現前觀察及印證，觀察印證完成之後，確認我見眞的斷除了，三縛結確實斷除了，這就表示你這三個了因的果報完成了，所以你的了因就變成因，觀行完成之後斷我見、斷三縛結而得初果，這就是果。

這就是因與果之間的關係，如果你能藉著斷我見的緣故，進而深入觀行思惟，以斷我見後的見地去做更深入的思惟作爲生因，未來就可以更深入的斷除微細的俱生我見而使自己更深入的了知自我的種種細相也都虛妄，這個更深入的詳細觀察就是了因；由於這個了因，我執就會斷除，成就了斷我執的果，成爲阿羅漢；所以斷我見以後的更深入觀行而生起的智慧就是了因，由這個了因來成就你斷我執而成阿羅漢的果，這也是阿羅漢果的生因啊！但是從比較細的來說，言了因是接下來的義了因的因，而義了因是言了因的果；同樣的，智了因是義了因的果，而義了因是智了因的因，是以時間的前後次序來說。所以生因與了因顯示了一個事實：果還沒有出現。一定之前先有因，才會有後來的果出現。但是前面的因，一定有能造因與所造因，所造因的部分就是了因，能造因的部分就是生因。這是從三因來顯示因和果。

「言四因者，所謂四大」：四大之因，就是講眾生色身生成的「緣因」。也就是在人間以地水火風四大元素來聚集成爲粗糙的人身，這就是一切色身的因；但是這因不屬於生因，而是了因。關於色身眞正的生因，大家還記得嗎？阿賴耶識有什麼自性？（大眾答：大種性自性！）對！大種性自性！只有阿賴耶識心體能攝取四大種來製造你的色身，乃至攝取極微細的四大種來成就色界天人的極微細物質天身，其餘七識心王都沒有這個功德。所以四大只是屬於了因，你的如來藏自身的大種性自性才是生因啊！

「言五因者，未來五支」：如果說五因，就是講未來的五支。未來的五支，有人說是未來的三支，也就是在十二因緣法中的最後五支。一般人是把「有、生、老病死」說爲三支，有人把「有」算爲一支，「生」是一支，後面的部分再把它細分爲「老、病、死」三支，就成爲五支了。

「言六因者，如契經中所說六因」：如果說六因，就是契經中所說的六因。這六因，把它唸一遍給諸位聽：能作因、俱有因、同類因、相應因、遍行因、異熟因。這些就不必解釋了，因爲：如果要這樣一直解釋下去，十二因就要講上一個月，其餘的種種因也要一樣的細講，那這一部經就甭講了，所以把它們唸出來就好，才能有時間繼續把戒經中的戒法說清楚。

「言七因者，如法華說」：七因講的就是《法華經》所說的七種因。《法華經》在未來也會講解，所以在這裡就把它省略不講了。

「言八因者，現在八支」：八因是講現在世的八個有支，也就是把十二因緣掐頭去尾，剩下中間的八個有支，頭尾合起來還是十二因緣。這十二因，是因爲會造成你未來世再繼續接受生死，所以稱爲了因；但是十二因緣中間的八支是現在世有支，它們會成爲未來世的生因，所以合稱八因。

「言九因者，如《大城經》說」：這《大城經》我沒有查到，不便故作已知，所以就不說明了。如果有誰查到的話，請在下一週告訴我。

「言十因者，如為摩訶男優婆塞說」：十因，是說經中 佛曾經為摩訶男優婆塞所說的道理。在《瑜伽師地論》中也有說過十因：隨說因、觀待因、牽引因、攝受因、生起因、引發因、定異因、同事因、相違因、不相違因。在增上班課程中自然會解釋，在這裡不先做解釋，主要是想讓大家瞭解生因和了因。

「十一因者，如智印說」：十一因就是《如來智印經》所說十一種因。

「十二因者，如十二因緣」：假使講十二因，就是說十二因緣，這裡也省略不講，因為在禪淨雙修班中親教師們都已經為大家說過了；以後在《阿含正義》書中，也會很詳細的解說。

佛接著說：「一切有漏法，無量無邊因；一切無漏法，無量無邊因。」一切的有漏法都有無量無邊的因；一切的無漏法也有無量無邊的因。為什麼一切的有漏法會有無量無邊的因呢？這是從世俗法現象界來說的。諸位以前常會聽到有法師居士講因緣法，他們有時會這麼說：「你想要喝一杯茶，得要有許多的因緣才能成就。譬如我現在喝一口水，想解除口渴再來說法；侍者幫我熬了中藥茶水，你們想一想，這一杯藥茶得要有多少因緣才能成就？」他們說的這個道理，就是有漏法的因啊！這要有多少因緣呢？水，光是一個水事，你就得要講上老半天了：從什麼樣的原水，然後變成現在可以熬這一杯藥草茶的水，講起來可就無量無邊了！因爲現在的水是從自來水廠送出來的，光是自來水廠的儀器……等等，就得說上好半天了！再加上天候的因素，地形的因素等等，才能有自來水來讓你來熬藥茶嘛！這就講上老半天了：那些機器要怎麼製造、水怎麼送來……等等，講不完了！如果要談深一點，加上解說眾生的業力而導致有水、無水……等等，那又更多了。接下來你說枸杞、紅棗、當歸、黃耆……等等藥草是怎麼來的？每一種東西就都要牽涉到採草人、種草人、藥行、大盤商、中盤商、小盤商、零售商，你還要花精神先賺了錢，然後再去買，可是賺錢的事又是有很多的因緣；買來以後光是要熬茶，你還得要鍋子，鍋子又有什麼因緣？瓦斯又有什麼因緣？瓦斯爐又有什麼因緣？可是你總得要在廚房煎茶嘛！廚房是怎麼造成的？又有許多的因緣。這些都是有漏法，不容易講得完的，所以說一切有漏法有無量無邊因。我簡單一講，諸位這麼一想，就瞭解了，眞的是無量無邊因啊！

同樣道理，一切的無漏法也是無量無邊因啊！諸位想想看，你想要成就無漏法，還得要靠有漏法啊！假使沒有有漏法，哪裡還可能有無漏法的修證？那麼光有漏法的成就，譬如說你今天到這裡、坐在這裡聽講，能讓我說法給你聽，光是這個因緣，就得要多少因緣？不單如此，最簡單的一個先決條件是：先要有我這個人在這裡投胎成長，這個入胎與成長又得要有多少因？也是無量無邊因啊！

我這個人很奇怪，從小就是異類，我女兒以前常說我是叛逆性：人家大法師說的，我偏偏都不信。結果自己弄出一些法義來，與大法師們說的法統統不同，所以說我是叛逆的一類，說我與她一樣叛逆。我說：「**對啊！我是叛逆啊！**」可是爲什麼會有叛逆的因？只是爲了想要探討實相嘛！又爲什麼會有一直想要探討實相的因？得要有過去世許多的因緣啊！由此簡單的說明，就知道無漏法也是無量無邊因啊！諸位想想看：爲什麼你們今生在佛教界繞了一大圈，終於繞進正覺講堂來？這中間有多少因呢？光說你第一個接觸到正覺同修會這個法的因，這個因正是了因啊！這個了因的成就，得要有多少的生因？所以一切的無漏法也是無量無邊因啊！並不是單一的因所能成就的。光是有我蕭平實也不能成就的，還得要有你們；但是有了你們、有了我，就能成就嗎？還得要有第三者到處去流通這些書籍，不然也不能成就啊！所以說一切的無漏法也是無量無邊因啊！

可是這些因，只有到達究竟佛地時才能完全了知，等覺菩薩都還有不知的因果，所以經中常常看見 文殊師利問 佛：「這件事情是什麼因緣來成就的？爲什麼會有這個因？」就是在問生因與了因。有時 彌勒菩薩來問，有時 觀世音菩薩來問，就是因爲只有究竟佛地才能全部了知嘛！那如果是諸佛倒駕慈航來當菩薩，那就成爲明知故問，爲了成就一個法的因緣而教導眾生，那就是例外；否則的話，等覺菩薩也無法究竟了知啊！因此說，一切法——不管有漏法或無漏法——都是無量無邊因，既然因是無量無邊，當然得要究竟佛地時才能具足了知嘛！所以有智慧的人，是因爲想要完全了知因果而發菩提心的；一般人發菩提心，大多不會是爲了想要探討因果而發菩提心。所以假使有人一開始就是爲了想了知種種法的因，所以發起菩提心，那一定是頂頂有智慧的人啊！正因爲諸佛具足了知一切因，才說如來是一切智者。

一切的眾生發菩提心時，有時是生因，有時是了因；生因是說，不以別人爲因，純粹從自己的一個觀念、一個意志、一個想法而發起菩提心，這種發菩提心是屬於成佛的生因；如果是別人告訴他發菩提心的利益——世俗法上的利益乃至將來可以成就究竟佛道——聽了以後才來發菩提心的；或是以前自己想過學佛上的疑問而仍未發心，這次聽人再說時才發心的，那已經是了因了。所以發菩提心的人有種種不同，有生因來發菩提心的，也有了因來發菩提心的，也有人是生因和了因具足而發菩提心的。就是自己思惟之後有了發菩提心的意願，但尚未發起，別人又爲他增加了一些道理，讓他有更多的理由來發起菩提心，那他就具足生因和了因了。

佛又交代善生童子說：「生因是大悲。」由自己的原因而去發菩提心，不是由於別人來對我們說了以後才發菩提心的，大部分是因爲大悲心：想要解除自己的痛苦，也想要解除眾生的痛苦，所以他是自己發起的，是生因；不是別人來教導以後才發起的，不屬於了因；所以凡是因爲大悲心來發菩提心的，都是屬於生因。如果別人來爲他說了以後，他再來發大悲心的話，那個悲心不會很大，因爲是以了因才發起的嘛！所以那種悲心不會大，往往被人家一恐嚇就退失了，或者被人家一籠罩、被人家一打擊就退失了，這就不是大悲了，因爲都是屬於了因而發心的。

依大悲心而發心的人，他是寧可喪身捨命也要把悲心貫徹到底的，這才是由生因而自己發起的，不是等人家來告訴你說：「蕭平實！你既然悟了，看人家被人誤導了，爲什麼還不願出來破斥邪說、救護眾生？」「喲！好啦！那我就出來度眾生吧！」這就成爲了因了，就不是大悲心啦！是被人家勸了以後，覺得說：「哎呀！明知道眾生被誤導了還不肯出來救護眾生，眞是沒良心。」怕良心的譴責才出來的，就不是大悲心了！如果是了因而出來救護學佛人的話，當別人來打擊你的時候就會退縮了，沒辦法把悲心貫徹到底的。所以生因和了因之間是有差別的，這樣講過以後，諸位就知道生因與了因有什麼差別了，這樣就不枉今天颱風天也來聽這一場法（大眾鼓掌同意），謝謝大家！因爲這個大悲心的緣故，才能以生因而不是以了因來發菩提心，所以說悲心是生因，有大悲心的人會自己發菩提心，有大悲心的人不會被人恐嚇就退轉了，形勢再怎麼困苦艱難，都會堅持下去，所以 佛說悲心是生因，所以生因是從大悲心而發；如果是了因，往往不是從大悲心而生的。

【「世尊！云何而得修於悲心？」「善男子！智者深見一切衆生沈沒生死苦惱大海，爲欲拔濟，是故生悲。又見衆生未有十力、四無所畏、大悲三念，我當云何令彼具足？是故生悲。又見衆生雖多怨毒，亦作親想。是故生悲。又見衆生迷於正路，無有示導，是故生悲。」】

講記　現在善生童子又問：「怎麼樣來修悲心？」因爲他知道生因勝過了因，如果是以生因來修學佛菩提道，你修學佛菩提道的三大無量數劫會縮短，以一小劫作一大劫來超越，或者乃至以一年爲一大劫，以一個月爲一大劫，乃至以一分一秒爲一大劫，這樣來超越三大無量數劫；這個條件正是生因，了因就無法超劫精進了，了因很容易退失、容易懈怠，所以了因無法做得到。善生童子知道這個道理，當然他就希望修悲心而以生因來發菩提心；他本來是了因而發心的，是聽人家說 佛在說法，所以他來問法發心的嘛！現在他想要轉變成生因，所以他要修悲心啊！那要如何來修悲心呢？他就提出來請問。

佛開示說：「你想要修悲心，先要懂得什麼因緣能生起悲心啊！先要知道因，然後再來修；要先懂得生因，再來使了因成就。」所以就說：「因爲很深刻的看見一切的眾生，全部都沉沒在生死苦惱的大海中。」因爲生死中一定會有無量苦惱，甚至於因爲一己的苦惱而害死了很多人：蘆洲那一場大火，只因爲兩個夫妻吵架而放火洩憤，就害死了那麼多人。所以生死中有苦惱是正常的，但生死中的苦惱你要能忍；若是能忍，就施設一個名詞說你已經得到「苦惱忍」；眾生如果能忍於苦惱，就不會害死無辜的別人了嘛！有了對苦惱的忍，不會一天到晚怨天尤人，最多只是自怨自艾而不怨天尤人，那就不會害死別人了嘛！就不會造惡業了；不造惡業就不會有業因，也沒有了因了，未來就不會受苦果。當菩薩很深刻的看見一切眾生都在生死大海中而有無量無邊的苦惱，就想要去把眾生超拔出來，想要救濟他們，因此而生起了悲心。爲什麼生起悲心？因爲悲能拔苦嘛！你有悲心，你就想要拔去眾生的苦惱啊！

另外有一種人，他看見眾生沒有具足諸佛的十力、四無所畏和大悲三念，因此心中想要讓眾生都能具足十力、四無所畏和大悲三念，因此而生起悲心了。這種悲心當然大囉！是生因，不是為自己，所以叫做大悲心。

什麼是十力和四無所畏？十力的第一種是處、非處智力，就是瞭解這個處所適不適合說什麼話、說什麼法、做什麼事？這叫做處、非處智力。第二種是業異熟智力，就是瞭解一切善惡業造了以後會得到什麼樣的異熟果報：在什麼時間、什麼場合、什麼地點、什麼樣的世界會成熟果報？這叫做知業異熟的智力。第三種叫做靜慮解脫等至……等等智力，就是說四禪八定該怎麼修？解脫道怎麼修？等至與等持的差別是什麼？也懂得解脫道法義而有解脫慧的智力，以及佛菩提道的一切種智的智力等等，這都是佛法上的智力。第四是根上下的智力，能觀察眾生的上根、中根、下根等根性，諸佛都有這種觀察的智力。第五是種種勝解的智力，就是不管人家說什麼法，諸佛都能勝解；乃至外道說他的法多麼勝妙，諸佛都能勝解，所以能用外道法去破外道法。第六是種種界智力，這就是種種法功能差別的智力，都能如實了知。第七是遍趣行的智力，就是普遍的了知眾生會往生到哪裡去，他們的心性與趣向又如何？第八是宿住隨念智力，就是一切過去世所經歷的一切事、一切身口意行，沒有一件事情會忘失掉；這是只有佛地才具足念心所的功德，等覺菩薩有時也會有忘掉的事情，但是諸佛對過去世所造所說一切身口意行，沒有一件會忘掉，這就是五別境的念心所已具足圓滿了。第九種是死生智力，包括自己及諸佛，包括一切眾生，死後會到哪裡去？又生到哪裡去？過去世在哪裡死掉？現在生到這裡來！過去無量劫的每一世都知道，未來世的每一世也通通知道，這叫做死生智力。最後則是漏盡智力，也就是漏盡通，但是不像阿羅漢還有八萬大劫的侷限而無法具足了知一切眾生的根性；也因為斷盡煩惱障中的習氣種子隨眠，斷盡無始無明隨眠，所以諸佛的漏盡智力不同於阿羅漢們，這就是佛的十力。

四無所畏是從九地菩薩的四無礙辯衍生出來具足圓滿的無畏大力，就是總持諸法無畏，不管是誰問一切種智的任何部分，諸佛都了知，因為總持無礙；有了總持而無障礙時，所有的法義都能受持不忘，因此於一切法無所畏懼。第二是善知眾生根性及法藥無畏，所以能說法無畏；也就是說，對於眾生的根性能完全了知，而且也完全了知這所有眾生各都應該要以什麼法藥去對治，使眾生修道容易，速得解脫；善以不同的法藥來對治眾生的煩惱病，所以佛有第二種的無畏：說法無畏。第三是善能問答說法無畏，也就是諸佛善問善答，所以有時眾生來問法，佛以問代答，有時直接答，有時用譬喻來答，有時則是置而不答來回答，善用種種的方式來答覆眾生所問；諸佛又都善問，讓眾生從反問中，一步一步往上提昇而得證悟，所以佛善於問、也善於答，因此能說法無礙，這是第三種無畏。第四種是能斷諸疑說法無礙，不論眾生問什麼樣的法義，諸佛都能為他們斷疑；因為能為眾生斷疑，因此諸佛可以說法無礙；這種無畏是從哪裡來的？是從總持無礙、義無礙、詞無礙而引生出來的。以上就是諸佛的四無所畏。

因為有這四個勝妙法，所以在一切時、一切處都能說法無畏。諸佛有這十力、四無所畏，還得要有大悲三念，沒有大悲三念就不能成佛。大悲三念就是緣於眾生而產生的慈悲心，第一是生緣慈：緣於眾生的苦而產生慈悲心。第二是法緣慈，從一切諸法的現觀中，由於智慧而對眾生產生了慈悲心。第三是無緣慈：到達究竟佛地時就是無緣慈，諸佛心中沒有所謂慈悲或不慈悲，只要眾生有緣，佛就一定能利樂他，這就是無緣慈；不必因爲眾生過去世和祂結過緣，才能生起大悲心，所以叫做無緣慈。無緣慈也就是大悲，諸佛同有這大悲三念。有的菩薩是因爲看見眾生缺乏十力，也沒有四無所畏，也沒有大悲三念，所以使得眾生不斷的受苦無量，心裡就想：「我要怎麼讓眾生能具足這三法？」因此而生起了大悲心。

「又見眾生雖多怨毒，亦作親想，是故生悲。又見眾生迷於正路，無有示導，是故生悲」：菩薩又因爲看見眾生雖然有很多的怨恨及瞋毒之心，可是卻把他們當作親屬來看待；不計較眾生對他所作的惡劣往事，仍把眾生當作親屬看待。菩薩又看見眾生愚癡，當別人對眾生起了怨與恨，正在害眾生時，眾生卻誤以爲別人在幫助自己，把那些壞人當作好人，所以菩薩就生起慈悲：「眾生爲何這麼愚癡啊？想要離開瞋毒，可是別人勸眾生去作的事業都是要眾生墮入瞋毒中去，可是眾生卻不知道，真是愚癡！」所以菩薩因此生悲。又看見眾生迷於正路，想求解脫，卻被大師們誤導而又回到意識境界，繼續輪迴；菩薩告訴他說：『這是歧路，正路是另一條。』眾生卻不信，反而誣謗菩薩是邪魔外道。菩薩想要救眾生回到正路，對他們開示正理，可是卻一直只有少數人能接受菩薩的引導而回到正路。菩薩看見眾生如此愚癡，所以他心中生起了悲心，願意盡未來世努力救護眾生。

【「又見衆生臥五欲泥而不能出，猶故放逸，是故生悲。又見衆生常爲財物妻子纏縛不能捨離，是故生悲。又見衆生以色命故而生憍慢，是故生悲。又見衆生爲惡知識之所誑惑—故生親想，如六師等，是故生悲。」】

講記　菩薩生悲的原因，還有另外四種：第一種是因爲看見眾生一天到晚在五欲污泥中打滾，卻無法出離這五塵、五欲的繫縛；也不知道要出離，還在五欲之中放逸與貪著，就會導致生死苦果不斷的出現，所以菩薩心中生起了悲心而想要救度眾生。菩薩又看見大部分眾生被財物所纏縛而不能捨離，被妻子（丈夫）子女所纏縛而不能捨離，所以繼續生死輪迴，菩薩因此生起悲心，想要救度眾生。眾生最貪戀的就是親人，父母親死了，不只是大哭一場而已，死後總是每日傷心，難得有人不傷心的。如果是配偶死了、子女死了，也是同樣的傷痛不已，都是被親人纏縛而不能捨離，這都是世俗法上常見的事情。

菩薩就不是這樣，菩薩說：「我這一世有這一對父母，很好啊！當老父母死亡時，心中有些不捨，所以爲他們滴一、二滴眼淚，也是應該啦！」但是爲老父母滴眼淚時，他不是因爲捨不得，而是因爲看到老父母仍不得解脫、不能開悟，才爲老父母掉眼淚。我老爸死時，我正是這樣而掉眼淚啊！左眼一滴、右眼一滴就沒了！但是從接到他捨報的消息開始，一直爲他誦念佛號，一直爲他迴向，整整十五個鐘頭聯絡同修及趕路南下之時都沒有停過，又用我弘法的功德爲他迴向，但是不掉眼淚，更不需要痛哭流涕。後來助念完了，即將趕回臺北講經時，坐在他身旁，還是不免掉淚感慨說：「我這位老父，空有一個兒子證悟了，卻沒有辦法幫助他證悟。」因爲他只信別的法師講的話，我這個當兒子的爲他說的話，他還是當作我小時候跟他講話一般，認爲是小孩子說的話，所以就沒有因緣證悟了！我是爲這樣而爲他掉眼淚啊！這是憐憫他！心中感恩小時他對我的教養，卻無法報這個恩，所以掉眼淚嘛！但是兩滴就夠了，爲什麼呢？因爲不應該被親情所纏縛而不能捨離啊！

所以，如果將來配偶走了，不必掉眼淚：「我先走了，請你不必掉眼淚。」臨走時：「孩子們！你們不要掉眼淚。」要先交代好，到時不要被親情纏縛；所為眷屬應該做的事情如果已經做了，為什麼還要掉眼淚呢？為什麼捨不離呢？菩薩應該以這樣的心境來看待世間的眷屬；但這不能表示菩薩對眷屬無情，眷屬需要做什麼？菩薩一定努力為他們去做，絕無虛假與推拖，這才是菩薩行者。但不應該一天到晚哭哭啼啼的，為了眷屬離開而難過痛哭，否則就不是菩薩；這種人如果要勉強稱為菩薩，就只好叫作新學菩薩。這就是菩薩對世間眷屬的心態，對於法眷屬也是一樣的看待；如果 佛的幾個重要的大弟子走了， 佛要不要掉眼淚？ 佛絕對不掉眼淚！這是解脫的證境嘛！我所的貪愛已經斷盡了嘛！

可是眾生不知這個解脫的證境，所以死了父親、死了母親、死了子女，就哀哀大哭，你去告訴他：「哎！你不要哭啦！這樣子你就被繫縛了，被感情綁住了！」我告訴你，他一定會對你破口大罵，罵你無情。這就是世俗人，我們學佛者不當如是，因為我們是學佛人，是有智的人；可是眾生沒有智慧，才會種種苦痛，菩薩看見眾生這樣子，所以生起了悲心。所以，菩薩等到眾生痛哭過後，哭累了，心情平復了，就找個時間慢慢為眾生演說佛法：「你這個叫做愛別離的苦，如果不貪愛眷屬，就不會有這種痛苦。」

就藉機會向眾生演說佛法，漸漸引導他們進入佛門，終究能證得解脫。菩薩為什麼會想要度眾生呢？因為生起悲心了嘛！看見眾生被眷屬纏縛而不能捨離，所以生悲啊！

如果有人因為被人家借錢不還，那就在那邊痛哭流涕，你就對他生起悲心，教他瞭解錢財的無常。我不會對此事苦痛悲哀，一九八二年，我被人家倒了一百多萬台幣，我也沒有悲痛過，我也不曾開口向對方說：「欸！你多多少少還一點嘛！」我沒有講過一句話，沒有開過一次口。為什麼不開口要錢？因為不需要嘛！反正你這一輩子欠了我，未來世的你還得要高高興興捧過來還我，還會自己主動加上利息呢！這比存銀行的利息更多，我急著要錢幹什麼？（大眾都笑）菩薩不是只看這一世的，我就是這樣子啊！所以我不曾開口催討過一句話，從來都沒有！這就是說，你如果有如夢觀，我告訴你，你會發覺人家欠了你的債，都是在夢中欠的啦！未來世他會親自高高興興捧上門來還給你，也只是在人生大夢中還你的錢；你收了錢回來，死後仍然帶不走。

譬如說，你們做生意時常常會遇到這種事情：明明你就不想賺那一筆錢，可是你非賺不可，因爲他一天到晚纏著你，一定要你賺他的錢，那就是他前世欠了你的債啦！後來他被你賺了錢，心中還會很高興的感激你！世間就是有這種事啊！我以前執行業務時也有這樣的情況啊！我說：「不必啦！這個你自己去做，我指導你，就這麼做。」我不想賺他這個錢，可是他非要我賺不可，我就知道：「哎呀！這個人是前世欠我的啦！」（大眾同笑）所以，在人生之夢中被欠債，你又何必傷悲呢？未來世的人生大夢中，人家來還債時，你也別高興，因爲那些錢本來就是你的，何必高興？有就有，沒有就沒有，都無所謂。所以，眷屬走了也只是人生大夢中的眷屬走了，未來世仍然會有很多眷屬，但也是夢中的眷屬，所以你都不必高興啦！只要能利益眾生就好，其他的都不必太在意。假使能這樣，就表示你沒有被這一些我所繫縛住了，這才是解脫啊！

「又見眾生以色命故而生憍慢，是故生悲」：菩薩有時是看見眾生在色身健壯上用心，就歧視身體較衰弱的人，不知這就是憍慢的過失，所以生起了悲心。在學校裡不都是這樣嗎？同班同學往往是健壯者欺負弱小者，有錢的人欺負貧窮人；到了社會也是一樣，年輕人欺負老人家沒力氣，有錢人歧視窮人，這是人間常見的現象嘛！這就是以色身而生起憍慢。有人則是以命而生憍慢，譬如說：「我生來就是大官的兒子，我就是命好嘛！所以你們就得要乖乖聽我的，就會有好處。」他說：「我生來就有錢嘛！我家什麼都沒有，就是有錢。」（大眾笑…）「所以我拿錢砸你時，你也得給我砸！因爲你需要我的錢，你就得被我用錢來砸！」有些有錢人就是喜歡這樣啊！拿起一疊鈔票就往人家臉上就砸過去：「欸！給你！」他給人家，不是歡喜誠懇的給，是拿錢往人家臉上砸：「這些給你！」眾生如果已經窮途末路了，也只得賠上笑臉歡喜的被砸錢啊！不然要怎麼生活養家呢？那麼這個有錢人就是因命而生憍慢，他又不是自己賺來的，但是家裡老爹就是有錢，又只有這麼一個獨子嘛！老爹有錢沒處花，反正幾百億錢財花不完嘛！由得他去花嘛！每個月給他一百萬去花，就這樣子，這個就是因命而生憍慢。當你行菩薩道時，看見眾生因色生憍慢、因命生憍慢，覺得眾生的生死輪迴將會永無了期，所以就生起悲心了。

「又見眾生為惡知識之所誑惑—故生親想，如六師等，是故生悲」：有時又看見眾生被惡知識所誑惑，被誑惑了以後還對惡知識生起親善之想、生起親人之想；這個事情，現在你到處去看，不都是這樣嗎？我們寫書出來說：「佛光山星雲大師不懂佛法，把生滅性的意識心當作眞如心來誤導眾生，大眾應該趕快遠離他的惡見！」結果佛光山還有一大票弟子就不高興，反過來指責我：「你蕭平實不該罵我師父！」還生氣起來對付我。不說遠的，說近的好了！我們年初不是有一批人跟著惡知識退轉了嗎？（編案：即是 2003 年初的楊榮燦先生……等人，詳見《眞假開悟、燈影……》等書之法義辨正）否定阿賴耶識的人就是惡知識嘛！結果那些跟過去的百餘人（此書出版時只剩下三十人），被誤導了以後還對惡知識起親善之想：「嘿！你看！這是我們最好的善知識欸！你看！這大善知識已經幫我證得更高的佛地眞如了。」其實是下墮而轉取離念靈知心啊！又回墮到意識心上。這其實是跟著去誹謗菩薩藏，不是增上修。

可是他們卻不知道實情，把那些惡知識，把那些否定正法的人當作善知識，還生起親善之想，所以我們不得不寫了《八、九識並存…等過失》出來，但還是救不過來；終於他們有信來質問法義了，我們就再寫《燈影》來救他們，我們就是這樣子做啊！其實我們也可以不必為他們而寫書，因爲法義對就是對，不對就是不對，經論俱在，都可以證明嘛！何必那麼辛苦寫那些書？《燈影》也寫了四百多頁，那也得要花很多時間欸！但是我看見那些人跟著惡知識走了，覺得他們應該被憫念、被救護：人家是有原因而走的，是私心不遂所以在事相上不滿而走人，所以就變成爲反對而反對，故意否定你的法；可是那些人不知私心不遂的內情而跟著楊先生走人，遠離了正法，可眞是冤枉啊！所以我們得要辛苦寫書救他們。

我現在公開講出來的話，一定會很快的傳過去，他們心想：「**老師說我走錯路了！**」這一講，看他們會不會痛定思痛，檢討自己是不是眞的被籠罩？他們跟著過去幫助人家破壞正法，還把惡知識當作大善知識，心中對惡知識特地生起親善之想，這眞是無明所罩啊！所以我們對這些人應該生起悲心，起了悲心以後就得繼續想辦法救他們回到正道來；那你又該怎麼做呢？那就再講《眞假開悟》，在電子報上連載；連載完了還要再連載《識蘊眞義》，要不斷地出書救他們；一直到他們及誤導眾生的惡知識都懂得懺悔謗法惡業了，才算全部救完欸！

至於他們未來如果懺悔的話，有沒有用？那已是另外一回事啦！至少那時他們已經懂得迴轉了嘛！因爲否定了義究竟正法的惡業很大，不是自己懺悔一下就結了、就完事了。否定正法以及幫助別人否定正法、破壞正法，並不是在佛像前懺悔就了結惡業了；是不是進一步在佛像前對首懺就可以了結呢？也不行！（對首懺就是面對一個人而說出來自己所造的惡業來懺悔），但是對首懺也是消不了謗法大惡業的。那麼對眾懺，行不行呢？當著大眾幾百人面前公開懺悔，這樣謗法的惡業就消了嗎？也不會消！因爲誹謗正法是犯十重戒——菩薩十重戒——在菩薩優婆塞戒來講，則是六重戒中的一戒；這不但要對眾懺，而且還要每天在佛像前繼續懺悔；而且要殷重懺悔——每天在佛像前懺悔到痛哭流涕；但這樣就能滅罪了嗎？還沒有！要到什麼時候才滅罪呢？要到見好相爲止！

誹謗了義而且究竟的正法，這是戒罪，不是性罪；所以只要懺悔到見好相時，罪就滅了，而且不需在來世受性罪的異熟果報。可是懺悔到能看見好相，需要多久時間呢、需要多麼誠懇的心呢？那可就不一定了！得要從心中把謗法的惡種子全部懺滅了、懺除了，佛才會在他面前示現好相啊！如果一個月見不到好相，就兩個月懺，每天痛哭流涕佛像前懺；但是先決條件是先要有對眾懺的懺悔，然後才每日在佛像前懺悔。兩個月不見好相，就三個月、四個月、半年、一年懺悔；一年不見，就十年懺，十年不見就得盡一生懺；一生懺而仍然不見好相，後果就很可憐了。

這種懺悔的事，得要像慈航法師座下一位弟子一樣，這位弟子出家以前當將軍，出家以後專心念佛，什麼名號我忘記了（有人說了一個名字），啊？是律航法師嗎？你們如果晚上聽到他在念佛的話，你會嚇死的！他是關起門來自己跪在佛像前念佛，他那個念佛，我把它叫做哭佛，他是對佛像一面大哭、一面大聲叫喚：「我懺悔在戰爭時殺死了許多人，我發願要去極樂世界啊！阿彌陀佛啊！你為什麼還不來帶我去啊！」他就這樣痛哭流涕的大聲喊著想念阿彌陀佛的；不知道的人還以為他是神經病，所以有位比丘尼嚇死了，以為他發神經了，不敢再與他共住修行。其實他不是精神有病！他是因為戰亂時當將軍，指揮作戰時不曉得殺過多少人？就怕落入地獄啊！他必須要去極樂世界，所以他就這樣念佛，像這種人就鐵定可以往生極樂啊！如果他不這樣念佛，最多就是下品往生嘛！痛心而至誠的懺悔，就可以成為中品下生或上品下生。像他這種世俗法中的惡業，都還要這樣子每天痛哭流涕的懺悔念佛，那麼誹謗正法、破壞正法的人，對眾懺就能了結嗎？每天佛前痛哭流涕懺悔就能了結嗎？當然不行！假使殺掉十萬個人，那個大惡業都還比不上講一句否定正法的言語，更何況他們還加上破和合僧、誹謗賢聖，不是只有謗法而已啊！這哪裡是對眾懺就能了結的？爲首的人以爲自己在家中佛像前懺一懺就解決了，哪能這樣解決？一直要懺到見好相才會滅罪的。可是，每天在家中佛像前漫不經心隨便念懺悔偈就能見好相嗎？沒那麼簡單啊！他們破壞了 世尊的正法，那是世間最大的惡業，不是殺人放火那種世間惡業可以相比的，在心意還沒有懺到清淨以前，即使 佛現好相，也是看不見的；得要到心裡的謗法惡種都懺滅了，才能看得見好相。

由這件事情，可以證明：惡知識是遍地都有的，尤其是末法時期。可是眾生不知這個道理，總是看表相，常常把惡知識當作大善知識，心中還「故生親想」——特地對惡知識生起親善之想——其實惡知識是正在誤導他落入大妄語業中，正是未悟言悟、未證謂證；或者誤導他去共同破壞正法（編案：有的惡知識因爲法義錯誤，就示意徒眾去收集平實老師的書籍燒毀，這就是惡知識誤導眾生共造破法大惡業的具體事證），可是眾生並不知道啊！還把害他成就惡業的惡知識當作是善知識，心中還對惡知識生起親想、善想。這就好像那些愚人跟著六師外道誹謗 世尊一樣，佛世有一群人跟著六師外道謗 佛， 佛去破斥了六師外道，六師外道不能生存，又跑到另外一個大城去，又開始大力謗 佛；謗過一段時間以後，追隨他們的人也多了， 佛又邁起步伐，又去那個大城摧破六師外道的邪見； 佛就這樣一個大城又一個大城，不斷的跟在六師外道後面一直破邪顯正，可是破到最後，也還是有一群人願意跟著六師外道而謗 佛，那些人是永遠都不信 佛的，眞是愚癡啊！那你對這些人應不應該生起悲心？每當你想起這些人未來世將承受的果報時，你難道沒有悲心嗎？難道能忍心不救嗎？

同理，當你看到那麼多人被印順法師誤導而成就破法重罪，看到那麼多人被錯悟的大師們誤導而成就大妄語罪，你想到他們未來世將承受的重大果報，你心中難道就沒有一點兒悲心嗎？不應該沒有吧？所以，救護他們的事情還得要繼續做，所以我們除了《眞假開悟》這個法義辨正連載完了以後，還要再連載《識蘊眞義》，我現在已經寫完五分之三了，還有五分之二還得要繼續寫；這都是因爲悲心，不得不去做！不然愚癡的人永遠都會對惡知識「故生親想」啊！那要怎麼救得了呢？你既然有悲心，也看見他們謗法毀法的事實，就應該發心救他們；如果不願發心挽救他們，那你就是沒有悲心；沒有悲心就不是菩薩，所以說菩薩從大悲中生。

【「又見衆生墮生有界，受諸苦惱猶故樂著，是故生悲。又見衆生造身口意不善惡業，多受苦果猶故樂著，是故生悲。又見衆生渴求五欲如渴飮鹹水，是故生悲。又見衆生雖欲求樂，不造樂因；雖不樂苦，喜造苦因；欲受天樂，不具足戒。是故生悲。」】

講記　菩薩又因爲看見眾生墮在「生有界」中而受種種苦惱，結果心中卻還貪愛喜樂「生有」的境界，眞是愚癡，所以菩薩生起悲心了！生有就是眾生有的簡稱，因爲凡是眾生都一定有出生與死亡，都有生有滅，所以眾生都只是暫時而有，所以叫做生有。可是生有也是相對於死有來說的，死有就是剛斷氣，心跳剛停止，但是眞相識阿賴耶還沒有捨離報身時，仍然有眞心與意根住在身中，還不能算是沒有生命的屍體，只是處在正死位中，所以就叫做死有。菩薩看見眾生落在還有命根的生有境界中，承受種種的苦惱，但是卻不知道自己正在受苦惱，所以發起悲心。

譬如常有學佛的人誤認離念靈知就是眞如心，這個其實也是生有啊！因爲離念靈知是有覺有知的意識心，既然是有覺有知的意識心，那就是生有，因爲還是落在識蘊之中啊！可是他們卻不知道意識離念靈知心正是生死輪迴的根本啊！他們妄想要用這個離念靈知心去住在妄想的無餘涅槃裡面。爲什麼說是「妄想的無餘涅槃」呢？因爲他們所認知的無餘涅槃就是覺知心一念不生的世間境界：死後把身體捨掉，留下覺知心一念不生。可是這並不是涅槃，佛法中沒有這種涅槃境界啊！如果要說有這種涅槃的話，那就只能叫作「外道涅槃」。可是這種外道涅槃不是眞的涅槃，因爲那是有生有滅的境界。菩薩看見一般的眾生以及佛門中學法的眾生，都落在生有的境界中受諸苦惱，當然會生起悲心。

爲什麼在這種境界中會受苦惱呢？因爲悟的是離念時的靈知心，當你指導他一句話：「你悟錯了！」他就氣起來：「我這個才對！」硬要與你諍辯啊！那他就受苦惱了嘛！只有悟得如來藏的人才不受苦惱啊！他再怎麼罵你，你都不會生氣啊！因爲你轉依如來藏了！如來藏從來不會起煩惱、起瞋，要這樣轉依啊！可是眾生不懂，你想指導他、救他回到正路重新參究，才有可能眞的悟入，才能遠離大妄語業，他卻認爲你是在剝奪他悟者的身分，認爲你是在與他相諍；他們落在生有之中，卻堅持是已證涅槃心，對生有所攝的離念靈知心繼續執著不捨，反而誣蔑你的善意爲謗法，反而誣蔑你是邪魔、是外道；這些眾生眞是愚癡，菩薩一定會因爲看清他們的愚癡本質而生起悲心。

「又見眾生造身口意不善惡業，多受苦果，猶故樂著，是故生悲」：菩薩們又看見有些眾生造作了身口意三業的種種不善惡業，因此而承受了許多的苦果，卻還在貪愛、喜樂、執著種種不善的身口意惡業，因此菩薩就爲眾生生起悲心。也許有人會說：「哪兒有？造了惡業、不善惡業，當然心中都會生起苦惱，怎麼會有樂著、貪愛？」不信的話，你們去觀察那些專門在作奸犯科的人，他們被抓進了監牢中關起來，每天放風時（放風，知道意思嗎？就是在白天會有一段時間，讓犯人離開牢房，到一個廣場中透透氣，這叫做放風。這是黑道的術語，你們聽不懂啊！）在放風時，就會幾個人在一起誇口：「嘿！我幹掉什麼人時，我是怎麼……的兇猛！」他們還津津樂道的說著，這不就是樂著嗎？所以實際上還是有人樂著於惡業的。有些人造了身口意的不善惡業以後還在心中樂著，甚至於還計劃：「我下一次出去時，還要再幹一票更大的。」這就是樂著啊！有的人剛剛保釋、假釋出來，當天就又幹惡業了，第二天又被捉進牢裡去了。像這種人，景氣好或不好，對他來講都無關啦！反正他永遠都有牢飯吃嘛！所以眞的有人樂著於身口意的種種不善業啊！

至於學佛人有時會造不善的身口意惡業，大約有二個原因、有二個緣去造惡業：第一種是因瞋故造，譬如爲了某一種觀念上的爭執——不是爲了貪任何財物而去造惡業——因爲不認同別人的看法而與人爭執，爭執到後來瞋心發起來就動手傷害了對方，這就是因瞋故造。第二種人是因癡故造，假使我現在要寫一本書叫做《如來藏是生滅法》，你們大家都來贊助我，有人也許說：「蕭老師要否定阿賴耶識，啊！我捐助一百萬。」也許有人說：「蕭老師否定阿賴耶識了，他以後在正覺同修會一定待不下去啦！那我就買下整棟給他來專門破斥阿賴耶識。」這些都叫作因癡故造惡業。

都是因爲愚癡，沒有智慧來判斷如來藏是不是生滅法？不知道阿賴耶識心體是本來而有的法，永遠不滅；所以想要幫助我來破壞如來藏——阿賴耶識——正法，這就成就了身口意的不善惡業嘛！這就是因癡故造惡業。造了這種惡業之後還不曉得是造惡業，還洋洋得意的說：「**我造了護持正法的大功德！**」不知這個「大功德」會使他下墮地獄受苦無量，他不知道，所以叫作因癡故造。

所以，學佛人也會造惡業的，但通常不會因貪故造，大多是因癡故造及因瞋故造的多。可是一般眾生大多是因貪故造惡業，菩薩看見眾生心中如渴求水一樣，想要追求安樂；可是他們以爲每日有五欲之樂的享受，就是眞正安樂；他們爲了要追求快樂而追逐五欲，不知道追求五欲樂時就好像極渴的人正在喝鹹水一樣，愈喝愈渴。有人在海裡漂流五、六天以後卻渴死了，那是因爲海水不能喝，而又沒有下雨讓他喝。醫學家說你喝一滴海水以後，得要有五滴淡水才能把你的渴除掉，海水是愈喝愈渴的；但是到了死前一天，不喝海水的話，一、二個小時就得死了，那時還是得要喝啊！至少要多拖一、二個鐘頭嘛！眾生也是一樣，渴求五欲如渴飲鹹水，不知道五欲愈求就愈下墮。

這有沒有現成的例子？有的！譬如藏密喇嘛們每天努力修習雙身法或單身手淫的第四喜樂觸覺受，全心全力追求淫樂的第四喜樂觸，可是他們不知道：證得第四喜的人就下墮得最深，證得初喜的人就下墮淺一點，遠離淫觸四種喜樂的人，就永遠不會下墮欲界境界中。所以在藏密中，雙身法證量愈高的喇嘛與法王，死後下墮就愈深。因爲這是五欲的鹹水嘛！你看見他們如此的愚癡：一心想要上升，卻是一直在造作下墮的身口意業。當然要生起悲心，設法救他們；那就得要趕快把《狂密與眞密》寫出來、印出來，趕快流通出去救他們啊！所以我們用賠本流通價來流通這四本書，就是這個原因。不但如此，在網站上也全部貼出去，讓眾生免費來讀，建立他們正確的知見，才會懂得遠離藏密的邪法。所以我們從來都沒有收取著作權費，著作權、版權都放棄，都是義務的寫作來救護學佛人，不是爲了賺錢，這也是因爲悲心的緣故。

「又見眾生雖欲求樂，不造樂因；雖不樂苦，喜造苦因；欲受天樂，不具足戒，是故生悲」：菩薩又看見眾生有三種現象——這三種現象在現代社會很平常、很普遍的存在——眾生想要追求永恆的快樂，可是卻不去造作未來能出生快樂善果的因，所造的業都是會引生未來世無量苦的因，以及會引生當時就受苦的因。譬如有人當公務員，可是很喜歡好的音響器材來聽音樂，追求百萬級的音響，可是花不起這錢，就在人民送來申請案子時加以刁難，申請人不得不送錢財來買通，他就拿這些不義之財去買一套百萬級的音響來享受。他想獲得快樂，卻不去造樂因，反而造了這種苦因，未來世就要承受許多的苦果。聰明人則是造樂因，修行布施；這一世沒有很多錢財，那就作一些布施，未來世很有錢了，要怎麼享受都可以；到那時，甚至都瞧不起人間的音樂了，去到欲界天，叫那五百天女唱歌給我聽（大家笑…），還有乾闥婆幫我彈琴，而且是身歷其境的身歷聲音響呢！這才是造樂因啊！

可是眾生沒有這個智慧，欲求快樂卻不肯造樂因，不樂苦結果卻偏偏喜歡造苦因，然後一天到晚抱怨：「我爲什麼生來這麼窮？五、六十歲了，還得向人租房子住！連公寓的一根柱子我都買不起！老天啊！我又沒有造什麼惡業！」怨天尤人啊！有的人可就惡向膽邊生：「我暗中殺人越貨也可以得到錢財啊！被抓到了算我倒楣，沒被抓到就算我賺到了！」爲了享受，就專門去偷車……等等；他們心中想要離開苦，結果卻是喜造苦因，衆生就是這麼愚癡。有人常常想：「我希望能生天享福。」可是他卻殺豬宰羊造惡業去拜天神，想求生天啊！他不肯去受具足戒、修清淨行，卻反而造作殺生的大惡業，怎能得到欲界天福呢？假使想要生天，去受菩薩戒也很好，受了菩薩戒而不犯戒的人，死後也可以生天啊！受聲聞戒也可以得到欲界天福而在死後生到欲天啊！受五戒呢？受持五戒不能生天啦！五戒不犯的人只能保住來世的人身啦！受五戒以後還要加修十善業，才能生到欲界六天中，受持五戒只能使你保住來世的人身。

可是衆生不是這樣想的：想要生天的人卻常常在殺生，殺生去拜神可以生天嗎？不行的！因爲生天是善果、是吉事，不該以惡業、兇事而生欲界天。至於一神教則是更愚癡，爲了生天堂而殺害異教徒，殺人是世俗法的最大惡業，殺人以後還能生天堂嗎？耶和華也保不了他們生天啊！只要他們殺了人，都得下地獄，耶和華保不了他們的，因爲這是性罪，耶和華口說可以上天堂，其實無力幫忙。所以衆生總是：「欲受天樂，不具足戒；

雖不樂苦，喜造苦因；雖欲求樂，不造樂因。」就是這麼愚癡啊！這些都是可以舉出例子來講的。你修菩薩行，看見了眾生這麼愚癡，難道不會生起悲心嗎？因此緣故，我們也讚歎很多法師居士出來講因果報應的道理；雖然只是講粗淺的因果，也是大好事。但是有一個前提：不可誹謗正法。如果他們誹謗了正法，我還得要救他呢！不能放過他啊！因為他們縱使造了無量的善業，後世的樂報都遠不及一句謗法惡業的大苦果啊！

【「又見眾生於無『我、我所』，生『我、我所』想，是故生悲。又見眾生無定有性，流轉五有，是故生悲。又見眾生畏生老死而更造作生老死業，是故生悲。又見眾生受身心苦而更造業，是故生悲。又見眾生愛別離苦而不斷愛，是故生悲。又見眾生處無明闇，不知熾然智慧燈明，是故生悲。又見眾生為煩惱火之所燒燃，而不能求三昧定水，是故生悲。又見眾生為五欲樂造無量惡，是故生悲。又見眾生知五欲苦、求之不息，譬如飢者食於毒飯，是故生悲。」】

講記 菩薩又因為看見了眾生在「無我、無我所」中，虛妄的產生了

「有我、有我所眞實常住」的錯誤想法，所以菩薩心中生起悲心。眾生對於「無我、無我所」的道理不能理解，不但眾生不能理解，乃至入了佛門而成爲大法師、大居士以後都還不能理解的；你們看現在大乘佛法流傳地區，有多少大法師、大居士寫書出來，動不動就說是開悟了，結果是悟個什麼呢？都是悟了個離念靈知，把意識覺知心安住在沒有語言妄想的境界中，就說是證得眞如心、證得法界實相，就宣稱已經證得無我法了，但其實仍然落在我見、常見之中，離念靈知正是意識我啊！其實連意根我在何處、如何運作的，都還不知道；事實上還是落在蘊處界我之中，而說已證無我，這就是把蘊處界我仍在的我見之我，當成已證無我法的境界了！離念靈知是緣生法，是會壞滅的法，所以他們還是落在我見中啊！還是沒有證得聲聞解脫道的無我境界；從大乘法來講，離念靈知也不是第八識常住我，而是第六意識無常性的生滅法，是虛妄無常的眾生我。可是大師們把那個無常的、不眞實的生滅我，當作是常住不滅的眞實我第八識，所以是「於無我之中生起我想」，當作是大乘經中所說的常住不壞我，和一般世俗法中未悟的眾生沒有差別。

至於「我所」，什麼叫作我所呢？就是「我所擁有」的一切法，譬如貪瞋癡慢疑等法，乃至我所享受的色塵境，我所擁有的聲塵境，我所擁有眷屬及名聲、財產等等，都是我所。我所都不是眞實不壞的常住法，爲什麼不是眞實常住的有？因爲這些我所都是由意識與意根所擁有的。於意識所領納的色塵境，聲、香、味、觸、法塵境，都是會壞的法，都會過去而無常住性的，都是時間分段而暫時擁有的，所以不是眞實常住不壞的法性。雖然我所都不是眞實有，但是眾生何曾知道呢？

又譬如外道涅槃，外道們認爲：「當我覺知心可以一直保持一念不生，死後就保持覺知心一念不生，就不再入胎了，就是無餘涅槃。」也有外道說：「我死後就常住在四禪定境中，這樣就不會再於三界中出生了，這就叫做涅槃。」也有人說：「我當下所住的境界就是涅槃境界，是常住不壞的。」但是這些外道的涅槃境界，都是外道的我所境界，都是死掉時就消失不見了，還是得再重新受生以後才能再現起這種覺知心的境界的，所以外道們都仍然在生死輪迴當中啊！

什麼是眞實的我所呢？菩薩所證的本來自性清淨涅槃境界，才是眞實不壞的我所境界啊！佛地所證的無住處涅槃、有餘、無餘涅槃，那才是眞實不壞的我所啊！可是眾生不能理解，把錯誤的、會壞滅的我所，當作眞實不壞的我所境界，所以把會壞的五陰的我，把會壞的我所諸法，當作眞實不壞的我、眞實不壞的我所。菩薩見到眾生有這樣的顚倒想，所以產生了悲心而想要救度眾生。

「又見眾生無定有性，流轉五有，是故生悲」：定有性的意思是說，如果生而爲人，就每一世都永遠當人，不會出生到畜生、餓鬼中去，這叫做定有性。如果生而爲天人，就永遠都是天人，這叫作定有性，也就是決定有畜生性、人性、天性而不改變其性。可是眾生不是「定有性」啊！行善的人生天，持五戒不犯者再生爲人，造作惡業則下墮餓鬼、畜生道，誹謗正法及賢聖，就落入地獄中，都因善惡業而有種種受生的不同，所以不是固定有某一種眾生性。爲什麼只說流轉五有而不是六有？是因爲卵胎濕化四種阿修羅，遍於五趣中生；所以人類之中也有阿修羅，天道中也有阿修羅，畜生道也有阿修羅，鬼道、地獄道也都有阿修羅，阿修羅是分佈於五道之中的，所以實際上是五趣。

眾生沒有固定的五有之性，有時生而爲人，有時生天享樂，有時下墮地獄受苦，都不一定，所以沒有固定三界有中的某一性：不可能永爲天人。既然是這樣流轉五有之中，不是很可憐嗎？假使生爲人或天人，可就還好；如果下墮三途，那不是很可憐嗎？既然不能永遠保住人身、天身，當你看見眾生這樣輪轉受苦而不知道要改變自己、往上提升，也不懂尋求解脫、親證佛菩提，眞是愚癡，菩薩看見這種現象，就爲眾生生起悲心了嘛！

「又見眾生畏生老死，而更造作生老死業，是故生悲」：菩薩又看見說，眾生害怕生、老、死，想要離開生老死的痛苦，結果卻反而去造作引起未來無量生老死的業行。譬如許多人煉外丹、煉內丹、崑崙仙宗、太乙仙宗等等修行人，他們練這些東西目的是爲了什麼？是希望免掉老與死，沒有老與死就不會有生的苦嘛！他們希望能永住人間而不會老，希望長生不死，可是他們造作的業卻常常是會引發生老死的業。以道家的呂仙祖來講好了，他在遇到黃龍禪師之前，是內丹成就的，能保住色身常住，可是仍然免不了生老死啊！當未來世界毀壞時，這個色身要放到哪裡去？還是要跟著世界壞滅的；其實不必等到世界壞了，災劫來時，譬如大火災來了，連大地都燒紅了，色身還能不壞嗎？當然都要壞掉了，那還是不能離開生老死啊！所幸他後來遇到黃龍禪師指點而證悟了，才能眞的離開生死。所以呂洞賓也是證悟的人，他被黃龍禪師度了，所以臺北木柵的仙公廟常常要講佛經、誦佛經，原因就在這裡。但是一般眾生知道鍊丹道的結果也是造生老死業嗎？他們不知道！他們還是會繼續去追求長生不死的生死業，菩薩看見眾生沒有智慧，心中就生起悲心來。黃龍禪師也是因爲這個緣故，所以才度化了呂仙祖啊！諸位也一樣，看到眾生愚癡無智時，都應該要生起悲心。

「又見眾生受身心苦，而更造業，是故生悲」：菩薩又因爲看見眾生在三界中受種種身體及心理上的苦痛，可是卻不懂得把原來所造的不善業加以消除，卻反而更造不善之業；可以見到的是他們將永遠不斷的受種種身心的痛苦，而沒有停止的時候；菩薩因爲看見眾生有這種無明的現象，所以生起了悲心而爲眾生修證佛菩提道。

「又見眾生愛別離苦而不斷愛，是故生悲」：菩薩又看見眾生在愛別離的痛苦之中，但是卻不知道自己正在領受愛別離的痛苦，不知要把眷屬、財物等貪愛捨斷，他不懂、也不能斷除這種貪愛，所以無可避免的要常常領受愛別離的痛苦；菩薩想學習佛菩提的智慧，其目的就是因為有了這個悲心，所以來修佛菩提，想要教導眾生離開愛別離的痛苦。

「又見眾生處無明闇，不知熾然智慧燈明，是故生悲」：又因為看見眾生往往處於無明黑暗之中，但卻不知道要把自己的智慧，像火焰一樣的熾燃起來，不懂得要把智慧燈點燃來照亮自己而得解脫，因為這個緣故，所以菩薩生起了悲心而修佛法。

「又見眾生為煩惱火之所燒燃，而不能求三昧定水，是故生悲」：菩薩又因為看見眾生被煩惱的大火所燒燃，可是卻不懂得要去尋求三昧定水來滅除煩惱火，因此菩薩為眾生生起了悲心。三昧定水，要稍微解釋一下；很多人誤以為與禪定相應的才叫做三昧，但其實不然！在這裡，三昧是講「定」——永不改易的決定性——這個決定是廣義的定，講的就是「決定心」或者「決定性」；他的心性決定而能永遠不再改變，也就是「忍」的意思啦！忍就是安住而不再變動的意思。所以三昧的定，這個三昧講的是包括世間定，也包括慧定，就是使心定於一境——定於一個智慧境界而不轉變——這叫做三昧定。因爲心得決定，不管是於定境中得決定、安住，或於某一種智慧現觀能決定、安住，都叫做三昧——定。眾生假使有了世間定或者三昧定，心中就可以解除煩惱火或降伏煩惱火，所以叫做三昧定水。菩薩看見眾生被煩惱火所燒燃，但是都不懂得要去求三昧定水來澆熄煩惱火，因此而生起悲心。

「又見眾生爲五欲樂造無量惡，是故生悲」：菩薩又看見眾生爲了五欲樂而造作無量的惡事，所以生起悲心想要救度眾生；五欲，不管是色聲香味觸，或者財色名食睡，都好像口渴的人在飲海水一樣，表面上看來是樂，其實爲了得到這一些無常的快樂，都要付出許多的代價；但是眾生不懂，更爲了求不到五欲之樂而去造無量的惡；菩薩看見了，因此生起悲心。

「又見眾生知五欲苦、求之不息，譬如飢者食於毒飯，是故生悲」：菩薩又看見有些眾生知道五欲其實是苦，但是卻無力止息欲望而求之不息；譬如外道修行者中，有許多人知道五欲的本身其實是苦，特別是已經證得初禪以上的外道，於初禪的定境中覺得三塵仍然是叢鬧之苦，使他們不能住於如實定，因此認爲是苦，有些外道具有這種正知見。不管他們有沒有證得禪定的境界，但他們知道五欲中的樂受其實是苦的根源，如果不是爲了追求五欲，不是爲了害怕五欲失去，心中就不會有痛苦；他們知道了這個道理，想要遠離，可是卻離不了，反而求之不息，因此看來就好像飢餓的人爲了解除飢餓，連有毒的飯都願意吃下肚裡去，無法遠離五欲的誘惑，所以菩薩爲眾生而生起了悲心。

【「又見衆生處在惡世遭値虐王，多受苦惱猶故放逸，是故生悲。又見衆生流轉八苦，不知斷除如是苦因，是故生悲。又見衆生飢渴寒熱不得自在，是故生悲。又見衆生毀犯禁戒，當受地獄、餓鬼、畜生，是故生悲。又見衆生色力壽命安隱辯才不得自在，是故生悲。」】

講記　有的菩薩是因爲看見眾生身處於惡劣的年代，而且遭遇到暴惡的君王，所謂的横徵暴斂等種種的不如意事；在惡王統治之下，百姓的日子是過得很苦惱的；雖然過得這麼苦惱，可是眾生都不懂得由這個苦惱而激發他的求道之心、解脫生死，卻又繼續的放逸其心而在五欲法中繼續造惡；菩薩就因爲看見眾生這麼沒智慧，因此生起悲心。

有的菩薩因爲看見眾生流轉於八苦（八苦是生、老、病、死、愛別離、怨憎會、求不得，以及這七苦匯歸爲五陰熾盛之苦），眾生不曉得這八種其實都是苦，有的人甚至樂在其中；所以你叫他學佛，他還不懂得要學，他認爲說：「我現在日子過得很快樂！」其實他每天在求錢財而求不得，正是一種苦，他卻繼續每天爲了求財而到處奔波，如果有一天給他賺到一千塊錢，他說：「哇！今天收入最好！」他就歡喜得不得了，卻不知道這個一千塊錢是一天的求不得苦累積下來才能得到，所以他根本不懂什麼是苦。可見眾生不知道苦的所在，也不知道苦的本質，這就是不懂得苦聖諦啦！他們是身在苦中不知苦，所以更不知道要怎麼樣去斷除這些苦因——他們不知道苦是爲什麼而生起的——所以菩薩因此生起了悲心。

有的菩薩又因爲看見眾生被飢餓、渴乏、寒冷乃至熱暑所困苦，沒有辦法得到自在，因此菩薩爲眾生生起了悲心。諸位住在台灣的日子很好過，有電、有冷氣機，家家戶戶都有，但是你們知道嗎？在河北的夏天，有時是攝氏四十度的高溫，他們又沒有冷氣機，那他們在夏天要怎麼禮佛做無相念佛的功夫？光是坐著沒事就已經滿身大汗了，還要禮佛做功夫，眞是很難啊！諸位想想，如果十二億人口，家家戶戶都有冷氣機，全都同時用起來，地球氣溫會增加幾度呢？所以諸位都是很有福報的人，生活無虞，環境也好，所學的法也妙，全都很好；可是大陸好多人千方百計想要來台灣，只爲了見我一面，可卻很難見得到，也眞是苦了他們。想要得法而得不到，接到我們寄過去的書，好歡喜！可是法的親證就好像遠在天邊一樣的得不到，偶爾有一、二個人有因緣觸證了，想要來台灣依止、往上進修，也很困難；所以聽說我們這裡已開始講《瑜伽師地論》了，對論中的法義很好奇，也很傷心自己聽不到。好奇的是《瑜伽師地論》那麼深，是用什麼註解來講？我說我不用註解——通常是不參考註解的——我就拿著論直接的講啊！我講《楞伽經》時也是拿著《楞伽經》經本直接講的啊！要什麼註解呢？所以他們那邊也是又喜又悲啦！不像諸位覺得稀鬆平常，每週可以見得到：這蕭平實沒啥啊！（大眾都笑）你們每週都見得到我，所以你們算是有福報啊！大陸的同修們可就沒辦法了！

福建省有人說，最近這一、二週天氣稍微涼了一點，沒像前些時候那麼熱了；他們白天帶著我的書去百貨公司讀，晚上再回家用功禮佛；河北的冬天，還會下雪呢！眞的是飢渴寒熱啦！大陸是不會飢渴啦！但是你去非洲看看，有好多人還是在飢渴之中的。大陸的天氣現在是熱，讓人不得自在；寒倒也還好啦！多穿衣服，大不了棉襖穿個兩件也就解決了。可就是這個熱，眞的難受！總不能把皮剝了求涼吧？除非裝了冷氣機；假使用不起冷氣機，就沒辦法了。菩薩看見了這種情形，心想：「**眾生好苦啊！如果能得解脫，這些不就可以免掉了嗎？**」因此而生悲。

菩薩又因爲看見眾生毀犯禁戒，未來世就得要受地獄、餓鬼、畜生之苦。佛把地獄、餓鬼、畜生三者合在一起講，是有原因的！佛說地獄罪受完之後並不是馬上回到人間來，得要再去餓鬼道受餓火中燒之苦楚多劫；餓鬼道的苦受完了，再去畜生道受人宰殺多劫；這些都屬於花報、餘報，不屬於正報，正報是地獄罪的苦受；但是正報完了，還有餓鬼、畜生等餘報。身爲餓鬼道眾生時，如果氣力不夠，看見某一個人「哈！呸！」吐了一口濃痰在地上，想要搶吃痰氣都搶不到，因爲餓鬼道眾生的福德是只有濃痰氣味才能吃得進肚子；當他們看見了水，水是不能喝的；清水在他們的境界是火熱的大火，他們無法喝；清水在天人看來則是琉璃，人看是水，餓鬼卻沒辦法用來解渴，所以他們只能吃濃痰；可是那一口痰，他們多數是搶不到的，得要在餓鬼道待久了，變成老資格了，大家尊重他了，他才有權力可以優先，所以一般的餓鬼眾生永遠都是餓火中燒。

餓鬼道的花報受完了，還要去當畜生；從被吃的畜生當到吃其餘畜生的畜生，最後當人的寵物，然後才能生到人間來當人；在餓鬼道與畜生道的時間是各有多劫的，甚至超過八萬大劫的也有。受過這些苦楚而回到人間以後，前五百世還得要生在邊地不聞佛法，而且五根不全、盲聾瘖啞，受人輕視；等到五百世的人間苦楚受完了，才可以生到中土，中土是指有佛教正法弘傳的地方；但是能生中土，對他們而言不見得是好事，因爲他們過去世因爲謗法而下地獄，謗法的種子尚未懺除，謗法的習性還在，初到中土時，如果聽到一般的二乘法就不會起謗，假使是聽到如來藏的妙法，乃至有人講種智可以修到地上果位的妙法，他聽了不信，又開始誹謗；捨壽後只得又回去地獄受苦，又重頭開始三惡道中至少百餘劫的苦楚。這樣的苦楚往復，不曉得要重複幾次，謗法習氣的種子才能滅除，所以眞是很可憐的人。菩薩看見了眾生一再重複的毀犯禁戒，一再的下墮受苦而難以改變習性，難道不生悲嗎？

你如果因此而生起了悲心，當然就要做些救護他們的事啊！應該把毀犯禁戒的後果告訴他們，也要把毀犯禁戒的內容告訴他們。他們聽了就懂得警惕，就不會再去毀犯了。至於毀犯禁戒的詳細內容，佛在後面就會說到，我們在這裡只先提示一下：修學佛法一定要膽大，但是更要心細，不能膽大而沒有心細；或者說自以爲心細，其實並沒有心細，那就會出大紕漏，只要一不小心，講一句不該講的話來否定如來藏、阿賴耶識，便成就毀犯禁戒的重戒了！毀犯禁戒，很多人以爲說：「**我受了十重戒，或者說我受了比丘戒、比丘尼戒，犯了邪淫或淫罪，就得下地獄。**」這個罪確實極重。可是比起謗法、謗賢聖的戒罪來，其實仍然不是極重罪！因爲犯了邪淫或淫罪，雖然也是下地獄，但不一定墮入無間地獄，因爲所犯戒罪、性罪的輕重，所墮的地獄也是差別不同的，大多是落入一般的地獄而不一定會下無間地獄。

但是公開弘法的人，往往只要講一句話就下無間地獄了，譬如有人謗說：「**阿賴耶識心體是生滅法。**」只要公開講這一句話就行了，無間地獄罪已經成就了，這比出家強姦婦女的邪淫罪都還要重，因爲強姦或殺人罪，不一定墮入無間地獄，只有五逆罪才會墮入無間地獄，但是殺人與強姦罪不一定會入無間地獄。所殺的人若不是父母、不是賢聖，不一定會下無間地獄的，可是弘法本來是善事，應該有大功德，卻因爲公開說了一句話：「**阿賴耶識心是生滅法！**」捨報後就下無間地獄去了！所以學佛人要有智慧：什麼是犯戒？什麼不是犯戒？什麼是弘法護法？什麼是毀壞正法？這個分際得要弄清楚，千萬要膽大心細，一定要拿捏得很好，才不會把毀法當作護法。就像上平居士與索達吉一樣，都把毀法當作是在護法，如果沒有人來提醒他們，他們將會一生都不知道要懺悔滅罪，那問題就很嚴重了；所以藉著法義辨正的事情，讓毀法者知道自己犯了無間地獄，才會懂得設法滅除他們的大罪，這正是我們要做的重要的工作。

菩薩又看見眾生於色身不得自在，氣力與威德力也不得自在，在安隱生活的事相上也不得自在，在辯才上面也不得自在，因此菩薩生起了悲心啦！眾生在色力、壽命、安隱和辯才上面不能自在，都是有原因的。近因就不說了，但是遠因是從哪裡來的？都是從往世排斥甚深法而來的，這就是遠因。有許多人恐懼甚深微妙正法，不敢修學；因爲恐懼的緣故，所以有時會勸阻別人去進修，這會導致未來世中有這許多種不自在的事相發生在他身上。色身上的不自在，主要原因是往世在世間法上不肯愛惜眾生，造作了一些傷害眾生的業，未來世色身上面就無法自在。威德力不自在，是因爲過去世虧負眾生或排斥正法，所以眾人嫌棄，在威德力上面就不得自在。壽命不自在而短命，是因爲過去世常有殺害眾生的業，或者常常幫助他人殺害眾生。安隱不得自在，是由於過去世對眾生欺詐，所以時時恐懼竊賊等五家要來奪取財物。辯才不得自在，是由於最近十百生以來常常排斥甚深法而不肯用心修學，所以辯才不得自在，因此對自己智慧的增長產生了障礙，不能證法，就沒有辯才自在的功德了。

關於辯才不得自在，在我們正覺同修會正式弘法之前，諸方大師們往往覺得自己是於辯才得自在的；但是我們正式弘法之後，他們各個都開始覺得辯才不得自在了。所以現在有一個現象出現了，就是有一些佛學院開始把印順法師規定的一個課程改掉了；印順法師設計的佛學院課程中，有一部論是古天竺小乘僧人安慧論師寫的《大乘廣五蘊論》；現在有些佛學院開始在改變了，有人已經把這部論廢棄而改講《八識規矩頌》，有的佛學院改爲《成唯識論》。《八識規矩頌》和《成唯識論》都破斥安慧論師的《大乘廣五蘊論》，所以昨天昭慧法師在電視臺上講：「有些佛學院不懂得印順導師對佛學院課程的設計，不懂《大乘廣五蘊論》排在課程中的道理，所以他們亂改課程，把《大乘廣五蘊論》改成《八識規矩頌》，有的改成《成唯識論》，都是不懂印順導師的思想。」她這樣子公開的抱怨。

我是昨天晚上十點多正在吃晚餐時，一面吃飯、一面看她在講什麼，我聽了以後，心想：「哎呀！原來我寫這一本《識蘊眞義》，寫得正是時候哩！」《識蘊眞義》專破《大乘廣五蘊論》，不是用我的觀點來破，而是用《成唯識論》與《唯識述記》所講的法義，是根據 玄奘菩薩與 窺基菩薩的觀點來破它。如果昭慧……等法師們眞的辯才自在，他們印順派的人就應該跳出來辨正法義！她們寫書也是很會寫的啊！她們也是常常在寫書流通的嘛！那就應該出書來破蕭平實的《楞伽經詳解》嘛！但是她（他）們爲什麼不敢寫書出來破斥？而只敢講些**場面話**呢？正因爲辯才不得自在嘛！可是他們辯才不得自在的原因在哪裡呢？都是因爲把微妙甚深的大乘法扭曲了，故意用二乘法的解脫道來替代大乘法的佛菩提道，都是因爲用二乘法的法理來解釋大乘法的名相，以二乘小法來取代了大乘妙法，所以在法理上就講不通了。又因爲在二乘解脫道及大乘佛菩提道上面都還沒有修證，所以在蕭平實沒有出來弘法以前，大家都不懂，他們就可以唬弄佛教界；今天有人說出他們錯誤的落處時，他們就無法自圓其說了，何況能辯才自在？

所以今天我們在書中，不管所講的是二乘法的解脫道，或是大乘法的佛菩提道，他們都無法駁斥啊！他們那些人一向很強勢，眼睛裡從來容不下一顆細砂子，但我今天把一個大石頭揉進他們眼睛裡，他們還是只能默然而不能寫書、寫文章回應，爲什麼會這樣呢？正因爲他們都是辯才不得自在。但是辯才並不是靠著口才好啊！我的口才其實不好，因爲小時常常被我二哥敲腦袋：「講話都不會講！」可是卻沒想到，後來破參出來，寫書、說法、做事，在佛教界都是驚天動地；沒有人敢做的事，我們把它做了，譬如破斥月溪法師及西藏密宗的邪謬；所以沒有人敢寫的書，我們敢寫出來而對外流通，譬如破斥印順法師對正法的嚴重曲解！這都是因爲辯才自在的緣故。

爲什麼今天我寫書比他們看我的書還快？他們讀我的書，一本還沒讀完，我的第二本書又印出來了，爲什麼會這樣呢？因爲法勝妙！法勝妙的關係，他們無法推翻，得要很用心的讀了再讀了，還是讀不懂，所以讀得很慢。大家想像不到，他們更想像不到，我三個多月時間就寫出一本《燈影》，一天半寫完《八九識並存的種種過失》一文，這是他們想像不出來的，但是我們爲什麼能這樣做？這就是辯才得自在！但是辯才得自在是從哪裡來的？是從無生法忍而來，無生法忍則是從深妙法來的。如果諸位你們今天破參了，破參之後一年，你們來反觀那一些大師們，看看他們所說的、所寫的，你們都會啞然失笑啊！啞然失笑就是說笑不出聲音來啦！但還是會笑。笑不出聲音是表示：你不是快樂的笑嘛！而是覺得佛教界眞的很悲哀，竟然有這種人在領導現代的佛教界！所以就只有苦笑啦！

在末法時代的今天，連名聞全球的大師們都這樣了，那麼跟著學的那些學人們又該怎麼辦呢？可想而知：眞的很悲哀。你爲他們覺得悲哀，應該要怎麼辦？要救他們啊！那些大師們如果不肯被你救，你就救不了跟隨他們的學人，那你應該怎麼辦呢？那就要學共產黨那一招：以鄉村包圍城市。所以諸位要把正法書籍到處去放一點，一次不要放太多，免得被大法師們指使徒眾收去燒掉，但是要常常到處去放一本、二本，可以讓大家漸漸的知道大師們以外道法取代正法的事實，也可以因此提升了佛教界學人的佛法知見水準。經過十年、二十年，當佛教界的輿論形成了：**「印順的法是邪法，是無因論、斷見法；你們佛學院如果再教印順的法，我就不去讀你們的佛學院！」**當這個輿論形成時，他們就不得不改變教材了！這就是我們大家今天要做的事。

但是還要拜託諸位一件事：在外面放書時，不管你以什麼書為主，希望加上兩種書：《佛教之危機》、《學佛之心態》，每一種各放一本。因為很多學佛人還不知道現代台灣佛教界之眞相，所以繼續走向歧路。現在大陸有許多人很希望我們把《佛教之危機》多寄一些過去，他們希望大家都能瞭解佛教今天的危機所在，想要做補救。除了這樣以外，還得要提升廣大淨土行者的層次；我們原來有一本《禪淨圓融》，現在要增加孫老師的《淨土聖道》；這本書我們把它放在正智出版社出版，因為有另外的考量，所以必須這樣做，但是會由同修會向出版社便宜的買過來贈送給諸位，也請諸位再把它拿到外面去擺放，因爲我們出版社及同修會出書的目的不在賺錢。但是必須要放在出版社出版，……才能利益佛教界中人數最多的淨土行者。也因爲……所以必須在正智出版社來出版。

言歸正傳，在佛法上面要能深入去證解，發起勝妙的般若實相智慧以後，你才能有辯才上的自在；有了辯才自在，你就有法上的大威德了。所以我不必氣力大，但是諸方大師如果接到我的信，知道我要去拜訪他，大概腳底都會涼，十之八九都會藉故推辭不見。爲什麼呢？因爲我有法上的大威德嘛！所以以往我們求見某某人，某某人卻不敢見我，推說：「我沒時間！」原因就是在這裡，這就是從法的實證上得到了威德力。那諸位破參以後，把經典讀上一年，把我寫的書也讀上一年，你再來看所有善知識們的書，你就會看清楚他們的落處與層次，會了知他們與你的差距有多大！那以後你見到大師們，你還會有恐懼之心嗎？不會有了嘛！因爲你一開口他就聽不懂，又怎能與你說話呢？

所以，既然有緣來到正覺同修會，你就要好好在法上用功，未來可以在法上得自在。這不是說叫你在同修會中「於法得自在」，因為同修會裡高人很多嘛！你想要在會中自在，很難啊！但是破參明心以後出去會外，到任何道場時都是於法上得自在，這是我們會員入會以後所要達成的基本的目標，這就是我們能利益諸位的地方。出去會外可以於法自在了，接下來再進修，一步一步往上走，提升實相智慧的層次；我們不像古來多數的道場，只要明心開悟了，就派出去開山當祖師了；但在我們同修會中，悟了以後還只是個小老弟，還不夠資格當開山祖師的，所以悟了以後還沒辦法當親教師，還要先當義工、再當助教，然後才出來當親教師，不是馬上就可以當開山祖師的。未來你們到了這個地步，看見眾生色力、壽命、安隱、辯才俱皆不得自在，當然你會生起悲心啊！生起悲心了，當然就要去救度他們啊！至於救度的方法，就得衡量自己的力量了，這樣一步一步的做下去。接下來　佛又說：

【「又見眾生諸根不具，是故生悲。又見眾生生於邊地不修善法，是故生悲。又見眾生處飢饉世，身體羸瘦互相劫奪，是故生悲。又見眾生處

刀兵劫，更相殘害惡心增盛，當受無量苦報之果，是故生悲。又見衆生值佛出世，聞說甘露淨法不能受持，是故生悲。又見衆生信邪惡友，終不追從善知識教，是故生悲。又見衆生多有財寶不能捨施，是故生悲。又見衆生耕田種作商賈販賣，一切皆苦，是故生悲。又見衆生父母、兄弟、妻子、奴婢、眷屬、宗室，不相愛念，是故生悲。」】

講記　有的菩薩又因爲看見眾生五根不具足，生活就很慘澹，因此生起悲心。五根不具足的人，盲聾瘖啞，大多是過去世謗法的地獄罪等所剩下來的花報。當五根不具足時，就會使他的意識功能降低，求生時也會增加困難度。有的人說：「**我們很少看見五根不具的人啊！**」但是，其實你是常常看見而不知道。五根不具，經上講的有兩種意思：第一是五扶塵根的不具足，另外一種是勝義根的不具足。扶塵根的不具足是說色身的五根不具足，譬如眼睛異樣、殘障，或者耳朵殘障……等等，所以使眼根、耳根……等不能正常運作，這是指五扶塵根的不具足。

但是，請問諸位：**大猩猩健康得很，牠們五根具不具足？**（大眾回答：不具足。）是不具足啊！爲什麼不具足呢？因爲不能說話嘛！這就是舌根不具足啦！但是舌根的不具足，並不在於舌頭啊！而是在勝義根的問題！猩猩與人類嬰兒剛出生時，所學的種種法都一樣快，但是過了一歲半、兩歲以後，二者就開始不同了，人類的嬰兒學習力開始快起來，猩猩則維持著原來的緩慢速度，爲什麼會這樣呢？這是因爲牠的勝義根不具足。牠有嘴巴、有牙齒、有舌頭，牠的舌頭和人類一樣都能做很多種動作，偏偏就不能說話，正是因爲牠舌根的勝義根有缺陷。同理，牠其餘的四根也是一樣；人類在與牠一樣的年紀時，已能理解很多的事，牠卻無法理解。大猩猩經過人類的訓練，最多就只能對一、二百種的事情有所理解，超過了就沒辦法理解；但是人類卻可以，這表示說牠五根的勝義根是有缺陷的。

人類之中也是有這種現象存在的，有的人生來智慧增長就是很慢，叫作遲緩兒，這也是五根不具足的一種啊！他們的眼根、耳根、鼻根、舌根、身根都好好的，就只是世間法上的學習很慢，這就是五根不具的人啊！又譬如有人雖然五根都正常，可是他在世間法上的學習一直都很慢，他去補習班補習，卻一直無法畢業，因爲他就是沒有辦法學那個東西，一般人都能學的，他卻總是學不起來，這就是五根不具。這樣來看諸根不具的話，其實很多人都是諸根不具的。可是爲什麼會有諸根不具的困苦呢？都是過去世謗法所留下來的餘報啦！這不是傷害眾生而導致的五色根缺陷，而是在勝義根上的問題，所以都是在過去佛時謗佛、謗法的事引生的啦！這都是過去許多佛以前的事啦！因此，謗佛或謗法，都是很嚴重的事。

但是眾生在諸根不具時，卻不知道諸根不具的緣由是什麼？總是怨天尤人。父母也不懂因果，他們養到這種孩子大多是共業，卻老是怨天尤人：「**老天對我們眞不公平，爲什麼讓我生了這樣的兒子？**」其實都是往世的共業而造成的，都是自作自受，所以都不該怨、不要怪，好好去補救往世的惡業，從今世起，好好的改往修來就是了。菩薩因爲看見這些人諸根不具，卻不懂得補救，還常常怨天尤人，還一直覺得社會虧欠他們，還一直對社會做更多的索求，眞沒智慧，所以菩薩就生起了悲心而想要救度他們。

有的菩薩又看見眾生生在邊地——就是生在沒有佛法的地方——聽不到佛法，卻又不懂得修善法，將會導致他們生生世世輪轉惡處受苦無量，所以生起了悲心。諸位看看哪裡是邊地啊？非洲也是邊地啊！美國也是邊地啊！歐洲也是邊地啊！哪裡才是中國呢？台灣正是「中國」！現在的大陸，在佛法中算是「中國」的邊疆了！因爲他們現在還聽不到了義的正法啊！再過十五年以後，大陸才會漸漸的開始成爲佛法所說的「中國」，可是最快也還要十五年。五十年後的台灣，卻將成爲佛法「中國」的邊地了，因爲那時大家都將往生到中國大陸去了，佛法的重心已經轉移到大陸去了。但這是有大前提的：如果我們沒有努力去做，如果我們正覺同修會一直都閉關自守，不肯對大陸佛弟子伸出正法之手，大陸十五年後將仍然是佛法上的邊疆——「佛法中國」裡的邊疆。所以，生在佛法所講的中國，並不容易啊！你們看啊：非洲的索馬利亞……等國家，現在仍然是常常在打仗，就有人趁著戰火而打家劫舍啊！這就是因爲往世不修善法而生於邊地。你們看了不會生起悲憫之心呢？（大眾回答：會！）一定會嘛！

有的菩薩又因爲看見眾生出生在飢饉的年代，所以有了許多的苦難，因此就生起悲心啊！台灣是已經很久沒有鬧過飢荒了，所以大家已經不知道苦旱的威力。以前臺灣苦旱時，都是吃地瓜乾啊！泡鹽水吃，很難吃的啊！你們吃過嗎？都沒吃過啦！你們太好命了啦！索馬利亞那些孩子們，他們在地上一顆一顆的撿穀粒；有時美援、台援的米粒掉到地上，他們就拿著鐵罐子，一顆一顆去撿拾，這就是處於飢饉之世啊！你看他們身體羸瘦，排骨一根一根浮現，都是皮包骨啊！肚子中都是積水膨脹，你說苦不苦呢？這已經夠苦了，可是官方與叛亂者卻還要互相戰爭，民眾卻還要互相劫奪；還有人晚上趁著人家睡著了，把人家白天撿來的那幾公克的米也給偷了。像這樣悽慘的果報，你看見了，能不生起悲憫之心嗎？

有的菩薩又因爲看見眾生處於刀兵劫中，卻仍然更（更字讀作經）相殘害、惡心諍勝，這一些惡眾生，當然未來世要受無量苦報的惡果啊！刀兵劫，諸位沒有遇見，不曉得它的厲害啊！這比現代的戰爭更厲害的，當刀兵劫到來時，可能是人類很衰弱的緣故吧！蘆葦折下一根來都可以戳死人，樹枝摘下一根來都可以砍死人；業力就是這樣不能想像，殺人不一定得用刀子啊！這就是刀兵劫！刀兵劫都屬於大劫裡的中劫，而且是中劫裡面的小劫中的災劫。在一個小劫中就會有很多種的災劫，飢饉劫、刀兵劫都屬於一小劫中的災劫。如今也還有疾疫劫，所以有流行性的傳染病；如果不是現在醫學常識和醫藥很發達，去年 SARS（非典型肺炎）將會死掉幾百萬人啊！在古時，譬如出現在三、四百年前，可能要死掉幾百萬人的。

所以今天大家算是有福報，逃過了疾疫劫；但是刀兵劫來時沒地方逃，只有跑到深山無人的地方躲起來。但是眾生不知道這都是往世的惡業招感來的，所以在刀兵劫來臨時，卻仍然一再的互相殘害，這些人當然未來世就得要再受無量苦報，菩薩見到眾生的愚癡果報，當然會生起悲心來。

有的菩薩又因爲看見眾生有福氣，親自遇見了 佛陀示現在人間；可是當他們聽到 佛陀宣說甘露法時卻無法受持，這事情是很常見的。有一件事情，是很多人讀經時，都沒有注意到的，一讀就過去了，對於 佛說法時語句中的眞義不能領受，所以無法得到受用，菩薩爲此而生起悲心來。

你們讀阿含或大乘經時，經中常常會紀錄到一個事相：有的人來聽經時，見了 佛就向 佛頭面接足禮，然後在 佛前坐下；有人是來到 佛前，頭面接足禮之後還問訊說：**「少病少惱否？身心輕利否？遊步康強否？眾生易度否？」**然後才坐下聽經。有人是遠遠的向 佛陀禮拜後就坐下了，有人是遠遠的向 佛陀彎腰作禮後就坐下了，有人見了 佛陀之後是合掌問訊而坐，有人則是遠遠的向佛陀稽首——點頭——就直接坐下了，還有一種人來見了 佛陀時既不點頭、也不彎腰示敬就直接坐下了。經中會說到

這些人見了 佛陀時的種種不同，代表著什麼意義呢？這意思是：後面這二、三種人，如果是講簡單的人天善法，譬如布施得福報的因果、造惡就會下墮三途……等世間相，他們會信受；又譬如說供養僧寶是大福田，得來世生天果報……等等，他們會信受；假使爲他們講一點表相上的二乘解脫法，他們也會信受，但是若講到涅槃、無我、無我所，他們就信不過了。

譬如說涅槃就是十八界滅盡，完全無我的境界，他們就懷疑了，這類人就是聞說甘露淨法而不能受持的人。如果連二乘涅槃都不信了，假使再講本來自性清淨涅槃的如來藏法，那就更不相信了！所以我們早期《邪見與佛法》出版時，有好多人不相信書中的法義；因爲他們被印證開悟了，都是要用離念靈知心在死時進入無餘涅槃中如如不動的；可是我們書中說離念靈知心也要滅掉才能入涅槃，入涅槃時其實也沒有人入無餘涅槃；乃至阿羅漢都入不了無餘涅槃，因爲十八界滅盡了以後，還能有誰進入無餘涅槃中？沒有人入涅槃才是眞正的入涅槃；所以就套句《金剛經》的公式：「所謂涅槃，即非涅槃，是名涅槃；所謂入涅槃，即非入涅槃，是名入涅槃。」當初許多人讀到我的《邪見與佛法》時，不肯信受，就開罵了。但是今天大家終於信受了！那表示他們的佛法知見水準有提昇上來了！

所以，即使是二乘較淺的涅槃甘露法也不見得人人都能信受，更何況是大乘般若的無上微妙甚深法義？　佛所說的二種甘露法門：一個是二乘的解脫道甘露，另一個是大乘的佛菩提道甘露。後面二、三種人，遠遠地見了　佛就點頭坐下的人們，他們與　佛、與法的緣比較淺，所以都無法受持，只能受持較粗淺的佛法，那就是愚癡無明的緣故。菩薩看見眾生親自遇見了諸佛，諸佛親自開示了甘露法，結果眾生竟然有那麼多人不能受持，當然要生起悲憫心啦！諸位看見這種人，也一定會有悲心的。可是你們知道嗎？無量世以前，你們也是這樣被人家悲憫過的欸！因爲每個人的成佛之道都會經過這個階段，每一個人在無量劫前剛開始修學佛菩提道時，都是先從還沒有發起菩薩性的境界中開始的。還在沒有菩薩性的時節，當人家第一次介紹：「現在有佛降生於人間，我們一起去聽經好不好？」「好！去！」去了以後對佛還沒有具足信心，就只是點個頭，直接就坐下了啊！那時佛如果說到解脫的境界、涅槃的境界時，可就聽不進去了呀！心想：「那麼深，又得把我滅除掉，這個我聽不進去啦！」聽完經，下回不來了。你們走過那個過程，我比你們更早走過那個過程，每一個人都經過的。但是你從現在明心後的證量，或者有人見性了，乃至有種智後的證量來看，這一些眾生親自遇見了諸佛時，那是多麼珍貴的事：「**佛出世間猶如優曇鉢華，時乃一見。**」不是常常看得見佛的，是這一時或那一時才能看得見，可是眾生親自遇見了，竟然不能受持佛開示的甘露淨法，那你當然會生起悲心：「**眾生多麼愚癡啊！好可憐啊！**」

有的菩薩又因爲看見眾生相信邪惡友，不論邪惡友說出什麼邪理，他們都相信；但始終不肯追隨、順從眞善知識的教導，這就叫作愚癡！前面講的是惡知識，是亂說法的人，這裡則是講邪惡友。爲什麼叫作邪惡呢？因爲這種人有自己的盤算，心術不正，就叫做邪惡友。他心中有自己的盤算，可是因爲盤算不能達成，就故意去誤導別人，故意拉攏一些人跟著他去做他所希望的事。有的眾生就是沒有智慧，自己的心意並沒有偏差，但是因爲沒有智慧去做揀擇，就只能相信邪惡之友的謊言，就無法追隨、順從善知識的教導。有許多人眞的不懂得觀察什麼人是邪惡友，心中總是想說：「**人家每天對我都很客氣，每天對我都很和氣，每天見了我都笑瞇瞇**

的，每一次見了我都會鼓勵我，都會送我一點小禮物，這一定是好人。邪惡友應該都是一臉橫肉嘛！」他是這樣想的，這叫作沒智慧，因為邪惡友一定不會一臉橫肉給你看見，一定是以慈悲相來示現給你看的。

以三國的事相來講吧！莽張飛不是邪惡友，他是善友；但是曹操長得很斯文，白白淨淨的，可是心機特重，初見面不知道的人，就會把曹操當作善友，把莽張飛當作惡友。雖然張飛講話粗魯，心卻是直的，不會故意害人啊！但是曹操白白淨淨的，講話很斯文，又擅於造詩作偈，很有文人雅士的味道，但是跟在他身邊可是很危險的。邪惡友就像魔鬼一樣很會掩飾自己，天魔波旬化現出來時一定是長得很莊嚴、很俊俏、很斯文，絕對不會示現獠牙長角的嚇人法相。但是很多人沒有智慧去分別這個道理，所以會相信表面慈眉善目的邪惡友，那就永遠無法追隨善知識，永遠無法順從善知識的教導，菩薩看見這些人如此的愚癡，當然會生起悲心嘛！

有的菩薩又因為看見某些眾生財寶很多、資財廣大，可是卻一毛不拔，從來都不肯布施，覺得很愚癡。這種人你們沒見過嗎？我相信很多人見過了，我也遇見過啊！我學佛以前有一位朋友開紡織廠，一貫作業，從撚紗開始到紡織、針織完成，看來是很有錢的人。二十年前，台灣小姐選美大會的一張門票是台幣兩萬五，他面不改色的買了去觀賞；那時我初學，在法鼓山時也兼任勸募會員，我說：「請你贊助贊助善事吧！」他說：「好啦！我一次給你啦！不必麻煩你每個月來收啦！」我說：「好啊！好啊！」我心裡好歡喜：「啊！一次都給了，眞好！」心想一定是好幾萬元！結果拿出來是多少錢呢？一千塊錢！（大眾都笑）大老闆欸！一千塊錢！這就是多有財寶而不能捨施的人啊！你看見這種人時，就知道他們未來世的福報會如何了？就已經看清楚了嘛！你從這個布施的因果上面，已經可以斷定他未來世的福報如何了。從這些事相上來觀察，從微細的地方觀察，就可以看見一個人未來世的福報了。這些道理，《優婆塞戒經》講到後面時，漸漸的都會告訴諸位。菩薩看見這種人時，一定會心生憐憫而發菩提心，希望將來有智慧來救度這些人。

有的菩薩又因爲看見眾生爲了謀生，所以在田裡耕作種稻，或者種植各種植物，或者經商做生意——「賈」就是生意人——或者販賣種種物品，這一切謀生之事都是痛苦的，但是眾生卻不知其苦，菩薩因此而生悲心。

有哪一件謀生之事不辛苦呢？生在台灣可眞是福氣，大家吃白米飯時都不覺得有什麼珍貴，不小心把一碗白米飯掉在地上了，撿起來不是裝回來碗裡吃，而是直接丟進垃圾桶。在我們小時候無法想像會有這樣的事，但是，諸位常常聽到人家吟唱古時的詩歌：「誰知盤中飧，粒粒皆辛苦。」種植確實很辛苦的，不信的話？你去陽明山租個農圃，每週上山一次種植就嫌苦了，更不要說每天要去照顧一大片的田地。經商……等也都一樣，都很辛苦的，甚至半夜都還沒辦法睡覺的，所以一切皆苦啊！可是眾生卻樂在其中，然後再來苦中作樂，這就是眾生嘛！你看了這個現象，難道不爲眾生們生起悲憫之心嗎？所以菩薩爲此而產生了悲心。

有的菩薩又因爲看見眾生常有這種現象：父母兄弟妻子奴婢眷屬宗祠之間，往往不肯互相愛念；本來父母與子女是應該要互相眷顧、互相愛護、互相疼惜的，但是常常有父母虐待年紀小的子女，或是子女虐待年老的父母，甚至有子女和父母打起架來。有時富人畜養許多男奴與婢女，卻與奴、婢們不肯互相愛惜顧念，奴、婢死了幾個人，這富人也不覺得心痛，只是覺得財產中的奴婢又少了一些。但是眷屬之間本來就應該互相都有一份情誼在，可是他們都沒有情誼；因爲過去世結了怨，這一世緣具足了，相聚頭了，又加上互相都只在個人利益上思量，才會有這種互相冷漠的情形；這種情形往往會一世又一世的重演，所以菩薩看見了就想：「這些人過去世造了傷害對方的惡業，這一世還繼續造同樣的惡業，還不懂得要互相愛念，眞愚癡！」所以生起了悲心，想要救度他們。

【「善男子！有智之人，應觀非想非非想處所有定樂，如地獄苦，一切衆生等共有之，是故生悲。善男子！未得道時，作如是觀，是名爲悲。若得道已，即名大悲。」】

講記　佛說了以上菩薩生悲的種種因緣以後，就開示說：「有智慧的人們，都應該去觀察，即使修得四空定中的三界最高禪定境界——證得非想非非想處了——在那裡面的禪定快樂其實也是猶如地獄的苦一般，一切衆生平等的共同都有這種苦，所以菩薩因此而生起了悲心啦！善男子啊！還沒有得道之時，能這樣子觀察，就稱爲悲心；如果是已經成就佛道之後，這樣子觀察的話就叫作大悲。」

這裡開示三個題目：非想非非想處所擁有的定樂是什麼樂？也開示說，非非想定的定樂也是苦，又說一切眾生「等共有之」。

非想非非想定的快樂，諸位可能會想——在沒有證得初禪、二禪之前都會有錯誤的想法——都會以爲說：「**非想非非想定中一定是心情非常快樂、非常愉快的！**」錯了！它的樂並不在這上面。在初禪之中，胸腔有身樂：初期是粗的身觸快樂，後期是微細的身觸快樂。二禪中捨掉這個樂，心得安住，離於五塵，所以定生喜樂，由定而產生心情上的喜樂；三禪則是離喜妙樂，是重新再發起身樂，這個身樂比初禪的後期身樂更微細，而且定心比以前更堅固，所以是身心俱樂；這是三界中的至樂，這是從世俗法來說。但是到第四禪時，連極微細的念都捨了，一切身樂心樂也全部捨棄了；因爲有樂就是苦嘛！爲什麼呢？因爲潛意識中總是打量著：「我如果沒有每天打坐進入這個定境，我這快樂何時會失去、會退失呢？」這就是苦嘛！所以他就想要離開這個苦，可是這個苦要怎麼離呢？只要把快樂丟棄就沒有苦了嘛！我捨棄了這個境界以後就沒有恐懼喪失快樂境界的苦了嘛！所以就捨掉三禪快樂的境界而進入四禪。

然後再轉進，進入四空定時都已是純意識心境界而不與五識相應了。到無所有處定：是把空無邊處定的境界捨了，進入識無邊處，接著再把識無邊處定的境界也捨了，一切都無所有，只剩下覺知心自己的存在。但這樣就是眞正的樂、究竟的禪定嗎？不然！因爲自己還能了知定境的眞實存在嘛！可是這個定境什麼時候會退失呢？還是不知道！那該怎麼辦？怕失掉定境的修證，正好就是苦啊！想要除掉這個苦就得把這個定境給捨了；可是究竟該怎麼捨呢？不應該是退轉而捨，而是要轉進而捨；轉進就是把自己這個覺知心安住下來，根本就不去管有沒有定境存在，根本不去管自己在不在定境中，對自己是否住在定境中的事情完全不加以了知，也不了知自己是否還存在，也就是把想滅除；想就是了知性，不是指語言文字妄想的想；這樣就進入非想非非想定中，就不知道有自己存在，也不知道還有沒有了知性繼續存在。修證層次最高的外道會以爲這就是涅槃，那他就覺得這樣很安隱啊！他就認爲這樣就是涅槃的境界了；因爲認爲是無餘涅槃的境界，誤以爲自己已經解脫生死繫縛了，所以就住在非想非非想處的定中，出定以後就覺得很快樂啊！所以他在非非想定中並沒有身體覺觸的樂，也沒有意識心的樂，只是因爲安隱，所以出定以後很快樂，這就是非非想處定樂的定義。

但是定樂爲什麼猶如地獄之苦？先看這一段開示前的一句說「有智之人」：換句話說，如果不是有智之人，就不知道定樂也是像地獄的苦一樣，所以當觀非非想定之樂如地獄苦。爲什麼呢？當你一直往上進修，修到非非想處時，捨報後當然會往生到非非想天嘛！在那邊住上八萬大劫——如果你長壽不夭折——夭折的話可能只有四萬大劫乃至一萬大劫，捨壽之後還是下墮到人間或三途之中；但是從天上下來時，表示往世修善應該享有的那些福報都已享盡了；依照《瑜伽師地論》所說，剩下的將只是過去世所有的小惡業；若是大惡業，一定會捨壽後就報；現在剩下許許多多的小惡業種子在心田中，還沒有受報；現在非非想天報盡了，這些小惡業種子的緣就成熟了，因爲他沒有別的較大善業種子了，善業種子都報盡了，剩下這很多的小惡業緣熟要受報了，當然無法再回到人間，這時就得受生到三惡道去了！假使小惡業很多，加上心性吝嗇，就得要生到餓鬼道受報，報盡再來畜生道受報，這就是生到非想非非想天後最可能的果報。

所以證得非非想定時可別高興，要懂得迴向再生人間繼續進修佛法，下一世還得要繼續再修集福報，要保持你的福報永遠比以往逐次累積下來的小惡業還要大，那麼眾多小惡業的果報就不會緣熟。如此世世把福業一直修下去，福業愈來愈大，那些小惡業永遠沒有機會報啦！等到未來世你很有福報：「沒關係！小惡業的果報一起來，我全部還！」就好像大富翁還許多的小債一樣輕而易舉，永遠不會像武俠小說講的「一文錢逼死英雄漢」的事情了。懂得這個道理，就不會生到非非想天而在非非想天報盡時受到三惡道的苦報；如果不懂這個道理，就會以爲非非想定是眞實樂，可是心樂非非想天的境界相而往生到那裡去，以後也有可能受到地獄報；因爲往世所造的地獄業被非非想定的更大福德所遮蓋，而出生到非非想天去；但是非非想天的福報受盡之後，還是得受報而下地獄的；所以有智慧的人看待非非想天的果實猶如地獄之苦；愚癡人看不出這個道理，只是因爲地獄苦的種子還沒有現前而已。

佛憐憫鬱頭藍弗外道，正是因爲這個緣故。悉達多太子出家後禮拜過很多師父學法，最後一位師父教導非非想定的修證。佛陀憐憫他而不憐憫提婆達多，因爲提婆達多雖下地獄，將來會很快成佛，但是鬱頭藍弗現在正在非非想天享受安隱之樂，可是非非想天的福果享完之後就要下地獄受苦了。所以有智之人觀察非想非非想處定的快樂猶如地獄之苦。因爲一切定境都是落在識陰的顛倒微細精想境界之中，而且也不曾離開意識心的行陰幽隱妄想，一定會落在這裡。這一種境界一切眾生都有。也許你會抗議說：「哪兒有？我現在也沒有證得四空定，怎會有這種意識行陰幽隱妄想？更何況是非非想定中的意識顛倒微細精想？」但我告訴你：四空定的境界本來就在你身心中，只是你不知道而已！但是要怎麼樣顯出四空定的境界來呢？要把其餘的東西丟掉！把障礙它顯現出來的雜染都丟掉！

這就好像一杯又濃又濁的混有泥巴及鹽巴的水，你不能說水不在裡面啊！水是本來就在其中的，你只要把那些雜質過濾掉，就顯出那一杯清淨的水質了；同理，如果你能有禪定的經驗，也有人教導的話，其實是可以確認自己身上也是有非非想定的境界存在著，只是因爲被貪染……等心法遮蓋、影響，所以這個定的境界不能現前，所以 佛說非非想定的定境是「一切眾生等共有之」。事實上這種境界其實一直都是存在的，與法界理體是一樣存在著的；就好像眞如性，眞如的境界在大家身心中都有，不管你有悟或沒有悟，眞如性始終都存在；但是還沒有悟之前，你不知道祂在什麼處，悟了你就知道它是本來存在而由如來藏恆時顯現著的。

非非想定的道理也是一樣的，初禪也是一樣的道理；所以你想要修證四禪八定時，不是去得很多的東西，而是去捨很多的東西：五欲的繫縛捨了，初禪就現前了。你只要把無相念佛的功夫作得很好，五欲心的繫縛斷了——不是功能斷了——初禪就現前了。二禪以上也是一樣的道理而修，要把世間的某個法捨掉，它就會出現了，而不是把某些東西加進來以後才出現；這就是佛法以及通於外道的四禪八定的修法，道理都是類似的。菩薩有智慧，看見非非想定所有的定樂就好像地獄苦一樣，而且看見一切眾生都有這種現象；換句話說，一切眾生如果不小心都可能會下墮地獄；所以　佛就交代說：還沒有得道時（「得道」二字是指成佛，不是說七住位的明心證悟），還沒有成佛時做這樣的觀察，這叫作悲心；如果是已經成道——也就是成佛以後——做這樣的觀察時就叫作大悲。因爲這時已是無緣大慈的悲心，當然是大悲。

【「何以故？未得道時雖作是觀，觀皆有邊，衆生亦爾。既得道已，觀及衆生皆悉無邊，是故得名爲大悲也。未得道時，悲心動轉，是故名悲；既得道已，無有動轉，故名大悲。未得道時，未能救濟諸衆生故，故名爲悲；既得道已，能大救濟，故名大悲。未得道時，不共慧行，是故名悲；既得道已，與慧共行，故名大悲。善男子！智者修悲，雖未能斷衆生苦惱，已有無量大利益事。」】

講記　現在佛說，在還沒有成佛之前，雖然也能做這樣的觀察，但是這個觀察是有邊際的，不是無窮無盡而沒有邊際的；菩薩的觀察是這樣，衆生位雖然也能做這種觀察，但也都是有邊際的。如果是成佛以後再來觀察的話，佛地的觀察則是沒有邊際的，也就是能鉅細靡遺的全部觀察出來，因爲諸佛所能觀察的衆生也是無邊無際啊！能無邊際的觀察衆生，所以稱爲大悲。

還沒有成佛之前，菩薩觀察衆生而起的悲心，還是會有所動轉的，所以有時候有的菩薩觀察衆生愚癡，心中憐憫不已，乃至會流下清淚，爲衆生覺得悲痛，這就叫做悲心動轉，菩薩的意識覺知心已經動轉了啊！那如果是成佛以後，雖然同樣有悲心，但這個悲心是不會動轉的；不動轉就是說不動也不轉，不會因此而心動，或者轉變應有心態與行爲。因爲諸佛都不是從眾生身上的覺受來看待眾生所受的痛苦，而是從眾生的理體究竟觀察上面，從眾生整體的究竟觀察上面來看待眾生的苦痛，所以心中不會再有動轉了，在成佛以後這樣子盡未來際無休無止的救護眾生，而心中都無動、無轉，就叫做同體大悲，所以說是大悲！

還沒有成道時仍然還無法究竟救濟眾生，無法完全依照自己的意思如意的去救眾生，總是會有一些侷限；有侷限的悲心就叫作悲，不稱爲大悲。但是得道成佛之後，能做大救濟，不會再有侷限了，所以叫做大悲。救濟諸眾生爲什麼只叫做悲而不叫作大悲？也不叫作大救濟？意思是說，對眾生的救濟往往只是在世間利益上面，只是在身心的痛苦上面來做救濟，所以不是大悲；或者雖能救度眾生解脫三界生死，或者雖能教導眾生證得法界實相，乃至證得一切種智，能做這些救濟，但是因爲仍然不究竟（因爲自己都還沒有究竟，當然不能使眾生究竟成佛），所以叫作悲，而不叫作大悲。成佛之後就能做眞正的大救濟，能使眾生究竟的成就佛果；乃至能加持十方九地滿心菩薩成爲十地滿心，這都叫做大救濟啊！因爲諸佛能對眾生做大救濟，所以名爲大悲。

還沒有成佛時，智慧不具足，所以叫做不共慧行，因此度人時也不可能究竟成功，所以這時的悲還不能稱爲大悲。成佛之後，不論何事都與智慧共行，度人的事業也能究竟成功，所以名爲大悲。說完了這些道理，佛做了一個小結論說：「善男子啊！有智慧的人修習悲心時，雖然他自己還沒有成佛，所以他修學熏習悲心之後，還沒有辦法斷盡所有親近他的眾生身心上的苦惱，但是已經能對親近他的眾生，做出很多很多能大大利益眾生的事情了！」乃至由於他能度許多眾生在解脫道或佛菩提道上面有所親證，使得許多賢聖得以住世，使這世界惡業的力量被抵減了一部分，惡業果報不會全部立即現行，這也是利益無量的眾生啊！因此說，有智慧的人——已經證悟了的人——修習悲心以後，雖然還無法斷盡眾生的苦惱，但也能對眾生產生無量的大利益事。

【「善男子！六波羅蜜皆以悲心而作生因，善男子！菩薩有二種：一

者出家，二者在家；出家修悲是不爲難，在家修悲是乃爲難；何以故？在家之人多有惡因緣故。善男子！在家之人若不修悲，則不能得優婆塞戒；若修悲已，即便獲得。善男子！出家之人唯能具足五波羅蜜，不能具足檀波羅蜜，在家之人則能具足。何以故？一切時中一切施故，是故在家應先修悲。」

講記　佛作了一個結論，因爲關於修悲講了很多，所以現在對修悲做個結論說：「六種的波羅蜜，」波羅蜜就是到彼岸，「這六種到達彼岸的方法，都是以悲心來做生因。」前面講過生因，諸位知道什麼叫作生因了；現在說修悲就是六波羅蜜的生因，所以修習六波羅蜜而不修悲，六波羅蜜的功德是生不起來的。但是光修悲而不修六波羅蜜的話，就不能成就了因，所以無法使你成就道業；想要成就佛菩提的道業，還得要有了因；成佛的了因就是聞熏修習佛菩提及二乘解脫道的正理，這個聞熏修習才叫作了因。因此，生因的修悲，了因的聞熏修習六波羅蜜多，二者都要具足，才能成就佛果。可是，當你想要具足六波羅蜜的了因之前，還得要有修悲的生因啊！生因的具足就是修習悲心，所以說菩薩以修悲爲上首。

如果沒有悲心，就表示說這個人是聲聞種性，他只關心自己的成就，別人能不能得度，都是別人家的事，與他無關。在世俗法上有一句話說：「莫管他人瓦上霜。」別人家屋頂積霜嚴重而壓垮了，也不關我的事！閩南有一句話說：「別人的孩子死不完。」（台語發音）這就顯示：有這種心態的人都不是菩薩，因爲他沒有悲心嘛！對人類尚且如此，對畜生而想要他有悲心，那又更難了，這種人都不是菩薩，都不是我想要度的人。儒家說，當你聽到人家殺雞的聲音，你就吃不下雞肉了，因爲聽聞其聲之哀苦，所以就不忍食其肉了嘛！何況同樣是人類呢？所以說，如果連對於動物都沒有惻隱之心，那你要求這個人會對別人有悲心而願意幫助，那就很難了！因爲悲心是比惻隱之心還要更上一層的，那如果看見別人修道時被誤導，竟然不能生起悲心而努力去救護眾生回歸正道，就顯示他是自了漢，自了漢的想法都一樣：「我得到了法以後就離開，我才不管你救護眾生的理想哩！你同修會很欠缺親教師的事情也都與我無關。想叫我在會中當親教師，我才不甩你哩！我明心以後就要走了，見性以後一定要離開！不想在同修會中當親教師。」他不想爲幫助他悟道的正法道場做事。

以前有些法師這樣想：「蕭老師叫我悟後在同修會中當親教師，我才不要哩！蕭老師是要利用我的出家身分來度眾！」（大眾笑…）他不懂：在正法道場中當親教師來修集福德，是最大也是最快的獲得大福德的行門，這個功德最大，所以獲得的福德也最大！所以將來想要入地時所應有的大福德，就不愁不具足了，所以不但只得功德而已，這在後面經文中也會說到。那你來這邊學法而得法了，我拉你出來當親教師，就算是眞的被我利用了，可是我因爲這件事情而得到好處了嗎？我是身上多長一塊肉了？（大眾笑…）還是我的錢財增加了？都沒有啊！我們的會計制度非常健全啊！人家各個山頭作兩套帳，有很多錢是收了以後從不入帳的；但我們是一開始就只有一套帳，而且所有的錢財絕對都入帳，不曾漏掉一筆，一直到現在都是如此的，以後也仍將如此堅持下去，所以我從來不曾在會中得到任何世法上的好處；那麼我在他們出來當親教師的事情中又能得到什麼利益了呢？都沒有嘛！如果眞要說有利益，我說：「**我在未來捨壽時可以比較放心的、安心的走！**」因爲會中的出家眾與在家眾都同樣的建立平等了，不再是出家眾太少的局面了！實現我的理想了，這可以算是我得到的利益吧！也是我唯一的一個利益。

所以說，菩薩生起了悲心，這只是成佛的生因而已；但是還要進修六波羅蜜，修學六波羅蜜就是修行正法的緣，這些緣就是了因；但是若沒有生因，就無法成佛；六波羅蜜學得再好也沒用，仍然無法成佛。了因就是聞熏佛菩提的正理，這就是了因，而悲心則是生因。所以聞熏佛菩提的正理是了因，加上你努力去鍛鍊、熏習、思惟、修證的修道等緣，最後才能成就證悟佛菩提究竟果的佛地功德，才能在無量數劫後成佛。所以悲心是生因，既然悲是生因，就表示說：你想要修學佛菩提，首先得要先有悲心啊！如果還沒有悲心，就得趕快培養！培養悲心出來之後，你已成就菩薩性了，這才能在六度上面修學有成。所以菩薩性不是本有的，經由熏習培養，悲心出現了就有了生因，有生因就表示你有了菩薩性了；所以 佛說六波羅蜜以悲心爲生因，沒有悲心的人，修學六波羅蜜就不能成就。

又譬如說，今天如果突然發生大災難，大家捐一點錢好了，可是我想：「這一千塊我要賺一天哩！坐辦公桌也要坐一天哩！那麼辛苦，我就捐出去了？」一千塊也捨不得，那就表示我沒有悲心啦！有悲心的人聽到苦難事件時：「哎呀！糟糕了！今天口袋裡只有一千塊錢，不夠捐助了！」就趕快找出提款卡再去領個一萬、二萬出來捐款。這時你可以說：「嗯！我有悲心，原來我是眞的有菩薩性！」這是最簡單的檢驗方法。

又譬如看見眾生被大師們誤導，心想：「要怎樣才能幫眾生離開邪見呢？」聽說可以把正覺同修會的結緣書拿出去外面流通處放置，可是心中又想：「這又要花掉我多少時間！還要花掉一些車錢、汽油錢欸！」這時就應該警覺了：「原來我沒有悲心，我不是菩薩性的人！我的菩薩性還沒有發起！」如果眞是這樣的人，請趕快來對我說「bye－bye！」以後也不必再見了！因為沒有菩薩性的人，與佛菩提妙法是不會相應的；就算我讓你去參加了禪三，也一定會有遮障的。所以 佛說修習六波羅蜜的菩薩們，都必須要以悲心來作六波羅蜜的生因。

然後 佛接著又說：菩薩有二種，就是出家菩薩與在家菩薩。出家菩薩修悲之時並不是很困難的事，因為出家之時本來就是為了利益眾生、為了把佛法傳給眾生才出家學法的嘛！所以出家菩薩本來就有悲心了！所以修悲不難。但是在家菩薩修悲就很困難！因為在家菩薩常常有很多的惡因緣來阻撓他，譬如今天你說：「我為了護持正法，想要助印一些能救護眾生回歸正道的書，想助印幾百本，拿去外面利益眾生！」可是沒想到被你家老公知道了，這可麻煩了！不免要大吵一頓，好幾天都沒有好日子過，因為每天要看對方的臉色，這就是在家菩薩常有的惡因緣啊！所以在家之人惡因緣多。有時不一定是老公或老婆阻撓，而是長輩或者子女，有時則是左鄰右舍：「哎呀！你那麼笨！那些錢不會留著自己用？」這些人一天到晚對你扯後腿，所以在家之人多有惡因緣嘛！

可是 佛說：「在家之人如果不修悲心，就沒有辦法得到優婆塞菩薩戒。」得不到戒體，所以凡是受菩薩戒的人一定要有悲心，才能眞的得到菩薩戒。不單是這個菩薩優婆塞戒，瑜伽菩薩戒、梵網菩薩戒、地持菩薩戒都一樣，都要以悲心為根本，才能獲得戒體。因為菩薩必定從悲心中出生的，如果能修悲的話，那麼就能獲得戒體。所以：「善男子啊！出家之人只能具足五波羅蜜，不能具足六波羅蜜。」為什麼不能具足六波羅蜜呢？因為布施波羅蜜有三種：財施、無畏施、法施。出家的菩薩只能做無畏布施及法布施，財物布施就沒有辦法做到；因為出家菩薩所有的錢財都是由大眾供養而來，當然不可能要求信眾不斷拿錢來讓自己去布施，只能要求信眾供給生活及修道所需的錢財，不能做過多的要求，所以就沒有餘錢來做財施了。如果是出家前自己賺來的，就可以具足檀波羅蜜了；但是恐怕也有違背出家人「不得捉持金銀生像寶物」的戒條，所以出家人不能具足檀波羅蜜。如果自己出家前曾如法的賺得很多錢財，不受聲聞戒的約束而繼續保有這些錢財，就可以具足實行檀波羅蜜，那就遠勝過在家人了！如果不想違背聲聞戒不許捉持錢財的規定，就得在出家之前全部捨棄；出家後所得供養也都得交給寺院常住共有，所以出家菩薩不能具足六波羅蜜，因爲施波羅蜜不能滿足。可是在家菩薩若沒有障礙時就能具足，因爲能一切時中、一切物都布施故；所以說在家之人應該要先修悲，才容易具足六波羅蜜。至於「一切時中一切施」，就等下週再來說了。

上一週說的是，出家以後能具足五波羅蜜，但是缺少財施，所以不具足六波羅蜜；但這是以古天竺　佛陀在世時的出家狀況來說，但是當時的情形和我們現在中國地區台灣大陸都不一樣了；在古時天竺出家時，必須把所有的財物捨棄，全都布施給眷屬以後才能出家；但是中國從百丈禪師之後，已經制定百丈清規而有所改變了，所以現在中國地區，出家後還是可以擁有田地而自耕、自種、自食，不必去托缽了，已經和古時不一樣，但仍然保持所受供養都歸常住僧共有的所有規矩。現在的出家人，如果出家前曾經營事業，有一些積畜，後來出家了，往往也沒有遵照古時的出家聲聞戒來施行了，所以仍有許多出家人繼續持有土地房舍等財物，也有人受了太多供養而有能力買房子自己住，有自己私有的財產；乃至現在日本出家的和尚住在寺院中照樣娶妻生子，這是從日本的本願念佛宗——一向宗——成立以來就可以這樣的；但這是完全不如法的行為，很不可取。

所以現在的中國佛教界，出家菩薩如果在出家前有累積了一些積蓄，也可以做財施的工作，這是在北傳佛教現代中國地區與古天竺有點兒不同的地方。所以這裏所講的出家菩薩不能具足六種波羅蜜，因爲財施波羅蜜、檀波羅蜜有所欠缺，但這是依古天竺的環境而講的。佛說在家人的檀波羅蜜可以具足財物布施、無畏布施及法布施，因此佛說在家人修六波羅蜜可以具足，因爲可以一切時中、一切施故。換句話說，一切時中，在家人身上都有財物，那麼在四分律、五分律戒經中的古時規矩，出家人不可執持金銀生像……等等財物的情形，現在可能只有泰國還維持著，因爲他們的社會規範上面可以做得到，在中國地區是做不到的；在泰國，出家人搭車不用付車資，進了飯館吃飯不用付錢，一定有人供養；若是沒有人供養的話，店主也是不收錢的，汽車公司也不對出家人收錢的，所以行得通；但是在中國，只說在台灣，且不說在大陸，即使是台灣這麼富裕，出家法師上了車，沒有車票就甭上來——不讓你上車；進了飯館若沒有佛弟子供養，這倒還好，如果開口說：「**我身上沒錢，依照戒律不准捉持金銀生像等財物。**」素食店主大概都會說：「**那就由我供養。**」可是「行」就有問題了，所以在台灣不一定行得通；因爲照出家戒律來講，出家人身上是不該有錢的。

既然沒有錢，當然不可能一切時中布施，因爲遇到眾生需要財施時就辦不到了！但是在家人身上至少總有個三百、五百元的，遇到個乞丐乞討，十元、五十元總是有的。所依照古時的戒律來說，出家人是無法一切時中一切施的，因爲身上沒有錢財，不能做財施；只有一個時候可以布施，就是托鉢回來還未進食之時，路上剛好有人需要飲食，就可以撥一半布施出去，這時才能施財，所以出家人不是一切時中都能布施，只有在極少數的狀況下才能施財；可是在家人一切時中都可以施，而且可以做一切施。譬如有人說：「**我欠一筆比較大的錢財，需要幾千元台幣。**」那麼古時的比丘們如何能施？因爲身無長物嘛！在家人因爲常常手上掛個戒指、或者手環、釧、鈿等等，假使有人需要幾千元：「**那！戒指給你，你去變賣，可以賣到上萬元。**」布施功德便成就了，所以叫作一切時中一切施，如果是古時的出家人，那就沒辦法了。

假使你遇見一位出家人手上戴戒指，或者比丘尼身上戴個金手環、金項鍊、金手鍊，穿得花花綠綠的，你總是會覺得不倫不類；如果是在家菩薩，不但可以這樣戴，而且是可以常常都如此的；你們看大菩薩們不都是有天冠、瓔珞嗎？項上的瓔珞拔下一顆，就可以賣到很多錢了，當然可以一切時中一切施。所以在家和出家菩薩們，在布施上是有很大不同的，這就是說，出家菩薩在布施上沒有辦法具足，在家菩薩可以一切時中一切施，所以易修檀波羅蜜。在家菩薩既然在先天上有這種好的條件，因此在家菩薩應當先修悲，容易積聚見道與修道所須的大福德。出家菩薩在這方面有所欠缺，因爲他們事事應供，也不積聚錢財，所以修施、修悲較不容易。當然，現代的台灣各大山頭的佛教出家人，確實積聚了許多錢財，確實是比在家菩薩們更有財富的；所以他們現在也有能力修施，他們的問題只是出在法義不正確，只是因爲誤導眾生及未悟示悟、篡改佛菩提道等等道業上的大問題。但是在家菩薩都是自己可以賺錢、累積財富，不必事事應供，所以容易修布施波羅蜜；但是修習布施波羅蜜之前，應當先修悲心，施波羅蜜才容易成就。

【「若修悲已，當知是人能具戒、忍、進、定、智慧；若修悲心，難施能施，難忍能忍，難作能作；以是義故，一切善法，悲爲根本。善男子！若人能修如是悲心，當知是人能壞惡業如須彌山，不久當得阿耨多羅三藐三菩提，是人所作少許善業，所獲果報如須彌山。」】

講記　佛開示說，如果在家菩薩能修悲，當他開始修悲以後，將來布施時就能具足布施波羅蜜；由於具足布施波羅蜜的緣故，所以在家菩薩們就能漸漸具足持戒、忍辱、精進、禪定、般若等五度；因此，如果能確實修習悲心的話，這個在家菩薩難施也能施，難忍也能忍，難作也能作。「難施能施」比方說，以大富之人來說，捐個一億、二億台幣並不為難，不算是難施能施；但如果是上班族的菩薩們，每天朝九晚五上班，領的是固定薪水；可是當他們遇到了義究竟正法時，一捐就是十萬、五十萬、一百萬、二百萬，這就叫做「難施能施」；如果有人三餐都顧不及，但是每次來聽經時就護持五十元、一百元，這也眞是「難施能施」。所以「難施能施」是說：對他來講，這是一筆大數目，但卻能不吝惜的布施出來。所以數目的大小不是絕對的，而是相對的。我們會員有許多是上班族、領月薪的，但是他們常常這樣：在我們正覺同修會需要買講堂時，一捐就是五十萬、一百萬元不等。有的人甚至於有家人四、五人依賴他奉養，可是聽說我們必須買講堂時，就趕快設法捐出五萬、十萬元，這都是「難施能施」的例子。這就是在家菩薩的模樣。

「難忍能忍」，譬如說你遇到了正法，終於破參了，能安忍而住在無所得的聖境智慧中，這就是「難忍能忍」；因為你是自己參出來的，有那個參究過程，已經觀行整理過的，所以了知離念靈知心…等境界相都是虛妄法，因此你能安住下來，這就是難忍能忍。但是大乘法中這個無生忍是很難安忍的，沒有參究過程的人，通常都是忍不住的，都會誹謗的；可是你能忍下來而安住了，這就是「難忍能忍」。假使有人來恐嚇你，說你證得阿賴耶識而叫作開悟，就是大妄語，說你捨報後得要下地獄；你聽了心中害怕，不敢住於聖境智慧中，退回離念靈知心的意識境界了，那就是難忍而不能忍，所以退失了大乘的無生忍就是不得忍，就是退失、退轉。你如果聽了以後回答說：「你亂講！既然阿賴耶識心體能出生一切法，單憑這一點，就可說祂是實相，當然就是心眞如，還有什麼可說的？」這就表示這個難忍的智慧境界你已經能安忍了，這就是無生忍。

世間法也有難忍能忍，譬如有人來勸募：「有一本好書，可以利益眾生得究竟佛法，你也助印一點兒吧！」「好！我助印五千元。」下個月又來勸募：「你再助印另一本，好不好？」「你上個月才來，怎麼這個月又來了呢？」那就表示難忍而你不能忍；又譬如你當了親教師了，有人說：「我們那位親教師都不會教啦！」他說的正好是你，你聽了心裏難過：「那我就不要教啦！」就辭職了！那叫作難忍而不能忍，就沒辦法繼續作法布施了；所以不管人家怎麼毀謗，只要是對的，就繼續做，這就是「難忍能忍」。

「難作能作」，什麼事情最難作呢？當大家都要作好人，你偏偏出來當惡人，想要獨力救護眾生，這才是最難作的。做好人，大家都會作，決不得罪人，不論去到哪裏，大家都歡喜看到你，那我爲什麼要去當惡人呢？可是我們當惡人已經快要十年了！從出版《護法集》開始，現在已經快十年了，並且我們還得要繼續做下去；這種事情吃力而不討好，你努力破斥邪說來救被誤導的眾生們，可是眾生被誤導了以後卻仍然堅持、仍然相信誤導他們的大師，反過來對你的善意加以毀辱罵詈，這眞的使人很難作；雖然難作，你還是得要繼續作，這樣你才能具足六波羅蜜。如果「難施而不能施，難忍而不能忍，難作而不能作」，就表示你這個人沒有悲心：「別人家孩子死光光都和我無關，別人都下地獄了也和我無關；別人謗法時，眾生要跟著謗法者一起下地獄，那也和我無關。拯救愚癡的眾生，是佛菩薩們的事，都和我無關。觀世音菩薩最慈悲，請他去救吧！這事情和我無關。」拒絕了！那就表示這個人沒有悲心。

但是眞正的菩薩不許如此，所以我們看到有人謗法，依照　佛陀的教示，知道他們捨壽後一定得要下地獄；如果他們謗的是二乘法，可能還不至於到無間地獄，只是有間地獄；但如果是謗大乘法的根本——謗無如來藏；或是誹謗阿賴耶識心體，說不是如來藏，那是一定要下無間地獄的。無間地獄的果報很苦，而且時間很長；比如說第一地獄的一天是人間五十年的話，三十天為一個月，十二月為一年，第二層地獄就要加倍：人間一百年為地獄的一天，同樣三十天為一個月，十二月為一年，苦痛也更大；第三層地獄又是第二層地獄的加倍，這樣把它加上去，你看阿鼻地獄的一天等於這裏的多久呢？想想看：那樣的地獄報是七十大劫，這還沒有說到餘報呢！正報就得要七十大劫，那裏的七十大劫等於這裏是多少年呢？很難算啊！即將遭受這種果報的人，是很可憐的，大家都應當救他們，為什麼不肯發心去救呢？所以不論怎麼困難，都應當發起大心，想辦法去救。

假使這種難作的事情你不願作，怕得罪別人，就表示你悲心不夠；不管這件事情會得罪什麼樣的大師、會得罪多少大師，為了要救那些枉被誤導而跟著大師造惡業的人，你就得去作；如果覺得難作而不肯去作，那就是悲心不夠，修再多的布施行，布施波羅蜜都不能成就的，都是只能成就世間福德而已。所以修悲的目標就在這裏，要你作三件事：「難施能施，難忍能忍，難作能作。」這三法你都能作的話，表示你已經有悲心了，你的悲心圓滿了，雖然還不到佛地的大悲，但已經表示你應該具有的悲心已經圓滿了，就可漸漸的成就施波羅蜜乃至般若波羅蜜，所以 佛說一切善法以悲心的修集做爲根本。

正因爲菩薩六度的第一度就是布施，以布施爲六度的基礎；可是想要修布施行，如果是沒有悲心，那你的布施行就無法如實地受持，就成爲戒度不具足；因此而使你無法精進地去布施，那就是精進度不具足；當您無法安忍於施，人家幾句話一講：「你那麼笨！有錢不會自己花？」結果不能安忍於施，你就沒有忍波羅蜜；如果聽人家幾句話就退轉了，不樂布施、不願布施、不敢布施，就表示你沒有決定心，定波羅蜜就不具足；聽人家一講就退失了，不信布施的因果(施的因果後面會講，會很詳細的說)，對施的因果不信的關係，所以不肯再行布施，那就表示你沒有智慧——沒有世間智慧——又如何能發起實相般若智慧呢？又如何能具足六波羅蜜呢？所以，施作不到，六波羅蜜就作不到；施能做得到而永不退轉，就能漸次具足六波羅蜜，因此　佛說如果能行布施波羅蜜，就能具足戒、忍、進、定、和智慧。

能發起六波羅蜜的功德時，一切惡業就無法再干擾你了，而六波羅蜜以悲心爲根本，所以　佛又開示說：「如果有人能修悲心的話，我們就可以知道：此人能毀壞累劫以來所造猶如須彌山那樣大的惡業，這個人不久以後應當會證得無上正等正覺；當他以悲心在修習六波羅蜜時所做的少許善業，所獲得的果報都將猶如須彌山一樣的廣大。」有的人可能不相信，心想：「猶如本經後面所說，布施給一個不能回報的眾生，來世也不過得百倍之報而已啊！哪有可能所獲果報如須彌山？」但是　佛所講的，是指在解脫果與佛菩提果上所得到的福德與證量；修證解脫果所需的福德不必很大，但是多多少少也還是需要一些的；但是在佛菩提道的親證上，必須有很大的福德作爲資糧，但是證悟後所獲得福德也同樣是無量的廣大，這都是因爲修施、修悲的緣故，所以才能安忍於布施波羅蜜。因此，你未來若有一天，解脫道上無論是斷我見、斷三縛結、乃至取證四果，或者在佛菩提道上你明心了、見性了、乃至得初地、諸地的無生法忍，所獲得的福德是無量大的；因爲未來世的你，將不再是貧窮一類的人了，因爲你已成爲「第一義天」了。如果已斷我見及三縛結，那就是「淨天」或「解脫天」的聲聞初果聖者了，諸天天主若不是已見道的菩薩往生去擔任的話，都是還未斷我見的人，都還要拜你爲師而證初果哩！連天主都得拜你爲師，你說證果後的福德還會少嗎？所以佛說：這個人所作的少許善業，能獲得的福德果報將如須彌山那麼廣大。如果以佛菩提果來講，明心的福德更是超過須彌山的，因爲明心的人不單只是證初果而已，還有初果人所無的法界實相智慧呢！所以佛在這兒所說的都是如實語，都是不妄語。

〈解脫品〉第四

【「善男子！若善男子善女人有修悲者，當知是人得一切法體諸解脫分。」善生言：「世尊！所言體者，云何爲體？」「善男子！謂身口意，是身口意從方便得。方便有二：一者耳聞，二者思惟。復有三種：一者惠施，二者持戒，三者多聞。」善生言：「世尊！如佛所說從三方便得解脫分，

是三方便有定數不？」】

講記　接著是說明解脫與福德之關聯，說明想要修學解脫道者所應有的福德，也就是說修行波羅蜜與解脫證果的關聯。佛先說明和解脫相關聯的部分，隨後再說波羅蜜和佛菩提道互相關聯的部分。佛陀在此處轉入另一個主題說：「如果有善男子、善女人修習悲心的話，應當要知道：這個人可以得到一切法體種種的解脫分。」接著善生又爲我們問：「佛說一切法之體，這個解脫分是以什麼爲體？」　佛開示說：「一切法體的『體』，講的是身、口和意，而身口意是從方便法中獲得的。」這裏的「體」不是講萬法的本體，而是把一切法都各細分爲許多法，這許多法中每一個法都各有「體」。譬如說，般若以何爲體？答案是：般若以眞如爲體。如果你沒有證得眞如，就無法發起般若智慧；又譬如問：「**眞如以何爲體？**」答案是：「**眞如以阿賴耶識心爲體，以異熟、無垢識心爲體。**」因爲欲證眞如的人，必須證得第八識，才能觀察眞如法性是第八識心體所顯現的自性，才能懂得「眞如是**識性所顯**」的意思，所以說眞如以第八識爲體。

那麼這裏說「一切法體諸解脫分」，也就是問：「**一切法（包括解脫）**，從一切法中證得解脫，這個解脫以什麼爲體？」答案是：「以身、口、意爲體。」因爲你如果沒有身口意來修行，一切法中的解脫分你就證不到；因爲你如果沒有身口意，你就無法住於解脫境界中，就無法了知解脫的境界是滅除身口意，捨報後就無法進入無餘涅槃境界中，所以得要有身口意的存在，才能現觀解脫境界，才能了知解脫境界，才能具有解脫的智慧，才能了知入住無餘涅槃的方法；所以，有人說：「想要證解脫，要先把自己全都否定了，再把對自己的執著都滅盡了，才能證得有餘涅槃，才能成爲阿羅漢而證得解脫。」但是有人誤會了，就認爲自殺即是解脫；可是滅了自己以後只是轉入中陰身罷了，還是要再去投胎、出生，所以自殺了不是解脫，自殺後還是得要再去投胎。要怎樣才能證得解脫？必須要證得「解脫慧」，生起解脫慧以後，取證解脫果時才是證得解脫，分證解脫果；證得解脫後，其實只是把自己的我見、我執斷除；想要斷我見我執，就要靠身口意，少了這三法就無法斷我見與我執，就證不了解脫果的一至四果；所以說一切法體諸解脫分，都是以身口意爲體。但是身口意所證的解脫分，不能無因自有，不是憑空而有，所以要從種種方便中得，要藉著身口意的修行才能證得解脫分，所以說解脫分以身口意爲體。

從身口意中取證解脫果時要有方便才能證得，方便有二種：耳聞與思惟。解脫果的證得，必須先要有解脫知見，如果沒有人傳授給你解脫的正確知見，就無法獲得解脫的智慧，沒有辦法去作觀行、思惟然後取證，所以首先要耳聞，耳聞當然包括閱讀；但是耳聞及思惟、觀行、取證，都必須靠身口意三法，否則就不能耳聞乃至取證，所以解脫分以身口意爲體。

在大乘法來說，二乘的解脫知見是很淺的法；雖然裏面也有很多的法義，但比起大乘法來說是非常淺的；可是非常淺的二乘解脫知見，到了末法時代，不論是在大乘法中也好，或在南傳二乘法也好，都已經失傳了。譬如說，當年江燦騰教授認爲我不懂阿含解脫道，所以推薦我讀《清淨道論》；但是三巨冊的《清淨道論》我從頭讀到尾，都是要用意識覺知心去入住無餘涅槃的，請問：這部論的作者，我見有沒有斷？（大眾回答：沒有斷！）沒有斷嘛！但是這部《清淨道論》目前已被南傳佛法及印順派法師們尊崇爲究竟解脫的論典，南洋的阿迦曼、阿姜查都依照此論修行，這樣修下來，阿迦曼「尊者」有可能是阿羅漢嗎？（大眾回答：不可能！）

是不可能嘛！我見都沒有斷，連初果都沒有，怎能是阿羅漢？所以今天我們的《邪見與佛法》，還眞的需要有人把它翻譯成泰文、緬文去流傳。

現在大乘佛法地區的台灣佛弟子，已經瞭解不是用覺知心入住無餘涅槃，而是要把我滅了——我不存在了——才成爲無餘涅槃，才是眞正實證無我境界。但是目前南洋的佛弟子眾都還不瞭解，因爲《邪見與佛法》這本書還沒有大量流傳到南洋去，目前南洋只有三、四十人讀過這本書，所以解脫的知見仍然普遍不足。他們沒有「耳聞」解脫的正知見，而想要在身口意上面以身口意爲體，來修行取證解脫果，就成爲不可能了，所以耳聞(包括閱讀)就是第一個方便法。要有眞正的善知識來開示，如果沒有耳聞善知識的開示作爲方便，這解脫道的體，無法經由身口意來取證的。

第二個方便法是思惟，因爲聽來的法並不是自己的，聽來的只是常識，在聽的當下似乎是接受了，然而深心中是否眞的接受了？沒有！只是表面上接受，實際上意根並不接受；光是想要斷我見，意根就不肯接受了，所以還得要經過思惟，必須是如理作意的思惟之後，意根才肯接受；意根接受了以後，我見才算眞的斷了；我見斷了就一定會斷三縛結，成爲二乘聲聞法的初果聖人，這叫做思所得慧。解脫道上一樣有聞慧、思慧與修慧。思所得慧完成後，才說你有正慧，但這只是斷「見」，斷「執」部分還得要加上修慧；斷我見只要聞、思，聞後如理作意的思惟之後就可以取證斷我見的解脫慧。但是「我執」是修所斷的煩惱，就是要在斷我見以後進修而取證二果、三果、四果；這是在聞思之後，以證得斷我見的智慧，在歷緣對境中去思惟、觀察、斷除對於自我、我所的執著；這個斷執的部分，就是修所得慧，靠著修得慧而發起二、三、四果所證的解脫慧。由此可知，一定要有耳聞與思惟這二個方便，才能發起解脫分而獲得修慧與證果，但這二個方便，都要靠身口意來實行才能成就，所以說解脫分以身口意爲體。

另外，解脫分以身口意爲體；可是身口意的證取解脫分，還有三種方便：第一種方便是從惠施開始。由於想要取證解脫果，就必須假藉身口意來修習解脫知見與思惟觀行；但是如果不肯捨棄一切，就不能證取解脫果，所以菩薩修到第七地時解脫果仍不圓滿；雖然已經在斷阿羅漢所不能斷的習氣種子，但是，最後一分思惑仍然存在，爲什麼會這樣呢？因爲七地菩薩如果沒有出家而捨棄一切，就無法具足解脫果。菩薩爲了成就六度波羅蜜——特別是想要圓滿施波羅蜜——所以他不能出家，否則財施波羅蜜就不能滿足；所以一般情況下，菩薩如果想要出家，初地滿心後出家就沒有問題了，因爲施波羅蜜已經滿足了。如果初地以後還想要出家的話，到七地時再出家也可以，但是在初地到七地之間的種種現觀，仍然以在家身來修行，比較容易成就，因爲成就諸地現觀的因緣將會比出家時來得多，所以這也要看個人的因緣來決定。

爲什麼說修證解脫道也得要修施？這就是因爲眾生的根性各不相同，所以有的人，佛叫他要斷我見、斷我執，從五陰的虛妄來觀察：從色陰的虛妄、受陰、想陰、行陰、識陰的虛妄來觀行。佛長篇累牘的講到口乾舌燥，此人才能斷我見而得初果，眞是遲鈍。但有的人不同，有的人在這方面的聞思修都已經做過了，但他始終沒有辦法取證解脫果，只因爲他很貪著我所：把財物看得很重要。佛就告訴他：「你只要去斷貪，專修而捨棄一切財物，就可以成爲阿羅漢。」他就把所有財產施出去，然後再來見佛：「我把一切都捨出去了，可是我仍然沒有成爲阿羅漢。」這時佛說：「善來！比丘！」他就成爲阿羅漢了，只要一句話就解決了。有的人卻不是貪財，他貪家中漂亮的妻子，佛就告訴他：「你只要不貪美麗的妻子，這個貪斷除了就成爲阿羅漢。」這個人掙扎了很久，終於斷了對妻子的貪愛，就成爲阿羅漢了。這就是佛陀的爲人悉檀。這種爲人悉檀，不可取來當作佛法的通例，否則就會偏頗而有過失。

所以各人有各人不同的因緣，有的人得要持戒，教他必須持戒是因爲他主觀太強，人家建議什麼都不聽，他的見取見太重了，怎麼可能成爲阿羅漢？所以太主觀是修行上很大的障礙，主觀不強的人，你只要引經據典、如理作意地告訴他：「你這個看法是不對的。」他聽了就說：「我馬上會改。」可是主觀很強的人，你引經據典、如理作意地告訴他，他仍然不會改正，照樣要曲解經論而對你狡辯。主觀不強的人，如果你不是引經據典、如理作意地告訴他，他不會接受，因爲他接受的是如理作意；這個主觀不強的人，如果你如理作意地告訴他：「你這個地方錯了，錯的原因是……。」把他錯誤的原因說清楚了，他就會馬上改正。所以主觀太強的人因爲見取見的緣故，瞋心也會很重，舉個簡單的例子：

以前有位大法師，我讀他的著作，看到錯別字時，我就註記出來：「師父啊！這本書有許多的錯別字，下一版可以改過來。」他收了我註記錯別字的書，就換給我一本新書；第一次如此、第二次如此，第三次再接過我註記錯別字的書時，他就不再回給我新書了；我幫他辛辛苦苦找出這些錯別字，他卻不回新書給我了；後來第四本書再送上去，也不回我新書了，我心中就知道他起瞋了。但是我們不一樣，不管人家幾十回，把錯別字列出來給我，我總是感謝他們：「啊！謝謝！謝謝！」這是表示：主觀強的人，雖然你好心幫他，他會覺得沒面子了；我們則是不顧面子，因為在我們而言都是沒有面子的，眞如心無裡、無外、無背、無面，面子在哪裏？請你拿出來給我看？都拿不出來的。因為「沒有面子」，所以我這個人「不要臉」，因為我不要臉，所以褒貶都無所謂。但是你為我撿出錯別字來，是在幫助我，讓我這本書重印時會更完美，所以應該感激你。常常有校對的師兄、師姐說：「老師很奇怪，你把他找出很多錯別字，他不會生氣，他還很高興，很奇怪！」但這是心態的問題。並且，我還交代校對者要找碴、找毛病，所以他們要很辛苦工作；我等他們辛苦忙完了，得到了一些結果，本來就應該感謝人家，怎麼會不高興呢？所以這就是主觀的問題。

主觀重的人瞋心就重，瞋心重就沒有辦法持戒不瞋。如果告訴你好好持戒，五戒能持守得很清淨，都不越軌，表示你的瞋不久就可以斷除了。能如實持戒，瞋就一定會斷。有的人知見上沒問題了，也如實思惟過了，可就是主觀斷不掉；主觀斷不掉，在五利使中就叫作見取見，老是認為：「我的見解比你高，你的見解太差了，永遠差我一截。」就是見取見尚未斷除。

但是見取見和破邪顯正的心態不一樣，見取見是說，明明人家的見解是對的，可是他想要表現比你更行，想要壓過你，是以比高下的心態來做，而不是幫助人家提昇見地，這樣的人當然沒有辦法證得二果，所以 佛說：「你這樣的人，只要把瞋斷了，就可以解脫了。」果然他很努力的去斷瞋，瞋斷了就不再有見取見存在，就成為阿羅漢了。所以在四阿含中可以看得見，有的人從斷貪得阿羅漢，有的人從斷瞋得阿羅漢，狀況不一，但那都是有前提的！那就是他們的我見或我執已經以禪定的修證而降伏到很淡薄了，只差這個部分沒有如理作意的思惟修，所以只要斷了這個部分就可以解脫。但是有的善知識不懂 佛陀的為人悉檀，他們就這樣說：「你看！佛說斷貪欲就可以成為阿羅漢啦！」可是他們的我見都還沒有斷，只見到佛說法的片段，就主張 佛說斷貪欲就得阿羅漢啦！就宣稱自己是阿羅漢了！結果變成大妄語了！所以讀經閱論時一定要先知道它的前提，不能把前提忽略而斷章取義，說他取得了什麼解脫果報。可是這些問題，都得要有福德值遇善知識及具備了守戒的福德，才能有取證解脫的結果，因此說惠施與持戒是解脫道修證的二個方便。

第三個方便就是多聞，多聞是得到解脫慧最重要的門路；但是多聞，也要看你所親近的善知識有沒有解脫的證量和見地，如果像《清淨道論》的作者覺音論師一樣，那個善知識連我見都沒有斷，而說他可以教導你取證解脫，那你跟隨他二十年而多聞他的開示，也都沒有用。所以多聞一法有個前提，就是多聞正知正見的解脫慧。所以在阿含部的五十多部主要的經典中，佛一再的重複解說色蘊虛妄的道理，重複解說受蘊、想蘊、行蘊、識蘊虛妄的道理，一直不停地重複解說這些道理，目的就是爲了讓弟子們多聞幾遍。古時印度沒有印刷術，佛在舍衛國講完了，到別的國度時還要再重新講一遍同樣的法；同一處道場，今天第一批弟子聽過了，同樣的啓示因緣，當後天別的弟子來了，又要再重講一遍同樣的法義；所以在四阿含諸經中不斷地重覆講說解脫知見，假使提到般若中道時都是一兩句話就帶過去而不講解。可是解脫道的知見為何要一再重複的講呢？都是因為眾生須要多聞。

有些人很不耐煩，我只要講上兩、三遍，他就說：「老師！你都已經講過好多遍了。」嫌我講太多遍了。我說：「我講上十遍，你們都改不了；等我以後講到你們都改了，我就不再講了。」所以有些法講一遍時體會一定不夠，講二遍時就體會出來了；如果講十遍改不了，講一百遍以後就會改了。假使講一百遍仍然信不到心裡去，講上一千遍時眾生就相信了，這就是多聞的功德，多聞之妙就在這裡。所以《楞伽經詳解》很多人讀一、二遍時讀不懂，讀到三遍時懂了一些，讀到十遍時吸收到五六成了，如果你把十輯全部都能讀上十遍，來這人間一回也就夠了！因為《楞伽經》自古以來沒有人註解到這麼詳細的，不說別的，單說最近楊先生他們一直在攻擊我的「現識」法義就是現成的例子。我是寫在第幾輯的？好像是寫在第三輯中，當時我根本還沒有讀過《起信論》；二十年前初學佛還未開悟時我讀過一遍，根本就讀不懂，所以完全沒有印象，也不記得有現識這個名相。後來講《楞伽經》時也不曾先去讀《起信論》，根本就沒有現識這個名詞的印象，我哪知道《起信論》有講過「現識具有促使阿賴耶生起萬法的功能差別，就是意根」？但我註解《楞伽經》時讀到經文「現識」二個字時就知道現識必定是意根。當時註解楞伽時，因為《大正藏》中也有很多古時祖師的註解，所以想拿來作參考，但是我翻一翻、看一看就不讀了，因為他們只是依文解義而已；如果只需依文解義，我就把經文直譯而印出來就好了，為什麼還要那麼辛苦詳細註解出來呢？當時我如果依照古德的註解作範本，就會把現識解釋成阿賴耶識，那就錯了！

可是我講經說法十來年，把意根能促使阿賴耶識現起諸法的意思重複的講過許多遍了，把阿賴耶識以意根的思心所作為出生諸法的動力講過許多遍了，他們竟然還不懂，還會誤信未悟古德所說「現識是阿賴耶識」的說法，顯然我多年來說過很多遍的開示，他們都沒有聽進去，還沒眞的信入心中，所以我應該再多講幾遍，他們才有可能懂得現識的眞義。但是他們多聽法幾遍以後，還得再進一步作如理作意的思惟和現觀，才有可能發起眞正的種智智慧。這就是說，多聞固然重要，但是多聞的目的就是讓你熏習；在熏習的過程當中，剛開始是意識接受，末那不接受；可是意識熏習久了，對裏面的義理有了深細的體驗和領納，意根就會開始轉變而漸漸的接受了；所以熏習的目的就是讓你的意根可以轉變，也是讓你的意識可以更深入的瞭解裏面的眞實義。解脫慧也是一樣，佛菩提智也是一樣，都不離四個字：聞、思、修、證。都不離這四法，可是這四法都不能離開身口意而單獨存在，因此說惠施、持戒和多聞正是身口意的體，而身口意是解脫分的體，這樣就知道解脫分的證得，要藉著身口意來聞思修，所以解脫分以身口意爲體；而身口意的發起解脫分，卻不可能自己獲得，要藉著多聞與熏習才能獲得，所以解脫者的身口意是以多聞、熏習爲體。

善生聽到　佛這麼開示，就問：「那麼　您所說的從這三種方法去證得解脫分，但是這三種解脫分有沒有定數？」定數，比方說惠施就是有恩惠施於眾生，如果有定數那就太棒了！簡單了啊！沒有定數才是困難，有定數就不難；比方說你想要得初果嗎？十萬元！你想要得二果嗎？五十萬。想要得三果嗎？一百萬。四果呢？二百萬。所以有定數時就容易解決啦！你只要每天出門遇到窮人時就救濟，每天去救濟院布施，電視新聞報導某人生活很苦，你又送三萬塊錢去；這樣子努力，把定數累積成功，到達十萬塊錢了：「啊！今天我終於成爲初果聖人了。」這就叫作定數。就像證嚴法師講的：一直努力而不退心的行善，而且對於行善的事情永遠都有歡喜心，永遠覺得很快樂，那就是證得初地了。依照她的說法，不必斷我見，也不必降伏我執如阿羅漢，也不必親證實相心所以也不必證知法界萬法的眞實相，這些都不用，只要布施到生起歡喜心而不退轉，就可以證得初地心了，那眞是太棒了！這就是定數化的佛法：把佛法世俗化了。

如果佛法眞的是這樣，這個說法假使眞能得到 祂老人家（導師手指著身後的佛像）認可的話，我可眞的要爲她鼓掌歡呼，也眞的應該冒著破酒戒的大罪而爲她浮一大白，好好的慶祝一下。可是問題並不是這樣的，因爲從解脫道來講，你得要斷我見、斷我所的執著，然而藉著布施作爲斷我所執及斷我見的基礎，並不是有一個的定數就可以讓你證得初果的，也不是由一個的定數而讓你證得阿羅漢果的，所以證果與布施雖有極大關聯，但不可以說它有定數。持戒與多聞也是同樣的道理，都沒有定數的。善生聽到 佛陀上面的開示，所以爲初機學人提出這個問題：請問是不是有定數？

如果有定數，那就好解決；如果證果基礎的行善是有定數的，就顯現一件事實：佛法沒什麼能讓人覺得稀奇的，有錢人一定可以得到生死的解脫，窮人就不可能證得解脫。但這卻是違背佛法眞義的，所以　佛答覆說：

【「不也！善男子！何以故？有人雖於無量世中，以無量財施無量人，亦不能得解脫分法；有人於一時中，以一把麵施一乞兒，能得『如見解脫分法』。有人乃於無量佛所受持禁戒，亦不能得解脫分法；有人一日一夜受持八戒，而能獲得解脫分法。有人於無量世、無量佛所，受持讀誦十二部經，亦不能得解脫分法；有人唯讀一四句偈，而能獲得解脫分法，何以故？一切衆生心不同故。」】

講記　現在　佛點出關節來了：都是因爲一切眾生心各不相同的緣故，所以有人極力行善而能生起解脫分法，有人極力行善而不能生起解脫分，有人只行少善卻生起解脫分，也有人都不曾行善而只熟讀一偈，便生起解脫分法。

佛答覆說修證解脫分的人，都可以從惠施、持戒、多聞三個方便上來證得解脫分，並不一定有定數，爲什麼呢？佛 先舉例說：有人在無量世中，以無量的財寶施給無量的人，可是始終都無法證得解脫分法，譬如 佛在《佛藏經》中曾說自己無量世來供養過無量佛，而且都是做大供養；但是無量劫來很多世供養了無量佛，諸佛卻都不爲他授記何時可以成佛，行大施的結果是無量世來當過很多世的轉輪聖王，很多次來往天上、人間，享盡人間、天上的福報，可是始終沒有被佛授記證悟成佛；一直到 燃燈佛時才爲他授記：你未來多久時間以後成佛，佛號是 釋迦牟尼，國土稱爲娑婆世界，正法住世多久，像法、末法各多久，聲聞弟子多少人、菩薩弟子多少人。直到這時才被授記，爲什麼會這樣呢？是因爲那時已證得解脫分了。如果沒有解脫分的證得，縱使無量世中各以無量財、施無量人，仍然不得解脫，得不到諸佛的授記。這些話眞該說給慈濟委員與會員們聽的，因爲：不得解脫分而施無量財，盡無量劫布施以後仍然不能成佛的，因爲那都是人天果報，不是佛法修證上的證量或功德，如同外道的行善救濟一般，都同樣只能獲得世間善法上的未來世可愛異熟果報。

我這樣子說，也許有人不相信，認爲他們其實也有佛法上的修證；如果你們有人不信的話，可以去讀讀證嚴「上人」所有的書，看看在哪一本書上可以認定她已斷我見？其實一本也沒有！你們也可以去聽她的演講，看是在哪一次演講中能顯示她已斷我見？也都沒有！而且她還在書中特地強調意識心是常住不滅的眞心，顯然落在常見外道見中。像她這樣的凡夫見解，假使能生生世世都繼續作慈濟人，而在未來無量世中都以無量財來施無量人，結果還是不得解脫分的；因爲她沒有斷除我見，還堅持有生有滅的意識心是常住不滅的心，所以我才會在書裏面說她是個凡夫。這不是自讚毀她，只是對她書中誤導眾生的嚴重錯誤說法作了回應，也是要刺激慈濟的大眾們去正視他們法道修行錯誤的事實，也提醒他們得要趕快想辦法斷除我見。如果他們能斷除我見，再於一世中以少財、少物施於少人，未來無量世中也能獲得無量果；這是因爲施的果報和施者的證量有密切關聯的緣故：證果越高者布施的財物雖少，果報卻都是無量大。這個行施的因果正理，佛在後面經文中會說，這裡先不說它。

他們如果能先斷我見——開悟明心的事且先不談——斷了我見而做一世的財施，在未來世中都能獲得無量果；既然會有這麼大的利益，爲什麼我們不告訴她們呢？所以有的人於無量世以無量財施無量人而不得解脫分法，正是因爲我見不斷的緣故；如果是無慧而又加上瞋心不斷，就更難發起解脫分了。但是有的人正好相反，他只是這一世曾以一把麵——你用手掌抓起的一把麵其實很少——去給行乞的乞丐，結果就可以得到「如」見的解脫分法；「如」見，就是說不落於一切法空斷滅見解的解脫分。「不如」就是沒有「如」，「不如」的解脫分就是印順他們所說的解脫道，就是落於斷滅境界的解脫道；得「如」的解脫，表示所證的解脫不是斷滅境界；這樣證得「如」的正見解脫分，那才是眞正的解脫道。有的人一世中就只是那麼一次——「一時」就是只有在那個時間——以一把麵給行乞的人，就獲得解脫分法；有的人卻無量世以來都以無量財來給無量人，卻得不到解脫分；差異眞的太大了！

施是如此，持戒也是如此：有的人曾經在無量佛所（因爲輪轉生死已經很多世了），每一次遇到有佛出現在人間時，都曾在佛前親自受戒；這都是上品戒，戒體一定是很殊勝的，可惜的是他仍然不得解脫分法，因爲他沒有解脫慧中的聞慧、思慧等法，所以不得解脫分法。可是有的人只有在佛前一日一夜受八關齋戒，或者受了沙彌八戒，就能獲得解脫分法，這種事情在 佛陀住世之時就已經有了！相差眞的很大。一個是在無量世中，於無量佛所親受無量戒而仍然不得解脫分，另一人是只有一次受持一日一夜的八關齋戒，就獲得解脫分，證得初果、二果、三果不等。

也有人修慧不得力、不得法，他在無量世、無量佛所——那已經是經歷了很多劫——在每一位佛前都受持了十二部經，並且每天都課誦不斷（現在每間寺院不都是如此嗎？《心經》都誦到滾瓜爛熟了，結果有誰悟了呢？這就是修慧而不得法、不得力），有人這樣親從佛受十二部經而每天課誦不斷，結果仍然不得解脫分法。可是有的人只要讀過一個四句偈，藉此偈義而努力觀行之後就獲得解脫了。譬如 佛陀在世時的周利槃特伽，他是僧團中最笨的人， 佛陀叫他一面掃地、一面口唸一首偈；可是他讀了前句就忘了後句，讀了後句就忘了前句，四句偈始終無法記得住，佛就教他說：「你只要唸『掃帚、掃塵，掃帚、掃塵』就好。」並且叫他拿個掃帚，若有比丘進來了，就幫比丘把身上灰塵掃一掃；比丘們脫了僧鞋時，他就得要把鞋子拿來掃塵、掃塵。最後他知道掃塵的目的是要掃掉心中的塵垢，他就眞的掃掉心中塵，就成爲阿羅漢了！這還不到一首偈呢！所以各人發起解脫分的因緣並不相同，他就是從掃塵中體會到「要把貪瞋痴斷掉，要把我斷掉」。他體會出來了：只要我存在，就是染污。

爲什麼修解脫道的人們會有這樣一增一減的差別呢？是因爲一切眾生的心各不相同：有人特重貪，有人特重瞋，有人特別愚痴。所以在貪瞋痴三個部分中要如何用功、如何得法？那就是善知識的責任了。因爲一切眾生的心各各不同，爲眾生說法時就得有種種不同的施設。那麼得解脫分就是斷貪、瞋、痴，貪瞋痴就是三界法；人間與欲界六天就是欲界，欲界無非是貪，貪五欲嘛！色界是什麼呢？色界就是瞋，斷了貪而發起初禪之後就生到色界去；可是瞋心還沒有斷除，所以生在色界天。所以，沒有證悟而又不努力除掉好瞋的習性的人，即使後來修得第四禪了，下座以後的脾氣仍然是很大的；你要是在這種師父座下學法，可得要很小心，因爲他的脾氣一定很大。證得禪定的人大多自視甚高，往往是用下巴看人的；假使證得禪定的人是已悟者，他將會知道佛菩提的道次第，也就不會有這個問題存在了。還沒有開悟而證得禪定，以定爲禪而自認爲悟，這種人的脾氣都很大，絕對不是個隨和的人；你如果作了什麼事、講句什麼話，他聽了不中意，一定會對你破口大罵；如果他的涵養好一點，他不會罵你，他會整整三天都不和你講話，見了你就當作沒看見，從此開始排擠你，這就是色界中人仍會有的瞋。證得第四禪的人尚且如此，何況其餘的眾生呢？如果他能把瞋斷了，他就可以超過色界而進入無色界境界。

到了無色界，還是不能出三界，爲什麼呢？因爲還有痴嘛！這表示我見還是斷不掉，無色界痴就是我見：錯認虛妄的覺知心爲眞實不壞的常住心。證得四空定具足的人如果能斷得掉我見，一般都是立即證得滅盡定的；智慧較差的人，只需幾天也可以證得滅盡定。如果他斷我見之時還只有空無邊處定——這是四空定中最淺的定境——他以空無邊處定的定境作基礎，如果他今天來到正覺同修會，我爲他開示一遍，他明天、後天就可以證得滅盡定，成爲俱解脫大阿羅漢。他只要先斷除我見就夠了，在這時可以把我執同時斷除；這就是見修斷——見道與修道同時。爲什麼證得無色界最高境界的非想非非想定者，還沒有辦法離開三界生死呢？是因爲他還有痴嘛！他的我見斷不掉，我見一斷就成爲大阿羅漢，那時我執是同時斷除的。所以說「三界性就是貪瞋痴」，這三個部分如果能斷除，就可以出離三界了，因此說：因為眾生心的種種不同，而施設眾生解脫分的取證有惠施、持戒以及多聞等三個條件；惠施就是斷貪，持戒就是斷瞋，多聞就是斷痴，這是三個取證解脫分的方便法。

【「善男子！若人不能一心觀察生死過咎、涅槃安樂，如是之人雖復惠施持戒多聞，終不能得解脫分法；若能厭患生死過咎，深見涅槃功德安樂，如是之人雖復少施少戒少聞，即能獲得解脫分法。善男子！得是法者，於三時中：　佛出世時，緣覺出時；若無是二，阿迦尼吒天說解脫時，是人聞已，得解脫分。」】

講記　雖然有這三個方便——惠施、持戒、多聞——但不是有了這三法就能得解脫的，因為這三法只是發起解脫分的前方便；有了這三法，還得要實修。怎麼修呢？佛開示了這個道理：

如果有人不能專精一心的——一心就是專精而心無旁騖——來觀察二個部分：一、生死的過程中有種種的過失，二、涅槃中是究竟安樂的。

如果不能這樣子如理作意的觀察生死與涅槃，努力的惠施、持戒、多聞以後，還是無法發起解脫分的。處在生死之中而不能出離，是有過失的——咎就是指原因——對造成生死過失的原因，你要去弄清楚，而且一心專精的觀察生死過失的原因，並不是聽過就算了。一心觀察生死過咎以後，還要一心專精的觀察涅槃中的安樂；也就是說，涅槃之中無我、無人、無眾生、無壽者，也沒有任何一法存在，那就離開了生滅的現象了，就離開生死輪迴的痛苦了，這就是涅槃的安樂。

如果有人修習惠施、持戒、多聞三個方便法，但是對生死的過咎、涅槃的安樂卻無法一心的觀察，這個人就算他很努力的廣施恩惠於眾生，而且持戒很精嚴，又時常聽聞解脫分法——即使他所聽聞的解脫道是眞正無誤的法義——但他始終還是不可能證得解脫分法；因爲他做了惠施、精嚴的持戒，可是聽聞解脫分法以後立即忘光了，聽聞之後沒有如實的思惟與觀察，沒有辦法去認定「有自我存在之時就會有生死」的道理，所以這種人始終不能獲得解脫分法，他聽經聞法的目的只是在求世間的福報而已。反過來說，如果他能厭患生死，把造成生死輪迴過失的原因——也就是我見——詳細的觀察，了知輪迴生死所產生的原因就在於我見與我執不能斷除，生死的過咎就找出來了！找出來之後就能厭患造成自我會有生死的原因，就會深入瞭解我見與我執的內涵；他討厭我見、討厭我執，厭患生死的過咎觀察就完成了！

接下來，得要一心觀察涅槃的安樂，要很深細、很深入地觀察，照見了涅槃的功德；當他觀見了涅槃的安樂以後，才會知道涅槃才是眞正的功德：使人不生也不死，更不是死了以後才住在涅槃中。能具足這二個法，一心觀察生死過咎、涅槃安樂的人，他再來做惠施、持戒、多聞，都將是有大功德的。這種人不管去何處稍微惠施一些、或者才剛剛受戒而持戒，就可以因爲如實的觀行而在惠施及持戒之際使心清淨，然後再稍微聽聞一下正確的解脫道法義，此時每聽聞一法都可以增進他的解脫分法，所以說他少施、少戒、少聞就可以獲得解脫分法。因此，從佛的這一段開示來看，想要取證得解脫的人，最重要的還是在解脫道的智慧上面：也就是一心觀察生死過咎、一心觀察涅槃安樂，然後聽聞正確的解脫道法義。

佛接著開示：得到這個可以令人確實解脫的法義的人，是在何時可以獲得這種解脫法呢？答案是只有在三個時間才能獲得這種解脫分法：一、是　佛出世時，就好像我們現在一樣，有　佛出世了；而且有正確的解脫道法義遞傳下來而不斷絕，這就是有　佛出世時；一直到末法最後時間正法滅盡爲止，都是　佛出世時。二、是在有緣覺出世時，沒有　佛出世時往往會有緣覺出世；在無佛法住世時，不會有阿羅漢出世，因爲阿羅漢又名聲聞，他們得要聽別人宣說解脫道正法，才能證得解脫果，阿羅漢一定是佛出世後才會有，所以不會是在沒有佛出世時得到解脫法。可是緣覺出世時也不容易得到這種法，因爲緣覺通常是不說法的，往往只是用簡單的二、三句話說完了，就不再講了；那你得要智慧非常好，才能取證因緣法而斷我見與我執，因此緣覺出時是第二個獲得解脫分法的時候。

如果沒有遇到這二個時節，那就只剩下一種：在色究竟天聽聞　佛說解脫分法。可是你要怎麼到色究竟天聽聞　佛陀說法？沒有辦法去啊！只有已得無生法忍而證得第四禪或四空定的人，聽說現在色究竟天有　佛在說法時，他起心動念化現出化身，才能去到色究竟天去聽法；上界天才能來到色界的色究竟天，四禪天人還是上不去的，得要有無生法忍的證境才行。四禪天共有四天，四禪四天上面還有五不還天；可是 佛不在五不還天的下四天說法，下四天是人間證得解脫果的人生到那邊去，證得第四禪的人也是去不了的。五不還天的下四天境界，只有四空天的眾生已斷五下分結，或者在人間證得四空定而且有五神通，並且斷了五下分結的聖人，或者在色界天證得四空定而斷了五下分結的人，才可以去到下四天中聽化佛說法；色究竟天則只有諸地菩薩捨壽才能往生，或者人間的諸地菩薩修得四禪境界及五神通以後，才能以神通境界化現化身去那裡聽 佛說法。

你如果說：「老師！你現在又沒有教禪定，我們也沒有證得第四禪、四空定，那我們要怎麼去？」那很簡單啊！你好好修般若、發起種智就可以了，發起初地的入地心時，捨壽後就可以去；又沒有規定要滿地心或幾地心才可以去，只要有初分的道種智，捨報時發願說：「我只想要去色究竟天見 佛聞法。」那也可以去啊！沒有道種智的話，就只能努力斷除五下分結而求生五不還天的下四天去，那也可以聽聞到解脫分法而實證四果；但是菩薩的實證解脫分，並不是修二乘法的解脫分，所以聽聞正法而發起解脫分的第三種時間就是色究竟天裏 佛正在宣說解脫時，這也是佛出世時。如果去到那裏聽了　佛的開示，你也可以先證得阿羅漢果。其實初地菩薩這一世好好的在解脫道上面修，捨壽時也可以取證阿羅漢果啊！如果不想特地專修解脫分法，世世再來人間而修無生法忍，到達滿地心時也一樣可以證得解脫果的，只是他故意留著一分思惑不斷，不然他也可以取證無餘涅槃的。以上所說就是獲得解脫分的三個時間。

那麼諸位捫心自問：「有沒有福報？」（大眾回答：有！）有嘛！現在正是　佛出世時，正法還在流傳啊！還沒斷滅啊！所以你們算是很有福報的。其實，說一句讓你們高興的話：你們有的人都曾親見過　釋迦佛，只是隔陰之迷而忘記了。有的人當年見到　佛時，佛正在說法，他進到講堂，找個地方就坐下，連向　佛點個頭都沒有；有的人是向　佛問訊才坐下的，有的人是禮拜以後才敢坐下。以前親值　世尊，現在才有機會進到正覺講堂來；所以同樣是進到正覺同修會來，各人的因緣差別還是很大的。所以你們得要記得：進來講堂後一定得先禮　佛再坐下來。養成習慣以後，種子還在，未來很多世以後親見　佛時，就不會只點個頭就坐下來，一定會恭敬禮拜後再坐下來聽法，這也會影響到學法的進程快慢。以上所說是得解脫分法的三個時間，末法時間過了以後，人間就很難得聽到解脫分法了。

【「善男子！我於往昔初發心時，都不見佛及辟支佛；聞淨居天說解脫法，我時聞已，即便發心。善男子！如是之法，非欲界天之所能得，何以故？以放逸故。亦非色天之所能得，何以故？無三方便故。亦非無色天之所能得，何以故？無身口故。是法體者，是身口意。鬱單曰人亦所不得，何以故？無三方便故。」】

講記 接著強調身口意的重要了。這三個法，佛說：「我釋迦牟尼在往昔無量世前，初發心時根本就沒有遇見過哪一尊佛，也沒有遇見過辟支佛，我是聽人家說淨居天還有佛在說解脫分法，我聽了以後就發心學佛。」意思是：既然那裏有在宣說解脫分法及佛菩提法，我就可以發心修善修定，求生阿迦尼吒淨居天。雖然光是修善修定，還是去不了淨居天，但往世就是這樣的因緣而發心學佛的。

佛又解釋說：這種解脫分法，不是欲界天的天人們所能得到的。欲界天已經是很好的境界了，生到欲界天以後，如果常常來人間示現的話，大家都會奉他爲聖人的。不說別的，一個普通人，假使好好的修習神通，如果他的神通修得夠廣大，人家來見他，把頭頸一摸，病就好了！遇到疑難雜症時，在身上搓一搓，弄個髒東西給他吃，病也好了！再不然，吐一口痰給他吃，病也好了！我告訴你，大家都會說這個人是聖人。只要他不貪財、不貪女色，大家都會說他是聖人。但是在佛法裏，他仍然只是凡夫，因爲我見未斷、我執未斷、實相未證。

德蕾莎修女被天主教的教宗封爲聖人了，但是從佛法的果證來看，她還只是凡夫。所以她在天主教中可以是聖人，因爲超過世間一般人的行爲了，但是若從 佛法中聖人證境來看，即使是天主教的天主，也還是凡夫中的神祇；因爲耶和華並沒有證得解脫分法，更沒有親證實相心，所以也不懂法界的實相，當然更不懂菩薩的智慧心境。在佛法中，斷了我見的人，才只算是初入解脫分法而已，可是欲界天人還是沒有斷我見，因此說這個法不是欲界天的天人可得。欲界六天中任何一天的天主，只要他不是菩薩紆尊降貴去就任的話，都是不能得解脫分法的；因爲欲界天的天人、天主一般而言都是放逸的，一天到晚享受五欲，貪還沒有斷。

可是色界天的天人也不能得，因為色界天的天人沒有這三種方便。譬如第一方便的惠施，他又沒有一天到晚在恩惠眾生，因為色界天人不需要別人向他們布施財物、食物。色界天人也沒有在持戒，因為他們都有定共戒，所以他們不持佛戒，他們只靠定共戒持身，所以下座離開定境時就會起瞋，瞋心不斷的話，五下分結是斷不了的，就無法證得解脫分法。

至於無色界，就更無法獲得解脫分法了。貪是身戒，瞋是口戒，痴是意業的戒；無色界天人只有意業的戒，可是他們無法斷痴，因為他們都沒有這三個善方便中的多聞，他們總是住在定中，想要證得更高層次的禪定，因此在身口意三法上面，施、戒、多聞都沒有辦法得到，因此沒有多聞的身、口、意三法，那就沒有可以實證解脫分法的體，就得不到解脫分法。無色界為什麼不得呢？因為沒有「身、口」二法來作為解脫分法的體；他們無法多聞，他們都聽不到解脫分法。到了無色界時，連身、口都沒有，又要如何請法、聽法？你想要請法、聞法時，總得要有個身體、有個嘴巴，才能請法、聞法，可是無色界無身、無口，意又如何能請法、聞法？除非他們心裏面一直記掛著：我要迴向解脫道、佛菩提道，然後捨掉四空天的境界，來到四禪天中——也就是生到色界天裏面來——念求 佛菩薩化現接引，否則既沒有身口而只有意，就無法成就這三業，就無法多聞了！

因此，他們生到四空天去，眞正是失策，因爲生到無色界以後，一萬大劫、二萬大劫、四萬大劫、八萬大劫都是一念不生的定境；等到時間過了以後，又下墮三途了而往往不在人間了，這不是有智慧的人所做的事，所以他們應該生到色界天去。在色界天中都有身有口，可以請法，才能有身口意三法作爲解脫分法的體。因此 佛就做了一個總結：一切法體諸解脫分，都以身口意爲體。

所以有智之人不應該一天到晚以爲打坐就是修行、就是求解脫，解脫三界生死的法不是在靜坐的一念不生上面得，修定不能得解脫——不能出離三界生死苦。即使是滅盡定的取證，也還是因爲解脫智慧而證的，不是以定境而證得的。證得四禪八定後，如何證得滅盡定呢？是因爲解脫慧而取證，不是因爲定力而取證滅盡定。如果修定能解脫，證得四禪八定具足的外道們早就都解脫了！但仍然是不得解脫啊！還是得要 佛爲他們說法，在我見斷除的當下成爲俱解脫者，成爲 佛弟子。有的人連初禪都沒有證得，他也得到解脫果，所以都是由智慧而得解脫的。可是智慧的證得，都得從聽聞　佛說、菩薩說，才能證得解脫分，那當然得要有身口意三法才可能實現，所以身口意三者是解脫分的法體。不能一天到晚想把身口意給滅了，住在空無所有當中去取證解脫分法，那是無智慧的愚痴人。

四天下中的鬱單曰人也不能得到解脫分法，因爲他們那邊沒有惠施、持戒、多聞等三種方便法。鬱單曰人的境界倒是有點兒像一部分的洋人，可是洋人還得要朝九晚五上班求生，鬱單曰人卻不用，他們想要吃什麼，去拿就有；想要住下來，隨便去找都有；想要穿衣，隨便都拿得到。他們沒有家庭組織，也不斷淫貪，起了欲心時，隨便遇到一個異性，雙方看對眼了，就直接去辦事；辦完了就各自離開，互不繫屬，當然沒有人在賣淫，不須有人來賣身體。在那邊想要任何財物時，沒有人需要你的財物，你還能布施嗎？他們需要什麼財物時，到處拿都有，生活無虞而不匱乏，也沒有眷屬互相繫縛，所以他們生活過得很自在，所以他們既不惠施、也不持戒，也沒有所謂侵犯人家眷屬的事。

鬱單曰人沒有結婚與家庭等事，雖然仍有男女，但是都不結婚、不組織家庭來互相繫屬。那邊的日子那麼好過，不必偷、不必搶、也不必工作，都能過得很快樂，當然也就不用殺人來強取財物或眷屬，那也就沒有受持殺戒的必要了，所以那邊也沒有戒可受持。至於解脫分法的修持，他們因為日子很好過，完全不覺得苦，你告訴他們說：「我們來修解脫法吧！」他說：「我在這裏就很解脫了，還要修什麼解脫法？」他們都聽不進去。同理，我們這裡的中產階級修解脫分法比較容易，貧窮人修解脫分法更容易，因為日子很難過，希望趕快解脫生死，免得再來人間受苦；中產階級日子半苦半樂，也還可以修解脫分法；可是很有錢的人，你要他修解脫道就很難，要他修學佛菩提道也很難，因為日子過得太容易了，都不覺得苦，就不會想要解脫生死的痛苦。所以鬱單曰人不能行施，也無法修學戒德，也沒有辦法多聞解脫分法，他們如何能得解脫分呢？所以他們的身口意三法都無法修解脫分法。接著　佛說：

【「是解脫分，三人能得，所謂聲聞、緣覺、菩薩。眾生若遇善知識者，轉聲聞解脫得緣覺解脫，轉緣覺解脫得菩薩解脫。菩薩所得解脫分法，

不可退轉，不可失壞。」】

講記 佛又作了一個結論，證得解脫分法的人，他們的解脫有三種：經由聲聞菩提而證得解脫，經由緣覺菩提而證得解脫，以及經由佛菩提而證得解脫。因爲這三種菩提是不一樣的，所以佛說解脫分法有三種人能證得，就是聲聞種性的人、緣覺種性的人以及菩薩種性的人。不定種性的眾生如果已經證得解脫，假使後來遇到不同善知識的話，也可以轉聲聞解脫爲緣覺解脫；也就是說，他本來所得到的解脫分法只教四聖諦、八正道等法，讓他可以觀察五陰的苦、空、無常、無我，他如實觀察之後，如實證驗十八界俱空，證得阿羅漢果，這個是聲聞解脫；如果他有因緣遇到教授因緣法的善知識，爲他解說十二因緣——「如」見的十二因緣而不是印順法師「非如」見的十二因緣——他就可以轉聲聞解脫爲緣覺解脫。同理，假使他遇到的善知識是菩薩，他就可以轉緣覺解脫爲菩薩解脫。

爲什麼呢？因爲他證得聲聞解脫以後，可以從十二因緣法上去觀察、思惟、論斷，然後在十二因緣法上如實現觀，他就可以把聲聞解脫轉爲緣覺解脫啦！如果緣覺解脫的人遇到善知識告訴他佛菩提道的眞義，也告訴他名色所緣的識是如來藏，也告訴他無餘涅槃的實際就是如來藏，並且讓他可以親證的話，他的緣覺解脫就可轉變為菩薩解脫。所以，同樣是解脫道，所入的無餘涅槃境界都是一樣的，可是這三個人說出來的解脫法和解脫智慧一定不一樣；所以菩薩能知緣覺的解脫，緣覺能知聲聞的解脫，聲聞阿羅漢則不知緣覺的解脫，辟支佛也不知菩薩的解脫；所以這裏面三個人所說出的解脫道會有不同；雖然三個人捨壽所入的無餘涅槃境界是完全相同的，但是解脫知見與解脫證境是不一樣的。

聲聞解脫、緣覺解脫是可以壞滅轉易的，譬如遇到菩薩善知識，告訴他緣覺解脫的妙義，聲聞解脫就壞了，轉成緣覺解脫；緣覺解脫遇到菩薩的幫助，轉成菩薩解脫，他的緣覺解脫就壞了。可是菩薩所得解脫分法沒有辦法壞——只能增益而沒有辦法壞失——沒有人能退轉他。聲聞解脫如果是慧解脫，有時會被轉退，所以古時也有慧解脫的阿羅漢成為退分，轉退為三果人；但是因為有　佛攝受，所以他們仍然在後來進為不退的阿羅漢。如果沒有　佛的攝受，正巧慧解脫阿羅漢也因為智慧力不夠，被能言善道的人嚇唬之後，也是會有退失的。但是菩薩的解脫，如果已經到通達位了，一定不可能壞失；這裏所講的菩薩解脫是指初地的入地心以上，因爲這是大乘見道圓滿了；假使見道還沒有圓滿通達，還是會有壞失的。這裏所講的是菩薩入地心以上，都不可能退轉。假使　佛來考驗而嚇唬他，也不可能退轉的；因爲，如果　佛要否定他的話，他會說：「佛啊！您在哪部經曾經這麼說解脫，爲什麼現在要這麼說？從法界的實相來看，如果這個解脫境界被否定了，那麼法界就沒有實相了！」因爲菩薩初地以上所證的解脫分，和　佛說的諸經所說完全相同，如果　佛要否定他，他就把　佛在諸經所說拿出來比對，　佛就不能否定他了。如果否定他，豈不等於自打嘴巴？十方世界哪有這樣的佛？如果會有那樣的佛，那一定是波旬化現的，一定會被菩薩看穿而挨罵的。所以說菩薩所得的解脫分法不可退轉，沒有人能退轉他；不管是任何人來告訴我：「你這個解脫道是錯誤的，一定是意識細心可以進入涅槃中安住的。」我一定會一棒打過去，因爲他眞是亂講；所以沒有人能退轉我的解脫分法，也沒有任何辦法可以失壞我的解脫分法；因爲不管是誰來講，解脫的正理永遠都是如此。依這個理，所以說二乘解脫可壞、可失、可退轉，菩薩的解脫不能失壞、不能退轉。

【善生言：「世尊！說法之人復以何義？能善分別如是等人有解脫分？如是等人無解脫分？」「善男子！如是法者二人所得，謂在家、出家。如是二人至心聽法，聽已受持；聞三惡苦，心生怖畏，身毛皆豎，涕泣橫流；堅持齋戒，乃至小罪不敢毀犯，當知是人得解脫分法。」】

講記 現在說到戒法上面來囉！善生菩薩問 佛說：「弘揚佛法的人，究竟是以什麼樣的道理，而能善於分別這一些人有解脫分，那一些人沒有解脫分的呢？」這一點很重要，你們來正覺同修會學法，一定要有這個見地啊！不然，你悟後又如何能出來弘法呢？出來弘法時一定要有見地，能判斷諸方大法師、大居士乃至所有的外道：誰是有解脫分的，誰是沒有解脫分的。你都要能判斷啊！他們所著作的書中都說自己已證解脫，書中所說能令人解脫，但你讀過就知道：「這個人沒有解脫分！」爲什麼讀過就知道呢？因爲你看清他們的我見都沒有斷除嘛！有時某某大師、某某大居士的錄影帶中說：「我可以教你現證涅槃、現證解脫果。」但是你拿來聽上幾句話，就敢說：「這些人沒有解脫分。」因爲他們的我見還沒有斷嘛！我見有沒有斷除，是很容易判斷的，只要他教你說：「你要時時保持清楚明白、念念分明，那就是涅槃！」你就可以說這個人我見沒有斷，因爲這都是意識境界，一聽就知道了。弘法的人一定要有這種見地，一讀、一聽就知道這個人有沒有解脫分。落在意識境界的人就是我見沒有斷的人，根本就不可能有解脫分；因爲解脫果共有四果，初果人就不落在意識的見解中了，我見確實斷除了；結果號稱已經證果的大法師、大居士卻仍落在意識境界中，連初果都沒有證，其他就不用再論啦！所以說，見地有沒有發揮出來，在解脫道的修學中是很重要的部分。

接下來　佛先從持戒上來說明學人有沒有證得解脫分，　佛說：善男子！有解脫分或沒有解脫分的判定，這個法只有二個人能得到，就是在我佛法中修行的在家人與出家人，外道中的所有人都沒有能力判斷。佛門裏面只有二種人：在家與出家。這二種人至心聽受我　釋迦牟尼說法以後，能接受奉持永不捨棄，當他們聽完眞正的解脫分法以後，並且聽到三惡道中的種種痛苦，心裏面恐怖畏懼，全身汗毛都豎立起來了——也就是畏懼到渾身都起雞皮疙瘩——乃至於涕泣橫流。涕就是流鼻涕，流鼻涕是因爲想到往世流轉三惡道中受盡了無量的痛苦，卻還不知道要修解脫道來出離生死苦，所以就很傷心，當然使得眼淚鼻涕都流下來了。爲什麼不是直流呢？當人傷心涕淚，用手擦一擦時也就橫流了嘛！

三惡道的痛苦情形，很少有人說明；如果有人把三惡道的無量痛苦詳細說明了，我保證諸位一樣會心生怖畏、身毛皆豎、涕淚橫流的。且不說地獄道，光說餓鬼道就好了：肚大如鼓，可是肚子裏面不是被食物撐飽，而是被餓火撐飽了，所以一張口吐氣就是火，得到食物想要吃時——不論你施什麼食物給他——口一張開，火噴出來就把食物燒成焦炭了，沒得吃啊！他們又很渴，一天到晚找水，希望能止息餓火中燒的痛苦；可是到了所有大河邊，那些水，他們看來卻不是清水，而是濃痰、膿血，根本不能喝。只有我們之中有誰感冒了，擤一擤鼻涕、吐一口膿痰，在他們看來卻是無上美食；他們的業力就是這樣，想想看：餓鬼道的日子好過嗎？想要搶一口濃痰都得要老資格才搶得到，又不是每天有人感冒在吐痰。

可是餓鬼道的果報受完而轉生去畜生道以後，日子就好過了嗎？也不好過。譬如養雞場的來亨雞，都是關在一個小籠子裏；牠們的一生就這樣子過，蛋若是下得少了，就被賣去當炸雞了！日子眞難過。所以眞的不能輕視戒法呀！大家都應該好好的持戒，千萬不要犯了重戒中的任何一戒，尤其不要犯了謗法的重戒；否則，萬一下墮三惡道，受苦都已經沒完沒了了，更不要提解脫分的修證了！

所以佛門中在家與出家二種修行人，至心聽受解脫分法以後，受持不犯；在修學解脫道過程中，聽聞到三惡道之苦，心中產生了恐怖畏懼，恐怕自己不小心犯了戒、造了惡業，會落到三惡道去。又詳細的思惟、觀察：若是落到三惡道去，那是怎麼樣的痛苦，所以心中產生恐怖與畏懼、乃至身上一一毛孔都豎了起來。有時詳細地思惟自己無量的過去世中，曾經無量次落在三惡道裏面，所受的苦楚無量無邊；輾轉三惡道無量劫以後，終於在今生好不容易的生而爲人，並且還能遇到究竟了義的正法，讓我們可以親證解脫道、乃至佛菩提道，心中不禁感歎，悲從中來，所以涕泣橫流。當大家經過如是詳細如實的思惟以後，就對自己受持的齋戒都非常小心。

齋就是忌口——不亂說話也不亂吃東西——齋就是清淨的意思。戒就是有禁忌而不可以做：譬如三皈依時同時受持的五戒，或是三皈之後一段時間補受五戒，又譬如受了菩薩戒或聲聞戒（聲聞戒即是出家戒）；在這些戒相中乃至小小的戒罪也都不敢去毀犯，能這樣的人才有資格得到解脫分法。也就是說，能畏懼三惡道之苦，能堅持齋戒乃至小罪都不敢毀犯，才有機會證得解脫果。這就是說，戒是修學佛法的基礎，如果戒不能持好，那麼佛法的修證就沒有把握，就不可能得到應修應證法的證量，也就是「修證非分」的意思，所以說戒法非常重要。但是很多人不能如實的理解戒法，往往犯了戒還不知道；往往正在毀壞正法時，卻自以爲是在護持正法。所以想要好好持戒的人，還得要在慧學上面多聞熏習，來建立正知正見，才不會錯把破法當做是護法，成爲嚴重的犯戒時卻還心中沾沾自喜。

【「善男子！諸外道等獲得非想非非想定，壽無量劫，若不能得解脫分法，當觀是人爲地獄人。若復有人阿鼻地獄經無量劫受大苦惱，能得如是解脫分法，當觀是人爲涅槃人。善男子！是故我於鬱頭藍弗生哀愍心，於提婆達多不生憐念心。」】

講記　佛開示說：解脫不是外道與凡夫所想像的境界，所以有很多人錯把一念不生的境界當作無餘涅槃的境界；乃至有人得未到地定時就認爲是親證解脫，有人證得初禪的一念不生乃至四禪的捨念清淨定境，他們就認爲是證得涅槃了，但其實都還沒有斷我見，因爲不管是什麼樣的一念不生境界，始終只是意識心境界；意識心最細微時可進入非想非非想定中，而這種境界是外道所說涅槃之中最高的層次，不過仍然不是眞正的涅槃，仍是三界中的意識境界。因爲仍然沒有斷我見，所以外道就算證得非想非非想定，生到非非想天去，壽命最長爲八萬大劫，中夭的話則不滿八萬大劫，仍然在三界境界中。他們的壽命雖然可以高達八萬大劫，如果沒有獲得解脫分的法——也就是沒有斷我見的話——我們應該要看待這個人其實是地獄人。因爲當他證得非非想定而生到非非想天，在天界享受定福；福報享盡了以後，他所剩下的就是以前還沒有受報的種種罪業。他會生天，是因爲定福廣大，這是三界中最高的層次。定福廣大而超過以往所造的地獄罪，所以隨重業、大業而受報，就會生到非非想天去；但是定福報盡了，已無福業可以依憑了，剩下的是過去所造的惡業，這時就會使他落入地獄中受苦，所以佛說：應該觀察已證非非想定的外道們是地獄人。

如果有人在阿鼻地獄——也就是在無間地獄中——雖然已經在那邊

住了無量劫，受種種的尤重純苦，所以叫作「受大苦惱」。但是如果他能得到解脫分法，也就是能斷我見的話，我們就應該這樣看待這個人：他是涅槃人。因爲他把我見斷除之時就會立即離開地獄。在地獄受報時，如果有機會聽聞 地藏菩薩說法，我見斷了而生大懺悔之心，就會立即離開地獄，離開地獄以後就永遠不會再入三惡道中了。所以這個人如果很精進，快則一生在人間取涅槃，慢則四生可以取涅槃；如果不精進而且很懈怠，最多也只不過七次的人天往返，也可以取涅槃。因此應當要看待這個地獄中的人是涅槃人。正因爲這個緣故， 佛對他成佛之前最後一位外道法中的老師——鬱頭藍弗——生起了哀愍之心；因爲 佛在人間成佛時，第一個想要度的人就是他，這位老師教導出家前的 悉達多太子證得三界中層次最高的境界，可是 佛在成佛之後以神通觀察的結果，發現這個人已經往生到非非想天了； 佛又觀察他天福享盡而下墮之後的去處，發覺他將會下墮地獄；因爲他在修證非非想定的過程中殺害許多眾生，那些眾生因爲打擾他修定，所以他生氣殺害許多眾生。正因爲這些惡業，天福享盡之後他即將下墮地獄中，因此 佛對鬱頭藍弗生起哀愍之心。

但是對提婆達多則不生憐念之心——不會可憐及想念他——這不是佛陀對他絕情寡義，而是因爲提婆達多至少在 佛陀座下時已經斷了我見，只是我所的執著還沒斷除，爲了想當新佛、想爭 佛陀的領導地位；那時他是愚痴，不知道 佛的位子不是爭來的，而是證量所得的；所以他就慫恿阿闍世太子去殺害父王，而他要殺害釋迦牟尼佛，兩個人要同時當王：一個人是當世間的新王、另一個人是當新佛。所以他推落大石砸傷了 世尊足趾，犯了出佛身血的大罪，所以成就了地獄罪。當他下了地獄以後，馬上知道懺悔；因懺悔及已斷我見與修得神通的緣故，所以 佛說提婆達多在地獄中猶如三禪之樂。爲什麼呢？因他後悔之後發願要生生世世護持正法。因爲他是斷我見以後造的惡業，所以他要受這個報；報盡了以後回到人間，他是一個涅槃人，一定會證得涅槃乃至成佛。因爲 佛看見了他未來的狀況，所以對提婆達多就不必生起憐念之心。

【「善男子！如舍利弗等六萬劫中求菩提道，所以退者，以其未得解脫分法；雖爾，猶勝緣覺根利。善男子！是法有三，謂下、中、上：下者

聲聞，中者緣覺，上者諸佛也。」】

講記　佛又開示說：「善生啊！就好像王子舍利弗與天子法才等人，在過去世的六萬劫長時間中求證佛菩提道，他們之所以會退失的原因，正因爲還沒有證得解脫分法的緣故。」爲什麼說他們沒有證得解脫分法？因爲《菩薩瓔珞本業經》中說，王子舍利弗與天子法才等人在過去世六萬劫中求證佛菩提道，後來明心——知道如來藏的所在了——但是因爲他們沒有善知識攝受，因此而退失於佛菩提道；也就是在六萬劫中努力勤修佛菩提道終於明心了，可是明心後沒有　佛菩薩、善知識攝受而生疑、退失了；他們退失佛菩提道之後，於十劫之中無惡不造；直到這一劫終於遇到了　釋迦牟尼佛，剛開始是學解脫道，獲得解脫分而成爲阿羅漢；成爲阿羅漢而有了解脫分法，　佛接著宣講般若時才能證悟而且不退失。

他們十劫前明心之後爲什麼會退失呢？他們都經過六萬劫勤求佛菩提道，十劫前才終於開悟明心；想想看，你們也眞夠幸運了，來到這裡只要兩年半、三年就開悟明心了，眞夠幸運！俗語說：「吃果子要拜樹頭。」「樹頭在哪裡？在這裡！」（導師指著身後的　釋迦世尊聖像）飲水思源——飲水要拜水頭——水源在哪裡呢？我們都要存著感恩之心，有的人說：「我明心了，沒事了！什麼護持正法？那是佛菩薩的事，與我無關。」那就不對了！人人都要感恩戴德才是，因此說：飲水思源。想想看：舍利弗尊者、天子法才，他們過去整整六萬劫勤修，才能在十劫前求得一個明心；但是沒有佛菩薩出現在人間攝受他們，所以就退失佛菩提道了！退失之後十劫之中無惡不造，遇到釋迦牟尼佛以後才終於先證得解脫果，然後又聽 釋迦牟尼佛講般若諸經而明心了，又聽講一切種智才能入地。

從這一段經文中，諸位要討論、探究的一點是：為什麼明心之後會退失佛菩提道呢？有些人認為悟後退失菩提是很奇怪的事：「悟了怎麼可能會退呢？」但是佛經中說：佛有一次度了幾億人天，其中有八萬人退失。所以退失是正常的。但是退分菩薩們的問題出在哪裡呢？出在他們沒有把所悟真心與涅槃的互相關係加以深入的思惟和觀察，就在這裡退失佛菩提道了。如果有善知識攝受，而自己也沒有私心或成見，所以願意被善知識攝受，那就不會退失了。不願意被攝受，是因為有私心、有成見、有慢心，覺得自己真的很行，認為自己比善知識更高超，不肯被善知識攝受，當然就退失了。退失的原因在於明心之後沒有把證悟的眞實心去與無餘涅槃境界作互相之間關聯、關係的推究和現觀，所以他們不知道：阿賴耶識不再出生十八界法時，就是無餘涅槃；也不知道離念靈知心完全是意識心，我見還沒有斷除。不能了知這二點，因此對阿賴耶識生疑，不知道阿賴耶識心體自身就是無餘涅槃的本際，想要另外找尋一個涅槃心，這時因爲我見還沒斷除——也就是沒有解脫分——所以就退回意識境界中，錯認離念靈知心爲更高層次的眞心，所以就退回意識境界而退失佛菩提道了。

另有一部分人退失於佛菩提，是因爲他們有不正確的心態。不正確的心態是說：他們心中始終有一個錯誤的觀念，他們認爲：開悟很困難，所以一定要很辛苦去證得的，才會是眞正開悟的法；輕輕鬆鬆很容易就可以證得，譬如二、三年就可以開悟的法，一定不正確。但是他們沒有想到，開悟雖然很困難，可是正當開悟之時也只是一念相應罷了！速度可是快得很呢！甚至於 佛在世時，講了一句話，聽者就開悟了，那更輕鬆！但是悟的背後要有什麼呢？要有福德與正知見。可是他們不懂，由於錯誤的觀念，認爲來同修會兩年、三年、四年，大不了五年、六年就可以明心了，人家祖師們山林樹下草衣木食努力參禪，結果參到死時，連個明心都沒有；這麼簡單輕鬆就悟了，在外面大道場一捐就是一千萬、二千萬的人卻仍然都悟錯了！你們正覺同修會算是什麼正法？因此他們心裡懷疑。懷疑的結果：被大名氣的惡知識恐嚇，認爲是大妄語，心裡就七上八下的擔心自己大妄語、會下地獄。然後假名善知識再引證印順法師所說的話來恐嚇他們：佛說的眞如心是另一個心，不是如來藏，如來藏是外道的神我。又說：如來藏與阿賴耶識不是同一個心，是後來第三轉法輪經典編集出來以後再把祂們合爲一個心，所以如來藏與阿賴耶識是二個心，所以你們悟得的只是阿賴耶識，那不是眞的開悟，你們都是大妄語者。他們聽了就跟著退轉了！退轉以後就跟著印順回到意識去，又回到常見的境界中了！

可是，事實眞的是這樣嗎？不然！未來我們《阿含正義》出版時，將會提出證據來。在阿含中說祂就是同一個心，眞如心、阿賴耶識、如來藏並不是三個心，不是到後來第三轉法輪時再合併爲一個心的。結果是印順自己沒有智慧去判斷，又因沒有能力自己體驗出來，就被外國的一分佛學研究者誤導了！他們退轉的人，當初因爲是探聽來的，或者是我爲他們明講的，或者是機鋒太明白，讓他們悟得太輕易，所以沒有辦法把應該有的慧力發起來，因此生疑而又無法自己決疑。加上私心作祟或者慢心而不能接受善知識的攝受，結果就退轉了，要另外再去找一個想像中的眞如，但想像中的眞如法是錯誤的法。因爲「眞如是識之實性」，如果沒有文字障的人，讀了就清楚知道：眞如只是識體所顯示出來的眞實性。換句話說，眞如就是識性。有文字障的他們就沒辦法弄清楚，他們就另外創立新說：「眞如既是識之實性，所以識的上面另外有一個眞如心。」這就是文字障，加上不肯被善知識攝受，就只好退回離念靈知的意識境界中了，結果他們所謂的增上，其實只是退回我見、常見之中罷了！所以說，明心之後，你如果願意接受善知識攝受，就不會再退失；沒有善知識的攝受往往會退失掉，就會像十劫前的舍利弗等人一樣，在以前六萬劫勤求佛菩提道，好不容易明心了，結果卻因爲沒有善知識爲他們決疑，所以在十劫前退失掉；回到意識境界中以後，就會與六塵五欲相應，所以十劫之中無惡不造。好在後來遇見 釋迦牟尼佛才又重新走回佛道中來。

去年那些人明心之後爲什麼會退失呢？因爲他們在明心之前沒有先

獲得解脫分法嘛！解脫分，有二乘的解脫分和大乘的解脫分。二乘的解脫分就是要了知涅槃的修證內容，它的實質就是把我見、我執斷除；可是斷除自我以後，有誰能入無餘涅槃？沒有嘛！所以二乘解脫分法就是把自我消滅掉的方法。消滅掉自我，就是自殺；可是世間人自殺是殺不盡的、殺不死的，因為色身死了又去投胎，下輩子又有色身，所以永遠殺不死的；所以說每個人都是金剛身，都殺不死。有誰能永遠殺掉自己？都不行啊！只有斷盡我執的聖者才能一次就把自己殺掉。每一個眾生都是大力魔神，殺死了就又自己活過來，永遠殺不死；只有阿羅漢能把自己眞的殺掉，除此以外沒有任何人可以把自己永遠殺掉。能把自己殺掉而永遠不再出生，那才叫做證得二乘涅槃。

但是二乘聖人的證得涅槃，從大乘明心者的見地與二乘的見地來說，是不一樣的。二乘人證得涅槃，其實無所證，他們沒明心，所以他們不知道涅槃裡面是什麼；大乘菩薩有明心，經過詳細的探究之後發覺：「啊！原來無餘涅槃裡面就是明心所證的那個如來藏啊！」現在知道如來藏了，他就知道：要滅盡五陰十八界而只剩下如來藏，才能叫作涅槃，才是脫離生死。只要把我執給斷盡，就與解脫分相應了。這個見地通透了以後，我執還沒斷盡之前也有解脫分相應，不再把五陰中的離念靈知當作是眞實常住的萬法根本，就不會在六塵境界中生起貪著名、利……等惡法。就不會退失佛菩提道了！如果不是這樣，落在離念靈知心境界中，就會被名、利……等法繫縛，就是沒有得解脫分法，那他就一定會退失掉。

可是，當年舍利弗等人六萬劫求菩提道，退失了以後雖然還沒有得解脫分法，還在造惡，卻仍然還是勝過緣覺種性人，他們的根性還是比緣覺猛利的。爲什麼呢？因爲緣覺始終沒有接觸到如來藏識；他們卻曾經在十劫前接觸過了，雖然後來不信祂就是萬法的根源，所以退失了。但他們至少知道：有這個第八識阿賴耶存在。單憑這一點，就勝過緣覺人了。緣覺雖然捨報時可以取無餘涅槃，其實是不如當時舍利弗等人的退失佛菩提道。因爲他們縱然退失了，就算說十劫後仍然沒有遇到 釋迦如來，下了地獄七十大劫也都沒有關係，回來之後照樣可以悟，等到這時一悟就會與以前的悟不一樣的；所以說明心之後退失了，即使沒有解脫分法，還是勝過緣覺聖人，因爲他們的根性——智慧的根性——終究還是勝過緣覺辟支佛，因為他們曾經接觸過如來藏啊！就好像是：一個人從來沒有去過美國，有一個人去那邊玩個十天、半月回來，後來他輕嫌美國：「唉呀！美國我住不慣啊！我不要去了，台灣還是比美國好，我不想去了。」其實，以一般人的想法來說，美國的生活環境還是比台灣好，台灣太擁擠了！（不過我們正覺會員不同，因為這裡有法，那裡沒有法。以一般人來說，其實賺了錢去那邊生活是不錯的，環境好，不吵雜。）但是這個人回到台灣以後，還是勝過那個想要去的人，因為二邊的情形他都知道了嘛！不像另一個人只知道一方的事情，所以退分的舍利弗等人還是勝過沒有退過而又不曾體驗過如來藏的辟支佛，因為沒有退過的辟支佛聖人沒有體驗過如來藏，二者的慧根不一樣。

所以 佛接著講，解脫分法有三種：下品、中品、上品；下品的解脫分法是聲聞人所證的解脫，中品的解脫分法是緣覺所證的解脫，上品是大乘佛法中，諸佛所證的解脫。為什麼會有三種的差別呢？因為下品聲聞人所證的，只能從四聖諦、八正道去現觀五陰十八界的虛妄，觀不到十二因緣法，只以這些現觀去取證無餘涅槃，他們的智慧狹隘而不寬廣；中品菩提是緣覺，不但可以通透四聖諦、八正道，還可以通達十二因緣，順逆觀察十二因緣而得通達，所以勝過聲聞人的解脫慧。可是緣覺雖然勝過聲聞聖人，但是這十二因緣推究到前頭是無明，無明是從哪裏來的？無明究竟躲在何處？總不可能無明是在虛空中吧？不應該像星雲法師說的「佛法在虛空中」，也不該如盧勝彥把虛空當作法界實相，虛空中有什麼佛法與實相可說呢？虛空是無法，只是施設的名相；因爲虛空是依物質的邊際無物而施設的名相，虛空其實是依色法而施設的，本是唯名性空，哪兒會有佛法存在呢？可見星雲與盧勝彥根本不懂佛法，想像了以後就亂說一場。

緣覺聖人推算到後來，知道無明不是依附於虛空而存在的，一定另有一個常住不滅的心，而無明就依附這個常住不滅的心而存在。可是那個常住心在哪裏？他不知道！很多修行人在找心，問題就出在這兒。他們想：「我的善業種子、惡業種子都在心裏面，可是我所知的靈知心卻無法自己操控種子，想要把惡業種子丟掉卻丟不掉，顯然收藏無明種子的心不是靈明覺了的意識心，那我就得找尋另一個心。」他們就仔細看這個煩惱種子、惡業種子從哪兒跑出來？他就去找，但是永遠找不到，因爲無明等種子又不是像植物種子一樣，怎會一顆一顆地跑出來？種子叫做「界」，界又叫做功能差別，不是像植物種子一樣一顆顆的。以前常常有人說：「妄想就是因爲有無明的種子，所以妄想從那裏來，我就從妄想前頭去找，一定找得到無明的所在，就可以找到那個常住心。」結果找來找去找了三、四十年後，還是一場空，找不到常住心在何處，所以說他們眞的被無明所罩。因此佛菩提道的開悟，得要親證這個無明所依的主體識。這個本體識在哪裏？第八識心體在哪裏？當菩薩親證了以後，了知無餘涅槃之中就是祂了，卻不取無餘涅槃，一直往前修，達到了佛地，成就了四種涅槃：本來自性清淨涅槃、有餘涅槃、無餘涅槃、無住處涅槃。最前與最後的二種涅槃，聲聞、緣覺連想都想像不到是怎麼回事。既然有這三種的不同，二乘聖人連七地前的菩薩所證的本來自性清淨涅槃都不懂，那就更別說佛地的無住處涅槃了！同樣地，菩薩八地證得前三種涅槃時，都還不知道佛地的無住處涅槃，二乘菩提的實證者——阿羅漢與辟支佛——就更不可能知道了！所以說上品解脫分法的具足內涵，是諸佛之所證。

【「善男子！有人勤求優婆塞戒，於無量世如聞而行亦不得戒，有出家人求比丘戒、比丘尼戒，於無量世如聞而行亦不能得，何以故？不能獲得解脫分法，是故可名修戒，不名持戒。」】

講記　佛又開示說，有的人很精進努力的求優婆塞戒的菩薩戒體（受了戒才有戒體，沒有受戒就沒有戒體），但是他們在無量世中，依照所聽來的菩薩優婆塞戒的內涵努力去修行的結果，還是得不到戒體。也有人出了家，求比丘戒或比丘尼戒，結果也得不到戒體；乃至無量世依照所聽受的比丘戒、比丘尼戒的戒法，認眞的奉行以後也得不到戒體。爲什麼得不到戒體呢？都是因爲還沒有獲得解脫分法！

這個戒體講的是什麼？不是講一般的受戒。心裏面有著戒的力量，能約束自己的身心，就叫做戒體，這是從解脫分法來說的。換句話說，受戒以後，不管你是受菩薩戒或是出家的聲聞戒，或者二者俱受；如果沒有證得解脫分法——不管是滿證或分證——都不算獲得戒體。所以沒有悟之前受菩薩戒，只是受個形式而已，只是以戒相來約束身心，不算是得到了戒體；對於眞正菩薩戒的戒體，其實是還沒有得到的，只是在世間相上說有戒體：藉著戒相來約束自己不會犯戒，不會造惡行非。現在 佛說：若要論眞正的戒體，得要有解脫分法。換句話說，若是聲聞戒的戒體，要得解脫分的話，至少要斷我見，才算是眞正得到出家戒的戒體了。

佛陀這個說法，是從比較高的層次來講的；因爲菩薩優婆塞戒是了義法，所以是以比較高的層次來講的。梵網、地持、瓔珞、瑜伽等菩薩戒也一樣，得要明心了才算眞正獲得菩薩戒的戒體，所以悟前受了菩薩戒，其實只是得到戒相而已；得要悟了轉依成功了，悟前所受的菩薩戒才會生起眞實的戒體。因爲明心之後去觀察所悟的阿賴耶識如來藏，與涅槃之間互相的關聯，與一切善惡業種子互相之間的關聯，這樣才可說獲得解脫分法，有了解脫分法就是有了菩薩戒的戒體，因爲已經了知一切善惡業、無記業的種子都會存在自己的第八識心體中，絕不會漏失，心中決定而不再有疑，所以不會再造作一切的惡業了，戒的力量就出現了，這就是戒體。佛說：爲什麼這些人求菩薩戒、求聲聞戒，結果都不能得到戒體呢？因爲沒有獲得解脫分法！所以，在二乘解脫道中，還沒有斷我見而得到的出家戒、在家五戒，都成爲修戒而不名持戒。在大乘法裏面也說二地滿心菩薩才是眞實持戒者，所以才說二地滿心菩薩的持戒是增上戒學，和以下菩薩們所持的菩薩戒不同，當然與破參明心後的持戒者不一樣，所以他是增上戒的受持者。但在這裏，是以證得解脫果作爲持戒；換句話說，至少得要先斷我見；如果還在執著離念靈知之心，那就沒斷我見，在菩薩優婆塞戒來講，這個人還不算持有戒體，只能叫作修戒，不能說是持戒者。

【「善男子！若諸菩薩得解脫分法，終不造業求生欲界、色、無色界，常願生於益衆生處。若自定知有生天業，即迴此業求生人中，業者所謂：施、戒、修定。」】

講記　佛又開示說，如果諸菩薩獲得解脫分法時，就是依二乘解脫道而斷我見、或者依大乘法的明心而斷我見，這樣的人始終不會爲了求生欲界天、色界天、或者無色界天而造業；因爲生欲界天是得勝妙五欲，生色界天是禪定的定土，生無色界天也是禪定的定土；生到色界與無色界天去，很難利益眾生，也不能利益自己佛菩提的道業，所以明心而獲得解脫分的人，常常發願：願意出生在能利益眾生的地方。如果他確定自己已有可以生天的善業，就把這個善業迴向求生人間，在人間繼續利益眾生。如果生欲界天去，就沒有辦法利益眾生了；欲界天中的五欲勝妙，讓人迷醉而忘了修學佛法；有的人可能會說：「那我生到兜率天的內院去，也可以追隨 彌勒菩薩來利益眾生。」問題是兜率天內院用不著你來弘法， 彌勒菩薩說法都已經講不完了，還用得著你？那你生到色界天，色界天人是享受定福的，那些人都是貪著初禪到四禪的境界，一天到晚就是入定，沒有人想學習佛法，你要對誰說佛法？去到無色界則是沒有身根也沒有眼根、耳根，你要說佛法給誰聽？你到了無色界天，又能用什麼身口來說法？至於色究竟天，不是一般人能到的，必須具有諸地無生法忍的智慧證量以後，發願求生才能往生的；而且那裡也用不到你來利樂眾生，因為那裡已有報身佛在說法利眾，那裡的菩薩們智慧也都比你高超，你能說法給誰聽？所以悟後為了利樂眾生，最好是繼續生在人間。

「若自定知有生天業」，什麼叫做「生天的業」？譬如有人修行、常常利益眾生，譬如慈濟的那些會員、委員們，他們大部分人會生到欲界天去的，因為印順法師不相信有他方佛世界，所以否定了極樂世界、琉璃世界。他當然也否定了他方世界，因爲主張唯有人間的地球才有佛法，才會極力推廣人間佛教的想法。他既然否定天界有佛法的弘傳，如果他們沒智慧發願說「我要繼續再來人間」，那就會生到欲界天去；如果他們有智慧，想要再度生到人間來，我要奉勸他們一句話：「**不要發願來世再當慈濟人！**」因爲來世再當慈濟人，將會只有繼續在人間善法中努力精進而已，沒有二乘菩提、也沒有大乘菩提可以親證。所以他們應該發願**來世成爲可以實證菩提的佛弟子**，來世有眞正的菩提法可以親證。因爲慈濟的法只是人天善法，不是佛法；就像基督教的救世軍一樣，只能利樂窮苦或遭難的眾生，救濟世間法上的困難，而不能救濟永劫的生死苦，所以不是眞正的佛法，所以他們捨報後一不小心就會生往欲界天，因爲他們都有欲界天福。

持戒是受持聲聞戒及菩薩戒而不違犯，才有可能得到解脫分法。持五戒只能保住人身，沒有生天的天福，必須加修十善業道，才能獲得生到欲界天的天福。聲聞戒就是出家戒，受持聲聞戒及菩薩戒而不毀犯，可以有生天的天福，生在哪裏呢？生在欲界天。如果加修禪定，證得初禪以上，可以生色界天。如果有一天你證得初禪，你可以拍胸脯說：「**我的證量比耶和華高。」因為耶和華的證量沒有超過欲界六天，你們去看看他的《舊約》與《新約》就知道了！一神教的教主境界都沒有超過欲界六天，你如果證得初禪以上，就超過他們的教主境界了，將來捨報以後可以往生色界的初禪天。若有四空定，乃至可生於無色界天中，這些都是天業——能使你生天的善業。但是有了這些天業以後不要執著它，要把它迴向再出生於人間。有人問：「那我到時候怎麼能有把握再出生到人間來？」智者以譬喻得解：就好像你兒子聯考的分數可以上台灣大學，但是他說：「我不要上台灣大學，我喜歡比較近的大學。」距離此地比較近的，應該是中興、銘傳大學或陽明山的華崗，那你兒子要去報名登記時，他們收不收這個學生？鐵定會收！這是他們求不到的、老天送來的學生，當然要收啦！就好像說，你今天很有錢，可以買勞斯萊斯甚至買直昇機，可是你說：「我不要直升機與豪華汽車，我騎腳踏車就好了，我把這些錢用來利益眾生。」為什麼不行？誰也管不著你！同樣的道理，你把生天業迴向再生於人間，當然可以啊！以高取下都沒有問題，以下取高則做不到。可是生天之後，天福享盡了就下墮三途，所以你應該把天業迴向求生人間來繼續利樂人天；因為你在人間說法，有因緣的天人們也可以來聽法，仍然可以利益天界眾生；這就是已得到解脫分法的菩薩們應該有的心態，是基於大悲心，心心念念為了利益眾生。

【「善男子！若聲聞人得解脫分，不過三身得具解脫，辟支佛人亦復如是，菩薩摩訶薩得解脫分，雖復經由無量身中常不退轉，不退轉心出勝一切聲聞緣覺。」】

講記　接著佛說：聲聞人獲得解脫分法，也就是斷除我見而證得初果時，他不超過三個色身，最多再三個色身就得無餘涅槃（這是指精進的人，不是懈怠的人，懈怠的人他要喝七喜汽水：七次人天往返才能得解脫），真正精進於解脫道的人，最快一生、最慢四生，就可以證得阿羅漢出三界的境界。辟支佛人也是一樣，並不是所有的辟支佛都是精修一世才能解脫的，最上根的辟支佛，當他看見葉子飄下來：「**啊！世事無常，人生也一樣無常。**」他就從無常之中推究因緣法而解脫於生死了，這是最上品的人。可是也有最下品的，最多不過三生得具足解脫；所以緣覺有十品，最下品的鈍根人很努力的修證解脫道，最多四生可得解脫。但是他們解脫以後一定會入無餘涅槃，而菩薩摩訶薩（廣義的說摩訶薩，是從明心以上就算摩訶薩；狹義的說，要到入地才算摩訶薩。但是在《大般涅槃經》有說，眼見佛性的十住菩薩就算是摩訶薩），摩訶薩就是大菩薩，如果是菩薩摩訶薩得到解脫分，譬如明心斷我見及證實相、或者眼見佛性而得如幻觀，這都叫做菩薩摩訶薩，因為都已得到一分的解脫分法；摩訶薩們雖然再繼續經過一世又一世的入胎、受生，這樣子經過了無量生而都不取涅槃，但是世世都能不退轉於佛菩提，他不會說：「眾生難度，我入涅槃吧！」一定不會！他也不會說：「佛道難成，我入涅槃吧！」也不會說：「佛法這麼深妙，似乎永遠都學不完，成佛遙遙無期，我入涅槃吧！」一定不會這樣！他會繼續邁向佛地，並且在成佛以後繼續利益眾生而無窮盡。就是由於這個不退轉心，所以他超出一切聲聞、緣覺，勝過一切聲聞、緣覺。

【「善男子！若得如是解脫分法，雖復少施，得無量果；少戒少聞，亦復如是。是人假使處三惡道，終不同彼三惡受苦，若諸菩薩獲得如是解

脫分法，名調柔地。何故名爲調柔地耶？一切煩惱漸微弱故，是名逆流。若善男子！有四種人：一者順生死流，二者逆生死流，三者不順不逆，四者到於彼岸。善男子！如是法者，於聲聞人名柔軟地；於諸菩薩亦名柔軟，復名喜地。以何義故名爲喜地？聞不退故名爲喜地。以何義故名爲菩薩？能常覺悟衆生心故。如是菩薩雖知外典，自不受持亦不教人。如是菩薩不名人、天，非五道攝，是名修行無障礙道。」】

講記　佛說，如果能證得前面所說的解脫分法，就算你財物施得不很多，獲得的世間可愛果報也是無量果報，爲什麼會得無量果報？後面 佛就會開示，這裡且先不說。依照 佛這句話的意思，慈濟的會員們每個月一百萬，不如你明心後每個月一萬元，爲什麼呢？因爲他來世的福德，只得到百倍、千倍之報，是有定數的；但是你明心之後行布施，來世的福德則是無量報。就好比說，一個卑賤的人，他講一千句、一萬句話，不如皇帝講一句話；同理，沒有悟的人寫了一百本佛法著作，不如我寫一本《宗通與說通》的功德，這道理是一樣的；所以你明心之後得到了解脫分法，也有實相般若智慧了，你雖每月都只做少量的，也會勝過那些沒有明心的人每月一百萬，果報本來如此。爲什麼如此呢？因爲法界的定律就是這樣，因此 佛說：雖復少施，得無量果。得到解脫分法以後，即使持戒沒有極細心、極精嚴；或者聽聞佛法的事，沒有每天、每週很努力去學，但是你所持的少分戒、你所學的少分法，所得到的福德都會比別人多。悟後在佛法上雖然少聞了一些，但是你悟後只要聽一次上地菩薩說的法，都會勝過未悟的人聽一百次，這道理都一樣。

爲什麼你悟後受持五戒也可以勝過別人持菩薩戒？這是因爲你不會再造作十惡業道的緣故，所以你持少戒也可以勝過別人持多戒，持小戒也可以勝過別人持大戒。別人心裏面努力受持菩薩戒，可是常常不小心就違犯，可以說是一天到晚在犯——小過不斷。那你得解脫分法以後，心漸漸清淨了，不會再常常違犯了；萬一有時犯了，會馬上警覺而自我修正：「**啊！這件事做錯了，趕快修正。**」所以雖持少戒也得無量果，雖是少聞也得無量慧，這就是證得解脫分法的妙處，它的果報本來如此！因此 佛說這個得解脫分的人，他假使——是說假使——得到了解脫分的法是不可能入三惡道的；假使他墮入三惡道中，在三惡道裏面住，終究不會像三惡道眾生一樣的受苦，這就像是提婆達多處地獄中，如三禪天之樂一樣。

就如總統之子去服兵役，那與平民之子服兵役的待遇絕對不同。不管表面怎麼平等，終究只是表面上的平等，在骨子裏絕對是不同的。假使有威勢而能不去運用，或者沒有開口索討，是人家主動送來的福利，你也能拒絕，那你就是有智慧的人。譬如我出來弘法那麼多年，我的子女在學校讀書時，我都不去對學校老師或校長攀關係說：「**我就是蕭平實，這是我孩子；您也是佛教徒，請您幫忙多加照顧。**」我從來不做這種事，我要是會做這個事的話，我應該很早以前就與同修會現任的武理事長（悟圓法師）熟識了！以前我女兒讀他的學校，那時理事長還沒有出家，我也知道他當時是認眞在學佛的，但是我從來不做這種事。以前我兒子讀辭修高中時，陳履安也不曉得蕭平實有個兒子讀他的學校，都沒有人知道（那時陳履安也還沒有和我有任何的過節，還來求見，還肯信受我的法；後來因爲我不肯特別的單獨接見他，我要求如同前一次一樣要有親教師作陪才能接見，他覺得我對他就如同一般學人一樣，沒有給他特別待遇，似乎是看不起他，似乎對他的人格不夠信任，心中開始不歡喜，才開始抵制我）。

這意思是說，我們不需要做這種事，不需要去作任何攀緣，不想得到特別待遇；該怎麼樣、就怎麼樣，依照人家學校規定的待遇，我們就和人家一樣平等的接受。我到會外去時也一樣，從來不要求什麼特權，我都是低調的隨眾行事，從來不突顯自己。我在會中也一樣，可是現在大家不肯讓我如同早期一樣的了，似乎喜歡給我一些比較不同的待遇。這就是說，你如果開口時，一定會得到比較好的待遇，因爲你是自願而來服務的；譬如身爲總統，眞的跟人家一起拿鋤頭去植樹，你能眞的像別人那樣種樹嗎？你固然願意親自挖洞、親自植栽，但人家肯讓你全部自己做嗎？不肯的！一定會有人預先在頭一晚就幫你挖好洞，也把鬆土準備好；第二天你來了，只需要把樹苗放入洞中，大家就會幫你填土，不可能讓你從頭做到最後完工的。同樣的道理，當你得到解脫分法時，你就算乘願進入三惡道中受生，想要救度三惡道中的眾生時，你不會受到三惡道眾生的全部痛苦；大家尚且要追隨你，怎麼可能讓你受苦？所以提婆達多下了地獄以後，還如三禪天之樂，當然也是有原因的；所以得到解脫分法時，假使處於三惡道中，終不同於三惡道眾生一樣的受苦。

如果諸菩薩能獲得解脫分法，就稱爲住在調柔地中了。爲什麼稱爲調柔地？因爲這位菩薩的煩惱漸漸開始微弱的緣故，心地開始調柔了！所以這個人開始逆流往上走。佛說：善男子啊！有四種人，一種是順著生死流而走，這是一般世間人。第二種人是逆生死流而上行，那就是講二乘人；本來順著生死的流水走下去，就是一直流轉生死；可是他斷我見以後開始逆水而行，當他往上走到源頭沒水時，就不再流轉了，這是二乘人。第三種人是不順也不逆，這就是菩薩行者；爲什麼不順呢？因爲死了以後還去投胎，不因爲證悟有了福德就生天享福，不會隨生死流水而流轉，他還是到人間來投胎，所以他是不順生死流的人；可是如果逆生死流，他就不再來人間投胎，也不會順著生死流而往生天界享福；當他斷盡了我執時，實際上是可以取證解脫果的，可是他卻不取證，而憑願力再來人間受生利眾，所以是不順也不逆生死流。他有能力逆生死流，但他不逆生死流而繼續去投胎，所以菩薩不順不逆。可是爲什麼說菩薩還沒有到彼岸呢？因還沒有成佛！成佛就是到了究竟的彼岸，菩薩所到彼岸仍然不究竟。二乘涅槃不是究竟的彼岸，那只是 佛方便所作的化城，所以 佛說解脫分法的修證，總共有四種人。

佛說證得解脫分法的人，在聲聞法中來說叫作柔軟地；這是因爲煩惱微弱了，乃至粗煩惱斷除了的緣故。如果是在菩薩地的柔軟地，那又名歡喜地；這是說你對大乘法義的見道得要通達了，般若的見地通達了才算是歡喜地；在未通達以前的般若見道位中也可以稱爲離地，如果你在大乘見道之後，貪欲斷除了，但是這比較難，一般人做不到。如果見道之後能使五欲淡薄時，可以叫做薄地，這是很容易的；所以有許多人悟後獲得二果的功德。如果我見斷了、也明心了，你可以稱自己是見地，但這是大乘通教中的見地，不是別教中的見地人；別教中見地具足，是要初地通達位才叫作見地的具足。初地滿心位是可以在捨壽前斷盡思惑而取證無餘涅槃的，但是他完全沒有任何的意願去取證涅槃，所以就不想斷盡思惑，仍然留下一部分，藉此再度受生於人間。因爲到初地時，他發覺說：「佛道確實可以成就。」他心裏面暗暗歡喜而不露痕跡，你看不出他有歡喜的樣子；因爲那種喜很深沉，盡形壽都不會斷掉，所以稱爲極喜地。他知道佛道確實可成，所以想：「我幹嘛要把思惑斷盡呢？思惑斷盡了，捨報後一定會取證無餘涅槃，就不能成佛。」所以故意不斷盡思惑，但是心地已很柔軟而又極度深沉的歡喜，不會再去與人家爭執世間法中的利益。

稱爲極喜地的另一原因是：凡是正確的佛法，他一聽聞之後就不會退失，心中歡喜所以叫做極喜地。一般人聽佛法，即使是明心、見性了，還是會有很多法聽過就忘掉了，有些法義還是會在心中懷疑到底對或不對？但是地上菩薩一聽就立即知道正確與否，就不會退失了。這當然不是聽某些人胡說八道，一定是聽聞深妙正法，就因爲這個不退而稱爲極喜地。喜地菩薩爲什麼被稱爲菩薩？菩薩在梵文裏面叫做菩提薩埵，翻爲中文叫作覺悟有情；換句話說，覺悟的有情叫做菩薩，也因爲他一直在覺悟有情，在度化眾生令得覺悟，所以是覺有情，音譯就叫作菩薩。因爲能常常覺悟眾生心，所以他被稱爲菩薩；像這樣的菩薩雖然他知道外道的典藉在講什麼，他也知道外道法，可是他自己不會再接受外道法了，也不會再護持外道法了，更不會去教人學外道法。我年輕時，也學過一些外道法，但是已經都丟掉了，因爲後來發覺這都不是我眞正想要的東西。有一些人練科學內功、八段錦、易筋經、氣功、因是子靜坐法、外丹、練內丹、崑崙仙宗、太乙仙宗、一貫道、九節玄功，這些我都大略讀過或研究過，甚至針灸、鶴拳、譚腿、……我也都曾經練過，其實還不止這些。所以我年輕時很雜學，但就是不想學習學校裡教的東西；我還會七節鞭、九節鞭，這些我都耍過，但這些都不是我眞正想要的東西，所以後來全部都丟掉。

在外道法中，我算是個退轉的人；但是一接觸到佛法，我就一頭栽進去，沒有退轉過；以前有人炫耀他學過《參同契》，但是這些東西我都研究過了；在高中時代，早就讀過洞房術、黃帝素女經、黃帝內經……等；這些奇怪的法，我都練過或涉獵過，後來也都知道這些法不是對眾生最好、最究竟的法，所以自己不受持，也不轉教給別人。要在洞知外道法的底蘊以後，而又不持、不轉教他人，才能稱爲菩薩。所以菩薩不單要把自己的法修好，還得要通達外道的典藉，才能知道外道法的落處；不然的話，外道來對你說法，你不懂，不知道他們的落處，更破不了他們，就無法救度他們進入最究竟的佛法中來。所以外道的東西我們也得學一點，我們也得通一點；甚至有時可以講出的外道法，比他們講的更好。

但是菩薩證得般若之後，就不能再稱之爲人了，而是屬於十法界中的菩薩法界有情了；所以有人罵我「不是人」，我還是接受了。菩薩也不能稱爲天，如果要稱爲天，那一定是方便說；譬如經中說有四種天：世間天，在人間當總統也是世間天，不過這種世間天的權力小，國王的權力大；國王可以當一輩子，蔣介石可以算是當了一輩子的世間天。第二種是生天，生到天界去當天人或天主就叫做生天。剩下兩種天就只有佛教裏面才有：淨天和義天。淨天叫解脫天，就是二乘或大乘通教的初果到四果聖人。如果凡夫菩薩證悟了，生起般若實相智慧了，就叫做義天，又名第一義天；但這是方便說天，其實菩薩非天亦非人，怎麼可以稱爲天？既然轉依了如來藏，如來藏不是三界中法，又怎麼會是天呢？但可以方便說爲義天，作爲一種尊稱。所以你們如果明心不退了，那你就是天——叫作義天，因爲你的般若智慧諸天天主不懂，耶和華到你面前也只有聽你說話的份兒，他沒有開口的餘地，所以你是義天，他只是生天。

譬如 玄奘菩薩當年在天竺時，那時好像有十幾國，他一國一國去找外道和佛門中說錯法的大師們，對他們破邪顯正。後來戒日王爲他召開法義辨正無遮大會，好像是前後共十八天，但是沒有人敢來挑戰，所以天竺人都稱呼他爲第一義天，因爲他是證得第一義的聖者。當年他想要回中土時，有一位國王說：「你不要回去中國，我把國土分一半給你，你也來當國王，我就跟著你學法。」可是他不要，分一半國土讓他也當國王，一般人聽了正是求之不得，可是他卻不要；玄奘菩薩一心要把大乘經典帶回大唐，完全無貪。

今天，假使有很多人來勸說：「蕭平實，您來當總統。」我是說假設，當然不會有人要我來當總統。即使全國人都來勸，我也不想當，當一天都不願意。也許有人會說：「你這是酸葡萄心理。」可是等你悟了以後，有了無生法忍時，你就知道不是這樣的心態。爲什麼呢？因爲眞的沒意思，我當總統要幹什麼？搞政治嗎？政治權力我從來沒興趣，我也不懂玩政治的手段，想玩也玩不起來；何況勾心鬥角、精於心計的生活，根本就不好玩，一點兒法樂都沒有，所以一點兒興趣也沒有！這就是說，菩薩所得的解脫分法是不退的，因爲他知道法界的眞實相，所以他的解脫分法與二乘人大不相同；二乘人的解脫分法，不知道實相，菩薩卻知道，所以能從實相去驗證解脫分法的正訛，所以他都不會退轉，因此能地地增上，一直到究竟成佛。由於這種緣故，說這樣的菩薩不屬於五道所攝，當然不能稱呼他爲五趣眾生中的一種（四種阿修羅遍在五道眾生中，所以五道就是三界所有眾生，而不稱爲六道）。這樣的菩薩當然不能稱之爲人，也不能稱之爲天，不屬於五道所攝，這樣的菩薩就只能稱爲「修行無障礙道」的人。

什麼是無障礙道？當然不是說二乘菩提的修證者；因爲二乘菩提是有障礙道，他們只能出離三界生死苦而已，不是究竟斷盡一切生死。假使你問他說：「你在人間，十八界法的存在，是不是會障礙你解脫？」他一定回答說：「是。」所以他們觀察五蘊十八界猶如毒蛇，一定要丟棄蘊處界法而得解脫。聲聞人都是這樣，但是菩薩不同，菩薩認爲：「我的五蘊十八界雖是毒蛇，可是還得要好好愛惜欸！因爲這是修證不可思議解脫佛地功德的工具，這個工具要是壞了，還能再修成佛之道嗎？」不行的！修車廠的工具要是壞了，老闆不是先修理車子，而是要先修理工具；修理不好就得先再買一部工具，工具是最優先的；同理，菩薩的身心就是修行成佛之道的工具，不可以毀壞，也不許未來世中滅盡五蘊身心，否則就不能修學佛道了！也不能利樂眾生了！所以菩薩戒中有一個戒法叫作「不故入難處戒」，爲什麼　佛禁止你故入難處？爲何不許你去不該去的地方，以免被人家誤殺？因爲色身是修道者的工具，而修學菩薩道的人是很可貴的，不該有菩薩行者被枉殺而失去修道的工具，所以不許菩薩們故入難處。所以，色身對菩薩來講，不但沒有障礙，反而要愛惜它：「**我用這個色身可以修行，可以利樂眾生。**」另一方面再從理上來講，色身對菩薩也沒有障礙呀！因爲從這個五蘊身心中，何處沒有顯示出眞如法性與涅槃境界？處處都顯示啊！不需要滅除五蘊身心才證得涅槃啊！因爲如來藏遍十八界，眞如法性與涅槃當然也就遍十八界，沒有什麼障礙可說；菩薩因爲是這樣修行的，所以證得的解脫分法就是無障礙道；二乘聖人的解脫分不能如此，所以是有障礙道。關於解脫道的部分就講到這裏，接下來　佛開示菩提種子應該如何增長：（續於第二輯中詳解）

佛菩提二主要道次第概要表——二道並修，以外無別佛法

遠波羅蜜多

佛菩提道——大菩提道

十信位修集信心 —— 一劫乃至一萬劫

資糧位

初住位修集布施功德（以財施為主）。
二住位修集持戒功德。
三住位修集忍辱功德。
四住位修集精進功德。
五住位修集禪定功德。
六住位修集般若功德（熏習般若中觀及斷我見，加行位也）。

外門廣修六度萬行

見道位

七住位明心般若正觀現前，親證本來自性清淨涅槃。
八住位起於一切法現觀般若中道。漸除性障。
十住位眼見佛性，世界如幻觀成就。

一至十行位，於廣行六度萬行中，依般若中道慧，現觀陰處界猶如陽焰，至第十行滿心位，陽焰觀成就。

一至十迴向位熏習一切種智；修除性障，唯留最後一分思惑不斷。第十迴向滿心位成就菩薩道如夢觀。

內門廣修六度萬行

初地：第十迴向位滿心時，成就道種智一分（八識心王一一親證後，領受五法、三自性、七種第一義、七種性自性、二種無我法）復由勇發十無盡願，成通達位菩薩。復又永伏性障而不具斷，能證慧解脫而不取證，由大願故留惑潤生。此地主修法施波羅蜜多及百法明門。證「猶如鏡像」現觀，故滿初地心。

二地：初地功德滿足以後，再成就道種智一分而入二地；主修戒波羅蜜多及一切種智。滿心位成就「猶如光影」現觀，戒行自然清淨。

解脫道：二乘菩提

→ 斷三縛結，成初果解脫

→ 薄貪瞋癡，成二果解脫

→ 斷五下分結，成三果解脫

入地前的四加行令煩惱障現行悉斷，成四果解脫，留惑潤生。分段生死已斷，煩惱障習氣種子開始斷除，兼斷無始無明上煩惱。

近波羅蜜多

大波羅蜜多

圓滿波羅蜜多

修道位

三地：二地滿心再證道種智一分，故入三地。此地主修忍波羅蜜多及四禪八定、四無量心、五神通。能成就俱解脫果而不取證，留惑潤生。滿心位成就「猶如谷響」現觀及無漏妙定意生身。

四地：由三地再證道種智一分故入四地。主修精進波羅蜜多，於此土及他方世界廣度有緣，無有疲倦。進修一切種智，滿心位成就「如水中月」現觀。

五地：由四地再證道種智一分故入五地。主修禪定波羅蜜多及一切種智，斷除下乘涅槃貪。滿心位成就「變化所成」現觀。

六地：由五地再證道種智一分故入六地。此地主修般若波羅蜜多——依道種智現觀十二因緣一一有支及意生身化身，皆自心眞如變化所現，「非有似有」，成就細相觀，不由加行而自然證得滅盡定，成俱解脫大乘無學。

七地：由六地「非有似有」現觀，再證道種智一分故入七地。此地主修一切種智及方便波羅蜜多，由重觀十二有支一一支中之流轉門及還滅門一切細相，成就方便善巧，念念隨入滅盡定。滿心位證得「如犍闥婆城」現觀。

八地：由七地極細相觀成就故再證道種智一分而入八地。此地主修一切種智及願波羅蜜多。至滿心位純無相觀任運恆起，故於相土自在，滿心位復證「如實覺知諸法相意生身」故。

九地：由八地再證道種智一分故入九地。主修力波羅蜜多及一切種智，成就四無礙，滿心位證得「種類俱生無行作意生身」。

十地：由九地再證道種智一分故入此地。此地主修一切種智——智波羅蜜多。滿心位起大法智雲，及現起大法智雲所含藏種種功德，成受職菩薩。

等覺：由十地道種智成就故入此地。此地應修一切種智，圓滿等覺地無生法忍；於百劫中修集極廣大福德，以之圓滿三十二大人相及無量隨形好。

究竟位

妙覺：示現受生人間已斷盡煩惱障一切習氣種子，並斷盡所知障一切隨眠，永斷變易生死無明，成就大般涅槃，四智圓明。人間捨壽後，報身常住色究竟天利樂十方地上菩薩；以諸化身利樂有情，永無盡期，成就究竟佛道。

七地滿心斷除故意保留之最後一分思惑時，煩惱障所攝色、受、想三陰有漏習氣種子全部斷盡。 ←

煩惱障所攝行、識二陰無漏習氣種子任運漸斷，所知障所攝上煩惱任運漸斷。 ←

斷盡變易生死成就大般涅槃

圓滿成就究竟佛果

佛子蕭平實 謹製

（二〇〇九、〇二 修訂）

（二〇一二、〇二 增補）

佛教正覺同修會〈修學佛道次第表〉

第一階段

＊以憶佛及拜佛方式修習動中定力。
＊學第一義佛法及禪法知見。
＊無相拜佛功夫成就。
＊具備一念相續功夫—動靜中皆能看話頭。
＊努力培植福德資糧，勤修三福淨業。

第二階段

＊參話頭，參公案。
＊開悟明心，一片悟境。
＊鍛鍊功夫求見佛性。
＊眼見佛性〈餘五根亦如是〉親見世界如幻，成就如幻觀。
＊學習禪門差別智。
＊深入第一義經典。
＊修除性障及隨分修學禪定。
＊修證十行位陽焰觀。

第三階段

＊學一切種智眞實正理—楞伽經、解深密經、成唯識論…。
＊參究末後句。
＊解悟末後句。
＊透牢關—親自體驗所悟末後句境界，親見實相，無得無失。
＊救護一切衆生迴向正道。護持了義正法，修證十迴向位如夢觀。
＊發十無盡願，修習百法明門，親證猶如鏡像現觀。
＊修除五蓋，發起禪定。持一切善法戒。親證猶如光影現觀。
＊進修四禪八定、四無量心、五神通。進修大乘種智，求證猶如谷響現觀。

佛教正覺同修會 共修現況 及 招生公告　2017/12/21

一、共修現況：（請在共修時間來電，以免無人接聽。）

台北正覺講堂 103 台北市承德路三段 277 號九樓 捷運淡水線圓山站旁
Tel..**總機** 02-25957295（晚上）（**分機**：**九樓**辦公室 10、11；知客櫃檯 12、13。 **十樓**知客櫃檯 15、16；書局櫃檯 14。 **五樓**辦公室 18；知客櫃檯 19。**二樓**辦公室 20；知客櫃檯 21。）
Fax..25954493

第一講堂　台北市承德路三段 277 號九樓

禪淨班：週一晚班、週三晚班、週四晚班、週五晚班、週六下午班、週六上午班（共修期間二年半，全程免費。皆須報名建立學籍後始可參加共修，欲報名者詳見本公告末頁。）

進階班：週一晚班、週三晚班、週四晚班、週五晚班（禪淨班結業後轉入共修）。

增上班：**瑜伽師地論詳解**：每月單數週之週末 17.50～20.50。平實導師講解，2003 年 2 月開講至今，預計 2019 年圓滿，僅限已明心之會員參加。

禪門差別智：每月第一週日全天　平實導師主講（事冗暫停）。

大法鼓經詳解　詳解末法時代大乘佛法修行之道。佛教正法消毒妙藥塗於大鼓而以擊之，凡有眾生聞之者，一切邪見鉅毒悉皆消殞；此經即是大法鼓之正義，凡聞之者，所有邪見之毒悉皆滅除，見道不難；亦能發起菩薩無量功德，是故諸大菩薩遠從諸方佛土來此娑婆聞修此經。平實導師主講，定於 2017 年 12 月底起，每逢周二晚上開講，第一至第六講堂都可同時聽聞，歡迎已發成佛大願的菩薩種性學人，攜眷共同參與此殊勝法會現場聞法，不限制聽講資格。本會學員憑上課證進入第一至第四講堂聽講，會外學人請以身分證件換證進入聽講（此爲大樓管理處安全管理規定之要求，敬請諒解）；第五及第六講堂（B1、B2）對外開放，不需出示任何證件，請由大樓側門直接進入。

第二講堂　台北市承德路三段 267 號十樓。

禪淨班：週一晚上班。

進階班：週三晚班、週四晚班、週五晚班、週六下午班。禪淨班結業後轉入共修。

大法鼓經詳解：平實導師講解。每週二 18.50~20.50 影像音聲即時傳輸

第三講堂　台北市承德路三段 277 號五樓。

禪淨班：週六下午班。

進階班：週一晚班、週三晚班、週四晚班、週五晚班。

大法鼓經詳解：平實導師講解。每週二 18.50~20.50 影像音聲即時傳輸

第四講堂　台北市承德路三段 267 號二樓。

進階班：週一晚上班、週三晚上班、週四晚上班（禪淨班結業後轉入共修）。

大法鼓經詳解：平實導師講解。每週二 18.50~20.50 影像音聲即時傳輸

第五、第六講堂

念佛班 每週日晚上，第六講堂共修（B2），一切求生極樂世界的三寶弟子皆可參加，不限制共修資格。

進階班：週一晚班、週三晚班、週四晚班。

大法鼓經詳解：平實導師講解。每週二 18.50~20.50 影像音聲即時傳輸。第五、第六講堂爲**開放式講堂**，不需以身分證件換證即可進入聽講，台北市承德路三段 267 號地下一樓、地下二樓。每逢週二晚上講經時段開放給會外人士自由聽經，請由大樓側面梯階逕行進入聽講。**聽講者請尊重講者的着作權及肖像權，請勿錄音錄影，以免違法；若有錄音錄影被查獲者，將依法處理。**

正覺祖師堂 大溪區美華里信義路 650 巷坑底 5 之 6 號（台 3 號省道 34 公里處 妙法寺對面斜坡道進入）電話 03-3886110 傳眞 03-3881692 本堂供奉 克勤圓悟大師，專供會員每年四月、十月各三次精進禪三共修，兼作本會出家菩薩掛單常住之用。除禪三時間以外，每逢單月第一週之週日 9:00~17:00 開放會內、外人士參訪，當天並提供午齋結緣。教內共修團體或道場，得另申請其餘時間作團體參訪，務請事先與常住確定日期，以便安排常住菩薩接引導覽，亦免妨礙常住菩薩之日常作息及修行。

桃園正覺講堂（第一、第二講堂）：桃園市介壽路 286、288 號 10 樓（陽明運動公園對面）電話：03-3749363（請於共修時聯繫，或與台北聯繫）

禪淨班：週一晚上班（1）、週一晚上班（2）、週三晚上班、週四晚上班、週五晚上班。

進階班：週四晚班、週五晚班、週六上午班。

增上班：雙週六晚上班（增上重播班）。

大法鼓經詳解：平實導師講解。每週二晚上，以台北正覺講堂所錄 DVD 放映；歡迎會外學人共同聽講，不需出示身分證件。

新竹正覺講堂 新竹市東光路 55 號二樓之一 電話 03-5724297（晚上）

第一講堂：

禪淨班：週一晚上班、週五晚上班、週六上午班。

進階班：週三晚上班、週四晚上班（由禪淨班結業後轉入共修）。

增上班：單週六晚上班。雙週六晚上班（重播班）。

大法鼓經詳解：平實導師講解。每週二晚上，以台北正覺講堂所錄 DVD 放映。歡迎會外學人共同聽講，不需出示身分證件。

第二講堂：

禪淨班：週三晚上班、週四晚上班。

大法鼓經詳解：每週二晚上與第一講堂同時播放佛藏經詳解 DVD。

第三、第四講堂：裝修完畢，即將開放。

台中正覺講堂　04-23816090（晚上）

第一講堂　台中市南屯區五權西路二段666號13樓之四（國泰世華銀行樓上。鄰近縣市經第一高速公路前來者，由五權西路交流道可以快速到達，大樓旁有停車場，對面有素食館）。

禪淨班：週三晚上班、週四晚上班。

進階班：週一晚上班、週六上午班（由禪淨班結業後轉入共修）。

增上班：**增上班**：單週六晚上班。雙週六晚上班（重播班）。

大法鼓經詳解：平實導師講解。每週二晚上，以台北正覺講堂所錄DVD放映。歡迎會外學人共同聽講，不需出示身分證件。

第二講堂　台中市南屯區五權西路二段666號4樓

禪淨班：週一晚上班、週三晚上班、週六上午班。

進階班：週五晚上班（由禪淨班結業後轉入共修）。

大法鼓經詳解：每週二晚上與第一講堂同時播放佛藏經詳解DVD。

第三講堂、第四講堂：台中市南屯區五權西路二段666號4樓。

嘉義正覺講堂　嘉義市友愛路288號八樓之一　電話：05-2318228

第一講堂：

禪淨班：週一晚上班、週四晚上班、週五晚上班、週六上午班。

進階班：週三晚上班（由禪淨班結業後轉入共修）。

增上班：單週六晚上班。雙週六晚上班（重播班）。

大法鼓經詳解：平實導師講解。每週二晚上，以台北正覺講堂所錄DVD放映。歡迎會外學人共同聽講，不需出示身分證件。

第二講堂　嘉義市友愛路288號八樓之二。

台南正覺講堂

第一講堂　台南市西門路四段15號4樓。06-2820541（晚上）

禪淨班：週一晚上班、週三晚上班、週四晚上班、週五晚上班、週六下午班。

增上班：**增上班**：單週六晚上班。雙週六晚上班（重播班）。

大法鼓經詳解：平實導師講解。每週二晚上，以台北正覺講堂所錄DVD放映。歡迎會外學人共同聽講，不需出示身分證件。

第二講堂　台南市西門路四段15號3樓。

大法鼓經詳解：每週二晚上與第一講堂同時播放佛藏經詳解DVD。

第三講堂　台南市西門路四段15號3樓。

進階班：週三晚上班、週四晚上班、週六上午班（由禪淨班結業後轉入共修）。

大法鼓經詳解：每週二晚上與第一講堂同時播放佛藏經詳解DVD。

高雄正覺講堂　高雄市新興區中正三路 45 號五樓 07-2234248（晚上）

第一講堂（五樓）：

禪淨班：週一晚班、週三晚班、週四晚班、週五晚班、週六上午班。

增上班：單週週末下午，以台北增上班課程錄成 DVD 放映之，限已明心之會員參加。

大法鼓經詳解：平實導師講解。每週二晚上，以台北正覺講堂所錄 DVD 放映。歡迎會外學人共同聽講，不需出示身分證件。

第二講堂（四樓）：

進階班：週三晚上班、週四晚上班、週六上午班（由禪淨班結業後轉入共修）。

大法鼓經詳解：每週二晚上與第一講堂同時播放佛藏經詳解 DVD。

第三講堂（三樓）：

進階班：週四晚班（由禪淨班結業後轉入共修）。

香港正覺講堂　☆已遷移新址☆

九龍觀塘，成業街 10 號，電訊一代廣場 27 樓 E 室。

（觀塘地鐵站 B1 出口，步行約 4 分鐘）。電話：(852) 23262231

英文地址：Unit E，27th Floor, TG Place, 10 Shing Yip Street, Kwun Tong, Kowloon

禪淨班：雙週六下午班 14:30-17:30，已經額滿。
雙週日下午班 14:30-17:30。
單週六下午班 14:30-17:30，已經額滿。

進階班：雙週五晚上班（由禪淨班結業後轉入共修）。

增上班：單週週末上午，以台北增上班課程錄成 DVD 放映之。

增上重播班：雙週週末上午，以台北增上班課程錄成 DVD 放映之。

大法鼓經詳解：平實導師講解。雙週六 19:00-21:00，以台北正覺講堂所錄 DVD 放映；歡迎會外學人共同聽講，不需出示身分證件。

美國洛杉磯正覺講堂　☆已遷移新址☆

825 S. Lemon Ave Diamond Bar, CA 91789 U.S.A.
Tel. (909) 595-5222（請於週六 9:00~18:00 之間聯繫）
Cell. (626) 454-0607

禪淨班：每逢週末 15：30~17：30 上課。

進階班：每逢週末上午 10：00~12：00 上課。

大法鼓經詳解：平實導師講解。每週六下午 13：00~15：00 以台北所錄 DVD 放映。歡迎各界人士共享第一義諦無上法益，不需報名。

二、招生公告 本會台北講堂及全省各講堂、香港講堂，每逢**四月、十月**下旬開新班，每週共修一次（每次二小時。開課日起三個月內仍可插班）；但美國洛杉磯共修處之禪淨班得隨時插班共修。各班共修期間皆爲二年半，全程免費，欲參加者請向本會函索報名表（各共修處皆於共修時間方有人執事，非共修時間請勿電詢或前來洽詢、請書），或直接從本會官方網站(http://www.enlighten.org.tw/newsflash/class)或成佛之道網站下載報名表。共修期滿時，若經報名禪三審核通過者，可參加四天三夜之禪三精進共修，有機會明心、取證如來藏，發起般若實相智慧，成爲實義菩薩，脫離凡夫菩薩位。

三、新春禮佛祈福 農曆**年假**期間停止共修：自農曆新年前七天起停止共修與弘法，正月 8 日起回復共修、弘法事務。新春期間正月初一～初七 9.00～17.00 開放台北講堂、正月初一~初三開放桃園、新竹、台中、嘉義、台南、高雄講堂，以及大溪禪三道場（正覺祖師堂），方便會員供佛、祈福及會外人士請書。美國洛杉磯共修處之休假時間，請逕詢該共修處。

密宗四大派修雙身法，是外道性力派的邪法；又以生滅的識陰作為常住法，是常見外道，是假的藏傳佛教。

西藏覺囊巴以他空見弘揚第八識如來藏勝法，才是真藏傳佛教

佛教正覺同修會　弘法行事表

2017/12/07

1、**禪淨班**　以無相念佛及拜佛方式修習動中定力，實證一心不亂功夫。傳授解脫道正理及第一義諦佛法，以及參禪知見。共修期間：二年六個月。每逢四月、十月開新班，詳見招生公告表。

2、**進階班**　禪淨班畢業後得轉入此班，進修更深入的佛法，期能證悟明心。各地講堂各有多班，繼續深入佛法、增長定力，悟後得轉入增上班修學道種智，期能證得無生法忍。

3、**增上班 瑜伽師地論**詳解　詳解論中所言凡夫地至佛地等 17 師之修證境界與理論，從凡夫地、聲聞地……宣演到諸地所證無生法忍、一切種智之眞實正理。由平實導師開講，每逢一、三、五週之週末晚上開示，僅限已明心之會員參加。2003 年二月開講至今，預定 2019 年講畢。

4、**大法鼓經**詳解　詳解末法時代大乘佛法修行之道。佛教正法消毒妙藥塗於大鼓而以擊之，凡有眾生聞之者，一切邪見鉅毒悉皆消殞；此經即是大法鼓之正義，凡聞之者，所有邪見之毒悉皆滅除，見道不難；亦能發起菩薩無量功德，是故諸大菩薩遠從諸方佛土來此娑婆聞修此經。平實導師主講。定於 2017 年 12 月底開講，歡迎已發成佛大願的菩薩種性學人，攜眷共同參與此殊勝法會聽講。

本經破「有」而顯涅槃，以此名爲眞實的「法」；眞法即是第八識如來藏，《金剛經》《法華經》中亦名之爲「此經」。若墮在「有」中，皆名「非法」，「有」即是五陰、六入、十二處、十八界及內我所、外我所，皆非眞實法。若人如是俱說「法」與「非法」而宣揚佛法，名爲擊大法鼓；如是依「法」而捨「非法」，據以建立山門而爲眾說法，方可名爲眞正的法鼓山。此經中說，以「此經」爲菩薩道之本，以證得「此經」之正知見及法門作爲度人之「法」，方名眞實佛法，否則盡名「非法」。本經中對法與非法、有與涅槃，有深入之闡釋，歡迎教界一切善信（不論初機或久學菩薩），一同親沐 如來聖教，共沾法喜。由平實導師詳解。不限制聽講資格。

5、**精進禪三**　主三和尚：平實導師。於四天三夜中，以克勤圓悟大師及大慧宗杲之禪風，施設機鋒與小參、公案密意之開示，幫助會員剋期取證，親證不生不滅之眞實心——人人本有之如來藏。每年四月、十月各舉辦二個梯次；平實導師主持。僅限本會會員參加禪淨班共修期滿，報名審核通過者，方可參加。並選擇會中定力、慧力、福德三條件皆已具足之已明心會員，給以指引，令得眼見自己無形無相之佛性遍佈山河大地，眞實而無障礙，得以肉眼現觀世界身心悉皆如幻，具足成就如幻觀，圓滿十住菩薩之證境。

6、**不退轉法輪經**詳解　本經所說妙法極為甚深難解，時至末法，已然無有知者；而其甚深絕妙之法，流傳至今依舊多人可證，顯示佛學真是義學而非玄談，其中甚深極妙令人拍案稱絕之第一義諦妙義，平實導師將會加以解說。待《大法鼓經》宣講完畢時繼續宣講此經。

7、**阿含經**詳解　選擇重要之阿含部經典，依無餘涅槃之實際而加以詳解，令大眾得以現觀諸法緣起性空，亦復不墮斷滅見中，顯示經中所隱說之涅槃實際—如來藏—確實已於四阿含中隱說；令大眾得以聞後觀行，確實斷除我見乃至我執，證得**見到**真現觀，乃至**身證**……等真現觀；已得大乘或二乘見道者，亦可由此聞熏及聞後之觀行，除斷我所之貪著，成就慧解脫果。由平實導師詳解。不限制聽講資格。

8、**解深密經**詳解　重講本經之目的，在於令諸已悟之人明解大乘法道之成佛次第，以及悟後進修一切種智之內涵，確實證知三種自性性，並得據此證解七真如、十真如等正理。每逢週二 18.50~20.50 開示，由平實導師詳解。將於《大法鼓經》講畢後開講。不限制聽講資格。

9、**成唯識論**詳解　詳解一切種智真實正理，詳細剖析一切種智之微細深妙廣大正理；並加以舉例說明，使已悟之會員深入體驗所證如來藏之微密行相；及證驗見分相分與所生一切法，皆由如來藏—阿賴耶識—直接或展轉而生，因此證知一切法無我，證知無餘涅槃之本際。將於增上班《瑜伽師地論》講畢後，由平實導師重講。僅限已明心之會員參加。

10、**精選如來藏系經典**詳解　精選如來藏系經典一部，詳細解說，以此完全印證會員所悟如來藏之真實，得入不退轉住。另行擇期詳細解說之，由平實導師講解。僅限已明心之會員參加。

11、**禪門差別智**　藉禪宗公案之微細淆訛難知難解之處，加以宣說及剖析，以增進明心、見性之功德，啓發差別智，建立擇法眼。每月第一週日全天，由平實導師開示，僅限破參明心後，復又眼見佛性者參加（事冗暫停）。

12、**枯木禪**　先講智者大師的《小止觀》，後說《釋禪波羅蜜》，詳解四禪八定之修證理論與實修方法，細述一般學人修定之邪見與岔路，及對禪定證境之誤會，消除枉用功夫、浪費生命之現象。已悟般若者，可以藉此而實修初禪，進入大乘通教及聲聞教的三果心解脫境界，配合應有的大福德及後得無分別智、十無盡願，即可進入初地心中。親教師：平實導師。未來緣熟時將於正覺寺開講。不限制聽講資格。

註：本會例行年假，自 2004 年起，改爲每年農曆新年前七天開始停息弘法事務及共修課程，農曆正月 8 日回復所有共修及弘法事務。新春期間（每日 9.00~17.00）開放台北講堂，方便會員禮佛祈福及會外人士請書。大溪區的正覺祖師堂，開放參訪時間，詳見〈正覺電子報〉或成佛之道網站。本表得因時節因緣需要而隨時修改之，不另作通知。

佛教正覺同修會　贈閱書籍 目錄　2015/09/29

1.**無相念佛**　平實導師著　回郵 10 元
2.**念佛三昧修學次第**　平實導師述著　回郵 25 元
3.**正法眼藏—護法集**　平實導師述著　回郵 35 元
4.**真假開悟簡易辨正法&佛子之省思**　平實導師著　回郵 3.5 元
5.**生命實相之辨正**　平實導師著　回郵 10 元
6.**如何契入念佛法門**（附：印順法師否定極樂世界）平實導師著　回郵 3.5 元
7.**平實書箋**—答元覽居士書　平實導師著　回郵 35 元
8.**三乘唯識**—如來藏系經律彙編　平實導師編　回郵 80 元
（精裝本　長 27 cm　寬 21 cm　高 7.5 cm　重 2.8 公斤）
9.**三時繫念全集**—修正本　回郵掛號 40 元（長 26.5 cm×寬 19 cm）
10.**明心與初地**　平實導師述　回郵 3.5 元
11.**邪見與佛法**　平實導師述著　回郵 20 元
12.**菩薩正道**—回應義雲高、釋性圓…等外道之邪見　正燦居士著　回郵 20 元
13.**甘露法雨**　平實導師述　回郵 20 元
14.**我與無我**　平實導師述　回郵 20 元
15.**學佛之心態**—修正錯誤之學佛心態始能與正法相應　孫正德老師著　回郵35元
附錄：平實導師著《**略說八、九識並存…等之過失**》
16.**大乘無我觀**—《悟前與悟後》別說　平實導師述著　回郵 20 元
17.**佛教之危機**—中國台灣地區現代佛教之真相（附錄：公案拈提六則）
平實導師著　回郵 25 元
18.**燈 影**—燈下黑（覆「求教後學」來函等）　平實導師著　回郵 35 元
19.**護法與毀法**—覆上平居士與徐恒志居士網站毀法二文
張正圜老師著　回郵 35 元
20.**淨土聖道**—兼評**選擇本願念佛**　正德老師著　由正覺同修會購贈　回郵 25 元
21.**辨唯識性相**—對「紫蓮心海《辯唯識性相》書中否定阿賴耶識」之回應
正覺同修會 台南共修處法義組 著　回郵 25 元
22.**假如來藏**—對法蓮法師《如來藏與阿賴耶識》書中否定阿賴耶識之回應
正覺同修會 台南共修處法義組 著　回郵 35 元
23.**入不二門**—公案拈提集錦 第一輯（於平實導師公案拈提諸書中選錄約二十則，
合輯爲一冊流通之）平實導師著　回郵 20 元
24.**真假邪說**—西藏密宗索達吉喇嘛《破除邪說論》真是邪說
釋正安法師著　回郵 35 元
25.**真假開悟**—真如、如來藏、阿賴耶識間之關係　平實導師述著　回郵 35 元
26.**真假禪和**—辨正釋傳聖之謗法謬說　孫正德老師著　回郵 30 元

27.**眼見佛性**—駁慧廣法師眼見佛性的含義文中謬說
游正光老師著　回郵25元

28.**普門自在**—公案拈提集錦 第二輯（於平實導師公案拈提諸書中選錄約二十則，合輯爲一冊流通之）平實導師著　回郵25元

29.**印順法師的悲哀**—以現代禪的質疑為線索　恒毓博士著　回郵25元

30.**識蘊真義**—現觀識蘊內涵、取證初果、親斷三縛結之具體行門。
—依《成唯識論》及《惟識述記》正義，略顯安慧《大乘廣五蘊論》之邪謬
平實導師著　回郵35元

31.**正覺電子報** 各期紙版本　免附回郵　每次最多函索三期或三本。
（已無存書之較早各期，不另增印贈閱）

32.**現代人應有的宗教觀**　蔡正禮老師 著　回郵3.5元

33.**遠惑趣道**—正覺電子報般若信箱問答錄　第一輯　回郵20元

34.**遠惑趣道**—正覺電子報般若信箱問答錄　第二輯　回郵20元

35.**確保您的權益**—器官捐贈應注意自我保護　游正光老師 著　回郵10元

36.**正覺教團電視弘法三乘菩提 DVD 光碟（一）**
由正覺教團多位親教師共同講述錄製 DVD 8 片，MP3 一片，共 9 片。有二大講題：一爲「三乘菩提之意涵」，二爲「學佛的正知見」。內容精闢，深入淺出，精彩絕倫，幫助大眾快速建立三乘法道的正知見，免被外道邪見所誤導。有志修學三乘佛法之學人不可不看。（製作工本費 100 元，回郵 25 元）

37.**正覺教團電視弘法 DVD 專輯（二）**
總有二大講題：一爲「三乘菩提之念佛法門」，一爲「學佛正知見（第二篇）」，由正覺教團多位親教師輪番講述，內容詳細闡述如何修學念佛法門、實證念佛三昧，以及學佛應具有的正確知見，可以幫助發願往生西方極樂淨土之學人，得以把握往生，更可令學人快速建立三乘法道的正知見，免於被外道邪見所誤導。有志修學三乘佛法之學人不可不看。（一套 17 片，工本費 160 元。回郵 35 元）

38.**佛藏經** 燙金精裝本　每冊回郵 20 元。正修佛法之道場欲大量索取者，請正式發函並蓋用大印寄來索取（2008.04.30 起開始敬贈）

39.**喇嘛性世界**—揭開假藏傳佛教譚崔瑜伽的面紗　張善思 等人合著
由正覺同修會購贈　回郵 20 元

40.**假藏傳佛教的神話**—性、謊言、喇嘛教　張正玄教授編著　回郵 20 元
由正覺同修會購贈　回郵 20 元

41.**隨　緣**—理隨緣與事隨緣　平實導師述　回郵 20 元。

42.**學佛的覺醒**　正枝居士 著　回郵 25 元

43.**導師之真實義**　蔡正禮老師 著　回郵 10 元

44.**淺談達賴喇嘛之雙身法**—兼論解讀「密續」之達文西密碼
吳明芷居士 著　回郵 10 元

45.**魔界轉世**　張正玄居士 著　回郵 10 元

46.**一貫道與開悟**　蔡正禮老師 著　回郵 10 元

47.**博愛**—愛盡天下女人　正覺教育基金會 編印　回郵10元
48.**意識虛妄經教彙編**—實證解脱道的關鍵經文　正覺同修會編印　回郵25元
49.**邪箭囈語**—破斥藏密外道多識仁波切《破魔金剛箭雨論》之邪説
陸正元老師著　上、下冊回郵各30元
50.**真假沙門**—依 佛聖教闡釋佛教僧寶之定義
蔡正禮老師著　俟正覺電子報連載後結集出版
51.**真假禪宗**—藉評論釋性廣《印順導師對變質禪法之批判
及對禪宗之肯定》以顯示真假禪宗
附論一：凡夫知見 無助於佛法之信解行證
附論二：世間與出世間一切法皆從如來藏實際而生而顯
余正偉老師著　俟正覺電子報連載後結集出版　回郵未定
52.**假鋒虛焔金剛乘**—揭示顯密正理，兼破索達吉師徒《般若鋒兮金剛焰》。
釋正安 法師著　俟正覺電子報連載後結集出版

★ 上列贈書之郵資，係台灣本島地區郵資，大陸、港、澳地區及外國地區，請另計酌增（大陸、港、澳、國外地區之郵票不許通用）。尚未出版之書，請勿先寄來郵資，以免增加作業煩擾。

★ 本目錄若有變動，唯於後印之書籍及「成佛之道」網站上修正公佈之，不另行個別通知。

函索書籍請寄：佛教正覺同修會　103台北市承德路3段277號9樓
台灣地區函索書籍者請附寄郵票，無時間購買郵票者可以等值現金抵用，但不接受郵政劃撥、支票、匯票。大陸地區得以人民幣計算，國外地區請以美元計算（請勿寄來當地郵票，在台灣地區不能使用）。欲以掛號寄遞者，請另附掛號郵資。

親自索閱：正覺同修會各共修處。　★請於共修時間前往取書，餘時無人在道場，請勿前往索取；共修時間與地點，詳見書末正覺同修會共修現況表（以近期之共修現況表為準）。

註：正智出版社發售之局版書，請向各大書局購閱。若書局之書架上已經售出而無陳列者，請向書局櫃台指定洽購；若書局不便代購者，請於正覺同修會共修時間前往各共修處請購，正智出版社已派人於共修時間送書前往各共修處流通。 郵政劃撥購書及 大陸地區 購書，請詳別頁正智出版社發售書籍目錄最後頁之說明。

成佛之道 網站：http://www.a202.idv.tw　正覺同修會已出版之結緣書籍，多已登載於 成佛之道 網站，若住外國、或住處遙遠，不便取得正覺同修會贈閱書籍者，可以從本網站閱讀及下載。　書局版之《宗通與說通》亦已上網，台灣讀者可向書局洽購，售價300元。《狂密與眞密》第一輯~第四輯，亦於 2003.5.1.全部於本網站登載完畢；台灣地區讀者請向書局洽購，每輯約400頁，售價300元（網站下載紙張費用較貴，容易散失，難以保存，亦較不精美）。

正智出版社 籌募弘法基金發售書籍目錄 2018/05/13

1.**宗門正眼**—公案拈提 第一輯 重拈 平實導師著 500 元
因重寫內容大幅度增加故，字體必須改小，並增為 576 頁 主文 546 頁。比初版更精彩、更有內容。初版《禪門摩尼寶聚》之讀者，可寄回本公司免費調換新版書。免附回郵，亦無截止期限。（2007 年起，每冊附贈本公司精製公案拈提〈超意境〉CD 一片。市售價格 280 元，多購多贈。）
2.**禪淨圓融** 平實導師著 200 元（第一版舊書可換新版書。）
3.**真實如來藏** 平實導師著 400 元
4.**禪—悟前與悟後** 平實導師著 上、下冊，每冊 250 元
5.**宗門法眼**—公案拈提 第二輯 平實導師著 500 元
（2007 年起，每冊附贈本公司精製公案拈提〈超意境〉CD 一片）
6.**楞伽經詳解** 平實導師著 全套共 10 輯 每輯 250 元
7.**宗門道眼**—公案拈提 第三輯 平實導師著 500 元
（2007 年起，每冊附贈本公司精製公案拈提〈超意境〉CD 一片）
8.**宗門血脈**—公案拈提 第四輯 平實導師著 500 元
（2007 年起，每冊附贈本公司精製公案拈提〈超意境〉CD 一片）
9.**宗通與說通**—成佛之道 平實導師著 主文 381 頁 全書 400 頁售價 300 元
10.**宗門正道**—公案拈提 第五輯 平實導師著 500 元
（2007 年起，每冊附贈本公司精製公案拈提〈超意境〉CD 一片）
11.**狂密與真密 一～四輯** 平實導師著 西藏密宗是人間最邪淫的宗教，本質不是佛教，只是披著佛教外衣的印度教性力派流毒的喇嘛教。此書中將西藏密宗密傳之男女雙身合修樂空雙運所有祕密與修法，毫無保留完全公開，並將全部喇嘛們所不知道的部分也一併公開。內容比大辣出版社喧騰一時的《西藏慾經》更詳細。並且函蓋藏密的所有祕密及其錯誤的中觀見、如來藏見……等，藏密的所有法義都在書中詳述、分析、辨正。
每輯主文三百餘頁 每輯全書約 400 頁 售價每輯 300 元
12.**宗門正義**—公案拈提 第六輯 平實導師著 500 元
（2007 年起，每冊附贈本公司精製公案拈提〈超意境〉CD 一片）
13.**心經密意**—心經與解脫道、佛菩提道、祖師公案之關係與密意 平實導師述 300 元
14.**宗門密意**—公案拈提 第七輯 平實導師著 500 元
（2007 年起，每冊附贈本公司精製公案拈提〈超意境〉CD 一片）
15.**淨土聖道**—兼評「選擇本願念佛」 正德老師著 200 元
16.**起信論講記** 平實導師述著 共六輯 每輯三百餘頁 售價各 250 元
17.**優婆塞戒經講記** 平實導師述著 共八輯 每輯三百餘頁 售價各 250 元
18.**真假活佛**—略論附佛外道盧勝彥之邪說（對前岳靈犀網站主張「盧勝彥是證悟者」之修正） 正犀居士（岳靈犀）著 流通價 140 元
19.**阿含正義**—唯識學探源 平實導師著 共七輯 每輯 300 元

20.**超意境** CD 以平實導師公案拈提書中超越意境之頌詞，加上曲風優美的旋律，錄成令人嚮往的超意境歌曲，其中包括正覺發願文及平實導師親自譜成的黃梅調歌曲一首。詞曲雋永，殊堪翫味，可供學禪者吟詠，有助於見道。內附設計精美的彩色小冊，解說每一首詞的背景本事。每片 280 元。【每購買公案拈提書籍一冊，即贈送一片。】

21.**菩薩底憂鬱** CD 將菩薩情懷及禪宗公案寫成新詞，並製作成超越意境的優美歌曲。 1.主題曲〈菩薩底憂鬱〉，描述地後菩薩能離三界生死而迴向繼續生在人間，但因尚未斷盡習氣種子而有極深沈之憂鬱，非三賢位菩薩及二乘聖者所知，此憂鬱在七地滿心位方才斷盡；本曲之詞中所說義理極深，昔來所未曾見；此曲係以優美的情歌風格寫詞及作曲，聞者得以激發嚮往諸地菩薩境界之大心，詞、曲都非常優美，難得一見；其中勝妙義理之解說，已印在附贈之彩色小冊中。 2.以各輯公案拈提中直示禪門入處之頌文，作成各種不同曲風之超意境歌曲，值得玩味、參究；聆聽公案拈提之優美歌曲時，請同時閱讀內附之印刷精美說明小冊，可以領會超越三界的證悟境界；未悟者可以因此引發求悟之意向及疑情，眞發菩提心而邁向求悟之途，乃至因此眞實悟入般若，成眞菩薩。 3.正覺總持咒新曲，總持佛法大意；總持咒之義理，已加以解說並印在隨附之小冊中。本 CD 共有十首歌曲，長達 63 分鐘。每盒各附贈二張購書優惠券。每片 280 元。

22.**禪意無限** CD 平實導師以公案拈提書中偈頌寫成不同風格曲子，與他人所寫不同風格曲子共同錄製出版，幫助參禪人進入禪門超越意識之境界。盒中附贈彩色印製的精美解說小冊，以供聆聽時閱讀，令參禪人得以發起參禪之疑情，即有機會證悟本來面目而發起實相智慧，實證大乘菩提般若，能如實證知般若經中的眞實意。本 CD 共有十首歌曲，長達 69 分鐘，每盒各附贈二張購書優惠券。每片 280 元。

23.**我的菩提路**第一輯　釋悟圓、釋善藏等人合著　售價 300 元

24.**我的菩提路**第二輯　郭正益、張志成等人合著　售價 300 元

25.**我的菩提路**第三輯　王美伶等人合著　售價 300 元

26.**我的菩提路**第四輯　陳晏平等人合著　售價 300 元

27.**鈍鳥與靈龜**—考證後代凡夫對大慧宗杲禪師的無根誹謗。

平實導師著　共 458 頁　售價 350 元

28.**維摩詰經講記**　平實導師述　共六輯　每輯三百餘頁　售價各 250 元

29.**真假外道**—破劉東亮、杜大威、釋證嚴常見外道見　正光老師著　200 元

30.**勝鬘經講記**—兼論印順《勝鬘經講記》對於《勝鬘經》之誤解。

平實導師述　共六輯　每輯三百餘頁　售價250 元

31.**楞嚴經講記**　平實導師述　共 **15** 輯，每輯三百餘頁　售價 300 元

32.**明心與眼見佛性**—駁慧廣〈蕭氏「眼見佛性」與「明心」之非〉文中謬說

正光老師著　共 448 頁　售價 300 元

33.**見性與看話頭** 黃正倖老師 著，本書是禪宗參禪的方法論。

內文375頁，全書416頁，售價300元。

34.**達賴真面目**—玩盡天下女人 白正偉老師 等著 中英對照彩色精裝大本 800元

35.**喇嘛性世界**—揭開假藏傳佛教譚崔瑜伽的面紗 張善思 等人著 200元

36.**假藏傳佛教的神話**—性、謊言、喇嘛教 正玄教授編著 200元

37.**金剛經宗通** 平實導師述 共九輯 每輯售價250元。

38.**空行母**—性別、身分定位，以及藏傳佛教。

珍妮·坎貝爾著 呂艾倫 中譯 售價250元

39.**末代達賴**—性交教主的悲歌 張善思、呂艾倫、辛燕編著 售價250元

40.**霧峰無霧**—給哥哥的信 辨正釋印順對佛法的無量誤解

游宗明 老師著 售價250元

41.**第七意識與第八意識？**—穿越時空「超意識」

平實導師述 每冊300元

42.**黯淡的達賴**—失去光彩的諾貝爾和平獎

正覺教育基金會編著 每冊250元

43.**童女迦葉考**—論呂凱文〈佛教輪迴思想的論述分析〉之謬。

平實導師 著 定價180元

44.**人間佛教**—實證者必定不悖三乘菩提

平實導師 述，定價400元

45.**實相經宗通** 平實導師述 共八輯 每輯250元

46.**真心告訴您(一)**—達賴喇嘛在幹什麼？

正覺教育基金會編著 售價250元

47.**中觀金鑑**—詳述應成派中觀的起源與其破法本質

孫正德老師著 分為上、中、下三冊，每冊250元

48.**藏傳佛教要義**—《狂密與真密》之簡體字版 平實導師 著 上、下冊

僅在大陸流通 每冊300元

49.**法華經講義** 平實導師述 共二十五輯 每輯300元

已於2015/05/31起開始出版，每二個月出版一輯

50.**西藏「活佛轉世」制度**—附佛、造神、世俗法

許正豐、張正玄老師合著 定價150元

51.**廣論三部曲** 郭正益老師著 定價150元

52.**真心告訴您(二)**—達賴喇嘛是佛教僧侶嗎？

—補祝達賴喇嘛八十大壽

正覺教育基金會編著 售價300元

53.**次法**—實證佛法前應有的條件

張善思居士著 分為上、下二冊，每冊250元

54.**涅槃**—解說四種涅槃之實證及內涵 平實導師著 上下冊 各350元

預定2018/09/30出版上冊，11月底出版下冊

55.**廣論之平議**—宗喀巴《菩提道次第廣論》之平議 正雄居士著

約二或三輯 俟正覺電子報連載後結集出版 書價未定

56.**末法導護**—對印順法師中心思想之綜合判攝　正慶老師著　書價未定
57.**菩薩學處**—菩薩四攝六度之要義　陸正元老師著　出版日期未定。
58.**八識規矩頌**詳解　○○居士 註解　出版日期另訂　書價未定。
59.**印度佛教史**—法義與考證。依法義史實評論印順《印度佛教思想史、佛教史地考論》之謬說　正偉老師著　出版日期未定　書價未定
60.**中國佛教史**—依中國佛教正法史實而論。○○老師 著　書價未定。
61.**中論正義**—釋龍樹菩薩《中論》頌正理。
孫正德老師著　出版日期未定　書價未定
62.**中觀正義**—註解平實導師《中論正義頌》。
○○法師（居士）著　出版日期未定　書價未定
63.**佛藏經講記**　平實導師述　出版日期未定　書價未定
64.**阿含經講記**—將選錄四阿含中數部重要經典全經講解之，講後整理出版。
平實導師述　約二輯　每輯300元　出版日期未定
65.**寶積經講記**　平實導師述　每輯三百餘頁 優惠價300元　出版日期未定
66.**解深密經講記**　平實導師述 約四輯　將於重講後整理出版
67.**成唯識論略解**　平實導師著　五～六輯　每輯300元　出版日期未定
68.**修習止觀坐禪法要講記**　平實導師述　每輯三百餘頁
將於正覺寺建成後重講、以講記逐輯出版　出版日期未定
69.**無門關**—《無門關》公案拈提　平實導師著　出版日期未定
70.**中觀再論**—兼述印順《中觀今論》謬誤之平議。正光老師著　出版日期未定
71.**輪迴與超度**—佛教超度法會之真義。
○○法師（居士）著　出版日期未定　書價未定
72.**《釋摩訶衍論》平議**—對偽稱龍樹所造《釋摩訶衍論》之平議
○○法師（居士）著　出版日期未定　書價未定
73.**正覺發願文**註解—以真實大願為因 得證菩提
正德老師著　出版日期未定　書價未定
74.**正覺總持咒**—佛法之總持　正圜老師著　出版日期未定　書價未定
75.**三自性**—依四食、五蘊、十二因緣、十八界法，說三性三無性。
作者未定　出版日期未定
76.**道品**—從三自性說大小乘三十七道品　作者未定　出版日期未定
77.**大乘緣起觀**—依四聖諦七真如現觀十二緣起 作者未定　出版日期未定
78.**三德**—論解脫德、法身德、般若德。　作者未定　出版日期未定
79.**真假如來藏**—對印順《如來藏之研究》謬說之平議　作者未定 出版日期未定
80.**大乘道次第**　作者未定　出版日期未定　書價未定
81.**四緣**—依如來藏故有四緣。　作者未定　出版日期未定
82.**空之探究**—印順《空之探究》謬誤之平議　作者未定 出版日期未定
83.**十法義**—論阿含經中十法之正義　作者未定　出版日期未定
84.**外道見**—論述外道六十二見　作者未定　出版日期未定

正智出版社有限公司 書籍介紹

禪淨圓融：言淨土諸祖所未曾言，示諸宗祖師所未曾示；禪淨圓融，另闢成佛捷徑，兼顧自力他力，闡釋淨土門之速行易行道，亦同時揭櫫聖教門之速行易行道；令廣大淨土行者得免緩行難證之苦，亦令聖道門行者得以藉著淨土速行道而加快成佛之時劫。乃前無古人之超勝見地，非一般弘揚禪淨法門典籍也，先讀爲快。平實導師著 200元。

宗門正眼——公案拈提第一輯：繼承克勤圜悟大師碧巖錄宗旨之禪門鉅作。先則舉示當代大法師之邪說，消弭當代禪門大師鄉愿之心態，摧破當今禪門「世俗禪」之妄談；次則旁通教法，表顯宗門正理；繼以道之次第，消弭古今狂禪；後藉言語及文字機鋒，直示宗門入處。悲智雙運，禪味十足，數百年來難得一睹之禪門鉅著也。平實導師著 500元（原初版書《禪門摩尼寶聚》，改版後補充爲五百餘頁新書，總計多達二十四萬字，內容更精彩，並改名爲《宗門正眼》，讀者原購初版《禪門摩尼寶聚》皆可寄回本公司免費換新，免附回郵，亦無截止期限）（2007年起，凡購買公案拈提第一輯至第七輯，每購一輯皆贈送本公司精製公案拈提〈超意境〉CD一片，市售價格280元，多購多贈）。

禪—悟前與悟後：本書能建立學人悟道之信心與正確知見，圓滿具足而有次第地詳述禪悟之功夫與禪悟之內容，指陳參禪中細微淆訛之處，能使學人明自眞心、見自本性。若未能悟入，亦能以正確知見辨別古今中外一切大師究係眞悟？或屬錯悟？便有能力揀擇，捨名師而選明師，後時必有悟道之緣。一旦悟道，遲者七次人天往返，便出三界，速者一生取辦。學人欲求開悟者，不可不讀。　平實導師著。上、下冊共500元，單冊250元。

眞實如來藏：如來藏眞實存在，乃宇宙萬有之本體，並非印順法師、達賴喇嘛等人所說之「唯有名相、無此心體」。如來藏是涅槃之本際，是一切有智之人竭盡心智、不斷探索而不能得之生命實相；是古今中外許多大師自以爲悟而當面錯過之生命實相。如來藏即是阿賴耶識，乃是一切有情本自具足、不生不滅之眞實心。當代中外大師於此書出版之前所未能言者，作者於本書中盡情流露、詳細闡釋。眞悟者讀之，必能增益悟境、智慧增上；錯悟者讀之，必能檢討自己之錯誤，免犯大妄語業；未悟者讀之，能知參禪之理路，亦能以之檢查一切名師是否眞悟。此書是一切哲學家、宗教家、學佛者及欲昇華心智之人必讀之鉅著。　平實導師著　售價400元。

宗門法眼—**公案拈提**第二輯：列舉實例，闡釋土城廣欽老和尚之悟處；並直示這位不識字的老和尚妙智橫生之根由，繼而剖析禪宗歷代大德之開悟公案，解析當代密宗高僧卡盧仁波切之錯悟證據，並例舉當代顯宗高僧、大居士之錯悟證據（凡健在者，爲免影響其名聞利養，皆隱其名）。藉辨正當代名師之邪見，向廣大佛子指陳禪悟之正道，彰顯宗門法眼。悲勇兼出，強捋虎鬚；慈智雙運，巧探驪龍；摩尼寶珠在手，直示宗門入處，禪味十足；若非大悟徹底，不能爲之。禪門精奇人物，允宜人手一冊，供作參究及悟後印證之圭臬。本書於2008年4月改版，增寫為大約500頁篇幅，以利學人研讀參究時更易悟入宗門正法，以前所購初版首刷及初版二刷舊書，皆可免費換取新書。平實導師著 500元（2007年起，凡購買公案拈提第一輯至第七輯，每購一輯皆贈送本公司精製公案拈提〈超意境〉CD一片，市售價格280元，多購多贈）。

宗門道眼—**公案拈提**第三輯：繼宗門法眼之後，再以金剛之作略、慈悲之胸懷、犀利之筆觸，舉示寒山、拾得、布袋三大士之悟處，消弭當代錯悟者對於寒山大士……等之誤會及誹謗。亦舉出民初以來與虛雲和尚齊名之蜀郡鹽亭袁煥仙夫子——南懷瑾老師之師，其「悟處」何在？並蒐羅許多眞悟祖師之證悟公案，顯示禪宗歷代祖師之睿智，指陳部分祖師、奧修及當代顯密大師之謬悟，作爲殷鑑，幫助禪子建立及修正參禪之方向及知見。假使讀者閱此書已，一時尚未能悟，亦可一面加功用行，一面以此宗門道眼辨別眞假善知識，避開錯誤之印證及歧路，可免大妄語業之長劫慘痛果報。欲修禪宗之禪者，務請細讀。平實導師著 售價500元（2007年起，凡購買公案拈提第一輯至第七輯，每購一輯皆贈送本公司精製公案拈提〈超意境〉CD一片，市售價格280元，多購多贈）。

楞伽經詳解：本經是禪宗見道者印證所悟眞僞之根本經典，亦是禪宗見道者悟後起修之依據經典；故達摩祖師於印證二祖慧可大師之後，將此經典連同佛鉢祖衣一併交付二祖，令其依此經典佛示金言、進入修道位，修學一切種智。由此可知此經對於眞悟之人修學佛道，是非常重要之一部經典。此經能破外道邪說，亦破佛門中錯悟名師之謬說，亦破禪宗部分祖師之狂禪：不讀經典、一向主張「一悟即成究竟佛」之謬執。並開示愚夫所行禪、觀察義禪、攀緣如禪、如來禪等差別，令行者對於三乘禪法差異有所分辨；亦糾正禪宗祖師古來對於如來禪之誤解，嗣後可免以訛傳訛之弊。此經亦是法相唯識宗之根本經典，禪者悟後欲修一切種智而入初地者，必須詳讀。　平實導師著，全套共十輯，已全部出版完畢，每輯主文約320頁，每冊約352頁，定價250元。

宗門血脈—**公案拈提**第四輯：末法怪象—許多修行人自以爲悟，每將無念靈知認作眞實；崇尚二乘法諸師及其徒眾，則將外於如來藏之緣起性空—無因論之無常空、斷滅空、一切法空—錯認爲 佛所說之般若空性。這兩種現象已於當今海峽兩岸及美加地區顯密大師之中普遍存在；人人自以爲悟，心高氣壯，便敢寫書解釋祖師證悟之公案，大多出於意識思惟所得，言不及義，錯誤百出，因此誤導廣大佛子同陷大妄語之地獄業中而不能自知。彼等書中所說之悟處，其實處處違背第一義經典之聖言量。彼等諸人不論是否身披袈裟，都非佛法宗門血脈，或雖有禪宗法脈之傳承，亦只徒具形式；猶如螟蛉，非眞血脈，未悟得根本眞實故。禪子欲知佛、祖之眞血脈者，請讀此書，便知分曉。平實導師著，主文452頁，全書464頁，定價500元（2007年起，凡購買公案拈提第一輯至第七輯，每購一輯皆贈送本公司精製公案拈提〈超意境〉CD一片，市售價格280元，多購多贈）。

宗通與說通：古今中外，錯誤之人如麻似粟，每以常見外道所說之靈知心，認作眞心；或妄想虛空之勝性能量爲眞如，或錯認物質四大元素藉冥性（靈知心本體）能成就吾人色身及知覺，或認初禪至四禪中之了知心爲不生不滅之涅槃心。此等皆非通宗者之見地。復有錯悟之人一向主張「宗門與教門不相干」，此即尚未通達宗門之人也。其實宗門與教門互通不二，宗門所證者乃是眞如與佛性，教門所說者乃說宗門證悟之眞如佛性，故教門與宗門不二。本書作者以宗教二門互通之見地，細說「宗通與說通」，從初見道至悟後起修之道、細說分明；並將諸宗諸派在整體佛教中之地位與次第，加以明確之教判，學人讀之即可了知佛法之梗概也。欲擇明師學法之前，允宜先讀。平實導師著，主文共381頁，全書392頁，只售成本價300元。

宗門正道—**公案拈提**第**五**輯：修學大乘佛法有二果須證解脫果及大菩提果。二乘人不證大菩提果，唯證解脫果；此果之智慧，名爲聲聞菩提、緣覺菩提。大乘佛子所證二果之菩提果爲佛菩提，故名大菩提果，其慧名爲一切種智函蓋二乘解脫果。然此大乘二果修證，須經由禪宗之宗門證悟方能相應。而宗門證悟極難，自古已然；其所以難者，咎在古今佛教界普遍存在三種邪見：1.以修定認作佛法，2.以無因論之緣起性空—否定涅槃本際如來藏以後之一切法空作爲佛法，3.以常見外道邪見（離語言妄念之靈知性）作爲佛法。如是邪見，或因自身正見未立所致，或因邪師之邪教導所致，或因無始劫來虛妄熏習所致。若不破除此三種邪見，永劫不悟宗門眞義、不入大乘正道，唯能外門廣修菩薩行。平實導師於此書中，有極爲詳細之說明，有志佛子欲摧邪見、入於內門修菩薩行者，當閱此書。主文共496頁，全書512頁。售價500元（2007年起，凡購買公案拈提第一輯至第七輯，每購一輯皆贈送本公司精製公案拈提〈超意境〉CD一片，市售價格280元，多購多贈）。

狂密與眞密：密教之修學，皆由有相之觀行法門而入，其最終目標仍不離顯教經典所說第一義諦之修證；若離顯教第一義經典、或違背顯教第一義經典，即非佛教。西藏密教之觀行法，如灌頂、觀想、遷識法、寶瓶氣、大聖歡喜雙身修法、喜金剛、無上瑜伽、大樂光明、樂空雙運等，皆是印度教**兩性生生不息**思想之轉化，**自始至終**皆以**如何能運用交合淫樂之法達到全身受樂**爲其中心思想，純屬欲界五欲的貪愛，不能令人超出欲界輪迴，更不能令人斷除我見；何況大乘之明心與見性，更無論矣！故密宗之法絕非佛法也。而其明光大手印、大圓滿法教，又皆同以常見外道所說**離語言妄念之無念靈知心**錯認爲佛地之眞如，不能直指不生不滅之眞如。西藏密宗所有法王與徒眾，都尚未開頂門眼，不能辨別眞僞，以**依人不依法、依密續不依經典**故，不肯將其上師喇嘛所說對照第一義經典，純依密續之藏密祖師所說爲準，因此而誇大其證德與證量，動輒謂彼祖師上師爲究竟佛、爲地上菩薩；如今台海兩岸亦有自謂其師證量高於 釋迦文佛者，然觀其師所述，猶未見道，仍在觀行即佛階段，尚未到禪宗相似即佛、分證即佛階位，竟敢標榜爲究竟佛及地上法王，誑惑初機學人。凡此怪象皆是狂密，不同於眞密之修行者。近年狂密盛行，密宗行者被誤導者極眾，動輒自謂已證佛地眞如，自視爲究竟佛，陷於大妄語業中而不知自省，反謗顯宗眞修實證者之證量粗淺；或如義雲高與釋性圓…等人，於報紙上公然誹謗眞實證道者爲「騙子、無道人、人妖、癩蛤蟆…」等，造下誹謗大乘勝義僧之大惡業；或以外道法中有爲有作之甘露、魔術……等法，誑騙初機學人，狂言彼外道法爲眞佛法。如是怪象，在西藏密宗及附藏密之外道中，不一而足，舉之不盡，學人宜應愼思明辨，以免上當後又犯毀破菩薩戒之重罪。密宗學人若欲遠離邪知邪見者，請閱此書，即能了知密宗之邪謬，從此遠離邪見與邪修，轉入眞正之佛道。

平實導師著 共四輯 每輯約400頁（主文約340頁）每輯售價300元。

宗門正義—公案拈提第六輯：佛教有六大危機，乃是藏密化、世俗化、膚淺化、學術化、宗門密意失傳、悟後進修諸地之次第混淆；其中尤以宗門密意之失傳，爲當代佛教最大之危機。由宗門密意失傳故，易令世尊本懷普被錯解，易令世尊正法被轉易爲外道法，以及加以淺化、世俗化，是故宗門密意之廣泛弘傳與具緣佛弟子，極爲重要。然而欲令宗門密意之廣泛弘傳予具緣之佛弟子者，必須同時配合錯誤知見之解析、普令佛弟子知之，然後輔以公案解析之直示入處，方能令具緣之佛弟子悟入。而此二者，皆須以公案拈提之方式爲之，方易成其功、竟其業，是故平實導師續作宗門正義一書，以利學人。全書500餘頁，售價500元（2007年起，凡購買公案拈提第一輯至第七輯，每購一輯皆贈送本公司精製公案拈提〈超意境〉CD一片，市售價格280元，多購多贈）。

心經密意—心經與解脫道、佛菩提道、祖師公案之關係與密意。二乘菩提所證之解脫道，實依第八識心之斷除煩惱障現行而立解脫之名；大乘菩提所證之佛菩提道，實依親證第八識如來藏之涅槃性、清淨自性、及其中道性而立般若之名；禪宗祖師公案所證之眞心，即是此第八識如來藏；是故三乘佛法所修所證之三乘菩提，皆依此如來藏心而立名也。此第八識心，即是《心經》所說之心也。證得此如來藏已，即能漸入大乘佛菩提道，亦可因證知此心而了知二乘無學所不能知之無餘涅槃本際，是故《心經》之密意，與三乘佛菩提之關係極爲密切、不可分割，三乘佛法皆依此心而立名故。今者平實導師以其所證解脫道之無生智及佛菩提之般若種智，將《心經》與解脫道、佛菩提道、祖師公案之關係與密意，以演講之方式，用淺顯之語句和盤托出，發前人所未言，呈三乘菩提之眞義，令人藉此《心經密意》一舉而窺三乘菩提之堂奧，迴異諸方言不及義之說；欲求眞實佛智者、不可不讀！主文317頁，連同跋文及序文…等共384頁，售價300元。

宗門密意——公案拈提第七輯：佛教之世俗化，將導致學人以信仰作爲學佛，則將以感應及世間法之庇祐，作爲學佛之主要目標，不能了知學佛之主要目標爲親證三乘菩提。大乘菩提則以般若實相智慧爲主要修習目標，以二乘菩提解脫道爲附帶修習之標的；是故學習大乘法者，應以禪宗之證悟爲要務，能親入大乘菩提之實相般若智慧中故，般若實相智慧非二乘聖人所能知故。此書則以台灣世俗化佛教之三大法師，說法似是而非之實例，配合眞悟祖師之公案解析，提示證悟般若之關節，令學人易得悟入。平實導師著，全書五百餘頁，售價500元（2007年起，凡購買公案拈提第一輯至第七輯，每購一輯皆贈送本公司精製公案拈提〈超意境〉CD一片，市售價格280元，多購多贈）。

淨土聖道——兼評日本本願念佛：佛法甚深極廣，般若玄微，非諸二乘聖僧所能知之，一切凡夫更無論矣！所謂一切證量皆歸淨土是也！是故大乘法中「聖道之淨土、淨土之聖道」，其義甚深，難可了知；乃至眞悟之人，初心亦難知也。今有正德老師眞實證悟後，復能深探淨土與聖道之緊密關係，憐憫眾生之誤會淨土實義，亦欲利益廣大淨土行人同入聖道，同獲淨土中之聖道門要義，乃振奮心神、書以成文，今得刊行天下。主文279頁，連同序文等共301頁，總有十一萬六千餘字，正德老師著，成本價200元。

起信論講記：詳解大乘起信論**心生滅門**與**心眞如門**之眞實意旨，消除以往大師與學人對起信論所說**心生滅門**之誤解，由是而得了知眞心如來藏之非常非斷中道正理；亦因此一講解，令此論以往隱晦而被誤解之眞實義，得以如實顯示，令大乘佛菩提道之正理得以顯揚光大；初機學者亦可藉此正論所顯示之法義，對大乘法理生起正信，從此得以眞發菩提心，眞入大乘法中修學，世世常修菩薩正行。平實導師演述，共六輯，都已出版，每輯三百餘頁，售價各250元。

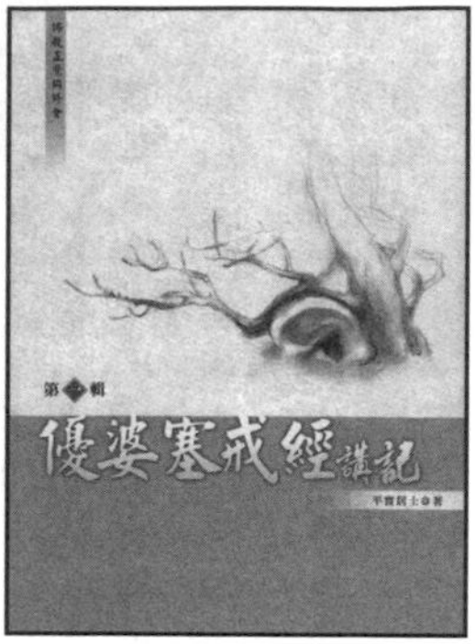

優婆塞戒經講記：本經詳述在家菩薩修學大乘佛法，應如何受持菩薩戒？對人間善行應如何看待？對三寶應如何護持？應如何正確地修集此世後世證法之福德？應如何修集後世「行菩薩道之資糧」？並詳述第一義諦之正義：五蘊非我非異我、自作自受、異作異受、不作不受……等深妙法義，乃是修學大乘佛法、行菩薩行之在家菩薩所應當了知者。出家菩薩今世或未來世登地已，捨報之後多數將如華嚴經中諸大菩薩，以在家菩薩身而修行菩薩行，故亦應以此經所述正理而修之，配合《楞伽經、解深密經、楞嚴經、華嚴經》等道次第正理，方得漸次成就佛道；故此經是一切大乘行者皆應證知之正法。平實導師講述，每輯三百餘頁，售價各250元；共八輯，已全部出版。

真假活佛—略論附佛外道盧勝彥之邪說：人人身中都有眞活佛，永生不滅而有大神用，但眾生都不了知，所以常被身外的西藏密宗假活佛籠罩欺瞞。本來就眞實存在的眞活佛，才是眞正的密宗無上密！諾那活佛因此而說禪宗是大密宗，但藏密的所有活佛都不知道、也不曾實證自身中的眞活佛。本書詳實宣示眞活佛的道理，舉證盧勝彥的「佛法」不是眞佛法，也顯示盧勝彥是假活佛，直接的闡釋第一義佛法見道的眞實正理。眞佛宗的所有上師與學人們，都應該詳細閱讀，包括盧勝彥個人在內。正犀居士著，優惠價140元。

阿含正義—唯識學探源：廣說四大部《阿含經》諸經中隱說之眞正義理，一一舉示佛陀本懷，令阿含時期初轉法輪根本經典之眞義，如實顯現於佛子眼前。並提示末法大師對於阿含眞義誤解之實例，一一比對之，證實唯識增上慧學確於原始佛法之阿含諸經中已隱覆密意而略說之，證實 世尊確於原始佛法中已曾密意而說第八識如來藏之總相；亦證實 世尊在四阿含中已說此藏識是名色十八界之因、之本—證明如來藏是能生萬法之根本心。佛子可據此修正以往受諸大師（譬如西藏密宗應成派中觀師：印順、昭慧、性廣、大願、達賴、宗喀巴、寂天、月稱、……等人）誤導之邪見，建立正見，轉入正道乃至親證初果而無困難；書中並詳說三果所證的**心解脫**，以及四果**慧解脫**的親證，都是如實可行的具體知見與行門。全書共七輯，已出版完畢。平實導師著，每輯三百餘頁，售價300元。

超意境ＣＤ：以平實導師公案拈提書中超越意境之頌詞，加上曲風優美的旋律，錄成令人嚮往的超意境歌曲，其中包括正覺發願文及平實導師親自譜成的黃梅調歌曲一首。詞曲雋永，殊堪翫味，可供學禪者吟詠，有助於見道。內附設計精美的彩色小冊，解說每一首詞的背景本事。每片280元。【每購買公案拈提書籍一冊，即贈送一片。】

鈍鳥與靈龜：鈍鳥及靈龜二物，被宗門證悟者說爲二種人：前者是精修禪定而無智慧者，也是以定爲禪的愚癡禪人；後者是或有禪定、或無禪定的宗門證悟者，凡已證悟者皆是靈龜。但後來被人虛造事實，用以嘲笑大慧宗杲禪師，說他雖是靈龜，卻不免被天童禪師預記「患背」痛苦而亡：「**鈍鳥離巢易，靈龜脫殼難**。」藉以貶低大慧宗杲的證量。同時將天童禪師實證如來藏的證量，曲解爲意識境界的離念靈知。自從大慧禪師入滅以後，錯悟凡夫對他的不實毀謗就一直存在著，不曾止息，並且捏造的假事實也隨著年月的增加而越來越多，終至編成「鈍鳥與靈龜」的假公案、假故事。本書是考證大慧與天童之間的不朽情誼，顯現這件假公案的虛妄不實；更見大慧宗杲面對惡勢力時的正直不阿，亦顯示大慧對天童禪師的至情深義，將使後人對大慧宗杲的誣謗至此而止，不再有人誤犯毀謗賢聖的惡業。書中亦舉證宗門的所悟確以第八識如來藏爲標的，詳讀之後必可改正以前被錯悟大師誤導的參禪知見，日後必定有助於實證禪宗的開悟境界，得階大乘眞見道位中，即是實證般若之賢聖。全書459頁，售價350元。

我的菩提路第一輯：凡夫及二乘聖人不能實證的佛菩提證悟，末法時代的今天仍然有人能得實證，由正覺同修會釋悟圓、釋善藏法師等二十餘位實證如來藏者所寫的見道報告，已爲當代學人見證宗門正法之絲縷不絕，證明大乘義學的法脈仍然存在，爲末法時代求悟般若之學人照耀出光明的坦途。由二十餘位大乘見道者所繕，敘述各種不同的學法、見道因緣與過程，參禪求悟者必讀。全書三百餘頁，售價300元。

我的菩提路第二輯：由郭正益老師等人合著，書中詳述彼等諸人歷經各處道場學法，一一修學而加以檢擇之不同過程以後，因閱讀正覺同修會、正智出版社書籍而發起抉擇分，轉入正覺同修會中修學；乃至學法及見道之過程，都一一詳述之。其中張志成等人係由前現代禪轉進正覺同修會，張志成原爲現代禪副宗長，以前未閱本會書籍時，曾被人藉其名義著文評論 平實導師（詳見《宗通與說通》辨正及《眼見佛性》書末附錄…等）；後因偶然接觸正覺同修會書籍，深覺以前聽人評論平實導師之語不實，於是投入極多時間閱讀本會書籍、深入思辨，詳細探索中觀與唯識之關聯與異同，認爲正覺之法義方是正法，深覺相應；亦解開多年來對佛法的迷雲，確定應依八識論正理修學方是正法。乃不顧面子，毅然前往正覺同修會面見平實導師懺悔，並正式學法求悟。今已與其同修王美伶（亦爲前現代禪傳法老師），同樣證悟如來藏而證得法界實相，生起實相般若眞智。此書中尚有七年來本會第一位眼見佛性者之見性報告一篇，一同供養大乘佛弟子。全書四百頁，售價300元。

我的菩提路第三輯：由王美伶老師等人合著。自從正覺同修會成立以來，每年夏初、冬初都舉辦精進禪三共修，藉以助益會中同修們得以證悟明心發起般若實相智慧；凡已實證而被平實導師印證者，皆書具見道報告用以證明佛法之眞實可證而非玄學，證明佛法並非純屬思想、理論而無實質，是故每年都能有人證明正覺同修會的「實證佛教」主張並非虛語。特別是眼見佛性一法，自古以來中國禪宗祖師實證者極寡，較之明心開悟的證境更難令人信受；至2017年初，正覺同修會中的證悟明心者已近五百人，然而其中眼見佛性者至今唯十餘人爾，可謂難能可貴，是故明心後欲冀眼見佛性者實屬不易。黃正倖老師是懸絕七年無人見性後的第一人，她於2009年的見性報告刊於本書的第二輯中，爲大眾證明佛性確實可以眼見；其後七年之中求見性者都屬解悟佛性而無人眼見，幸而又經七年後的2016冬初，以及2017夏初的禪三，復有三人眼見佛性，希冀鼓舞四眾佛子求見佛性之大心，今則具載一則於書末，顯示求見佛性之事實經歷，供養現代佛教界欲得見性之四眾弟子。全書四百頁，售價300元。

我的菩提路第四輯：由陳晏平等人著。中國禪宗祖師往往有所謂「見性」之言，所言多屬看見如來藏具有能令人發起成佛之自性，並非《大般涅槃經》中如來所說之眼見佛性。眼見佛性者，於親見佛性之時，即能於山河大地眼見自己佛性，亦能於他人身上眼見自己佛性及對方之佛性，如是境界無法爲尚未實證者解釋；勉強說之，縱使眞實明心證悟之人聞之，亦只能以自身明心之境界想像之，但不論如何想像多屬非量，能有正確之比量者亦是稀有，故說眼見佛性極爲困難。眼見佛性之人若所見極分明時，在所見佛性之境界下所眼見之山河大地、自己五蘊身心皆是虛幻，自有異於明心者之解脫功德受用，此後永不思證二乘涅槃，必定邁向成佛之道而進入第十住位中，已超第一阿僧祇劫三分有一，可謂之爲超劫精進也。今又有明心之後眼見佛性之人出於人間，將其明心及後來見性之報告，連同其餘證悟明心者之精彩報告一同收錄於此書中，供養眞求佛法實證之四眾佛子。全書380頁，售價300元，預定2018年6月30日發行。

楞嚴經講記：楞嚴經係密教部之重要經典，亦是顯教中普受重視之經典；經中宣說明心與見性之內涵極爲詳細，將一切法都會歸如來藏及佛性—妙眞如性；亦闡釋佛菩提道修學過程中之種種魔境，以及外道誤會涅槃之狀況，旁及三界世間之起源。然因言句深澀難解，法義亦復深妙寬廣，學人讀之普難通達，是故讀者大多誤會，不能如實理解佛所說之明心與見性內涵，亦因是故多有悟錯之人引爲開悟之證言，成就大妄語罪。今由平實導師詳細講解之後，整理成文，以易讀易懂之語體文刊行天下，以利學人。全書十五輯，全部出版完畢。每輯三百餘頁，售價每輯300元。

勝鬘經講記：如來藏爲三乘菩提之所依，若離如來藏心體及其含藏之一切種子，即無三界有情及一切世間法，亦無二乘菩提緣起性空之出世間法；本經詳說無始無明、一念無明皆依如來藏而有之正理，藉著詳解煩惱障與所知障間之關係，令學人深入了知二乘菩提與佛菩提相異之妙理；聞後即可了知佛菩提之特勝處及三乘修道之方向與原理，邁向攝受正法而速成佛道的境界中。平實導師講述，共六輯，每輯三百餘頁，售價各250元。

菩薩底憂鬱CD將菩薩情懷及禪宗公案寫成新詞，並製作成超越意境的優美歌曲。1.主題曲〈菩薩底憂鬱〉，描述地後菩薩能離三界生死而迴向繼續生在人間，但因尚未斷盡習氣種子而有極深沈之憂鬱，非三賢位菩薩及二乘聖者所知，此憂鬱在七地滿心位方才斷盡；本曲之詞中所說義理極深，昔來所未曾見；此曲係以優美的情歌風格寫詞及作曲，聞者得以激發嚮往諸地菩薩境界之大心，詞、曲都非常優美，難得一見；其中勝妙義理之解說，已印在附贈之彩色小冊中。2.以各輯公案拈提中直示禪門入處之頌文，作成各種不同曲風之超意境歌曲，值得玩味、參究；聆聽公案拈提之優美歌曲時，請同時閱讀內附之印刷精美說明小冊，可以領會超越三界的證悟境界；未悟者可以因此引發求悟之意向及疑情，眞發菩提心而邁向求悟之途，乃至因此眞實悟入般若，成眞菩薩。3.正覺總持咒新曲，總持佛法大意；總持咒之義理，已加以解說並印在隨附之小冊中。本CD共有十首歌曲，長達63分鐘，附贈二張購書優惠券。每片280元。

禪意無限CD平實導師以公案拈提書中偈頌寫成不同風格曲子，與他人所寫不同風格曲子共同錄製出版，幫助參禪人進入禪門超越意識之境界。盒中附贈彩色印製的精美解說小冊，以供聆聽時閱讀，令參禪人得以發起參禪之疑情，即有機會證悟本來面目，實證大乘菩提般若。本CD共有十首歌曲，長達69分鐘，每盒各附贈二張購書優惠券。每片280元。

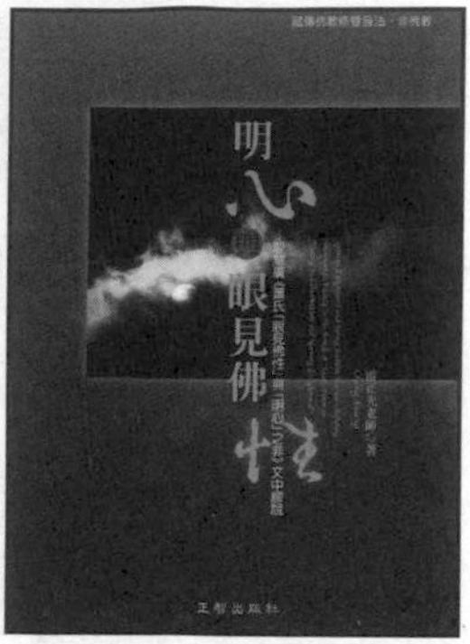

明心與眼見佛性：本書細述明心與眼見佛性之異同，同時顯示了中國禪宗破初參明心與重關眼見佛性二關之間的關聯；書中又藉法義辨正而旁述其他許多勝妙法義，讀後必能遠離佛門長久以來積非成是的錯誤知見，令讀者在佛法的實證上有極大助益。也藉慧廣法師的謬論來教導佛門學人回歸正知正見，遠離古今禪門錯悟者所墮的意識境界，非唯有助於斷我見，也對未來的開悟明心實證第八識如來藏有所助益，是故學禪者都應細讀之。游正光老師著　共448頁　售價300元。

見性與看話頭：黃正倖老師的《見性與看話頭》於《正覺電子報》連載完畢，今結集出版。書中詳說禪宗看話頭的詳細方法，並細說看話頭與眼見佛性的關係，以及眼見佛性者求見佛性前必須具備的條件。本書是禪宗實修者追求明心開悟時參禪的方法書，也是求見佛性者作功夫時必讀的方法書，內容兼顧眼見佛性的理論與實修之方法，是依實修之體驗配合理論而詳述，條理分明而且極爲詳實、周全、深入。本書內文375頁，全書416頁，售價300元。

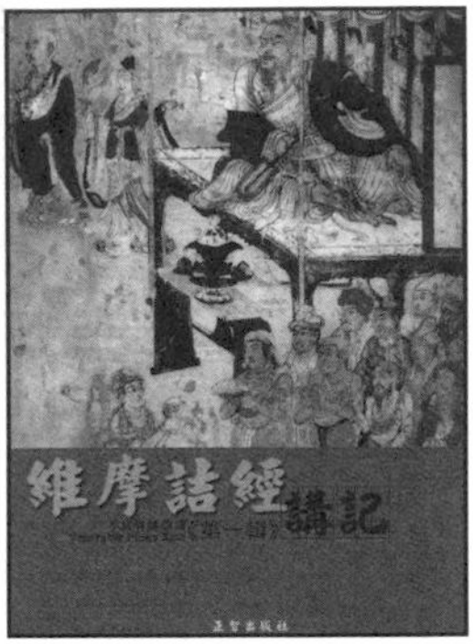

維摩詰經講記：本經係 世尊在世時，由等覺菩薩維摩詰居士藉疾病而演說之大乘菩提無上妙義，所說函蓋甚廣，然極簡略，是故今時諸方大師與學人讀之悉皆錯解，何況能知其中隱含之深妙正義，是故普遍無法爲人解說；若強爲人說，則成依文解義而有諸多過失。今由平實導師公開宣講之後，詳實解釋其中密意，令維摩詰菩薩所說大乘不可思議解脫之深妙正法得以正確宣流於人間，利益當代學人及與諸方大師。書中詳實演述大乘佛法深妙不共二乘之智慧境界，顯示諸法之中絕待之實相境界，建立大乘菩薩妙道於永遠不敗不壞之地，以此成就護法偉功，欲冀永利娑婆人天。已經宣講圓滿整理成書流通，以利諸方大師及諸學人。全書共六輯，每輯三百餘頁，售價各250元。

真假外道：本書具體舉證佛門中的常見外道知見實例，並加以教證及理證上的辨正，幫助讀者輕鬆而快速的了知常見外道的錯誤知見，進而遠離佛門內外的常見外道知見，因此即能改正修學方向而快速實證佛法。游正光老師著 。成本價200元。

金剛經宗通：三界唯心，萬法唯識，是成佛之修證內容，是諸地菩薩之所修；般若則是成佛之道（實證三界唯心、萬法唯識）的入門，若未證悟實相般若，即無成佛之可能，必將永在外門廣行菩薩六度，永在凡夫位中。然而實相般若的發起，全賴實證萬法的實相；若欲證知萬法的眞相，則必須探究萬法之所從來，則須實證自心如來—金剛心如來藏，然後現觀這個金剛心的金剛性、眞實性、如如性、清淨性、涅槃性、能生萬法的自性性、本住性，名爲證眞如；進而現觀三界六道唯是此金剛心所成，人間萬法須藉八識心王和合運作方能現起。如是實證《華嚴經》的「三界唯心、萬法唯識」以後，由此等現觀而發起實相般若智慧，繼續進修第十住位的如幻觀、第十行位的陽焰觀、第十迴向位的如夢觀，再生起增上意樂而勇發十無盡願，方能滿足三賢位的實證，轉入初地；自知成佛之道而無偏倚，從此按部就班、次第進修乃至成佛。第八識自心如來是般若智慧之所依，般若智慧的修證則要從實證金剛心自心如來開始；《金剛經》則是解說自心如來之經典，是一切三賢位菩薩所應進修之實相般若經典。這一套書，是將平實導師宣講的《金剛經宗通》內容，整理成文字而流通之；書中所說義理，迥異古今諸家依文解義之說，指出大乘見道方向與理路，有益於禪宗學人求開悟見道，及轉入內門廣修六度萬行。講述完畢後結集出版，總共9輯，每輯約三百餘頁，售價各250元。

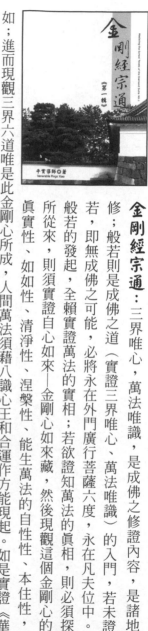

空行母—性別、身分定位，以及藏傳佛教：本書作者爲蘇格蘭哲學家，因爲嚮往佛教深妙的哲學內涵，於是進入當年盛行於歐美的假藏傳佛教密宗，擔任卡盧仁波切的翻譯工作多年以後，被邀請成爲卡盧的空行母（又名佛母、明妃），開始了她在密宗裡的實修過程；後來發覺在密宗雙身法中的修行，其實無法使自己成佛，也發覺密宗對女性歧視而處處貶抑，並剝奪女性在雙身法中擔任一半角色時應有的身分定位。當她發覺自己只是雙身法中被喇嘛利用的工具，沒有獲得絲毫應有的尊重與基本定位時，發現了密宗的父權社會控制女性的本質；於是作者傷心地離開了卡盧仁波切與密宗，但是卻被恐嚇不許講出她在密宗裡的經歷，也不許她說出自己對密宗的教義與教制下對女性剝削的本質，否則將被咒殺死亡。後來她去加拿大定居，十餘年後方才擺脫這個恐嚇陰影，下定決心將親身經歷的實情及觀察到的事實寫下來並且出版，公諸於世。出版之後，她被流亡的達賴集團人士大力攻訐，誣指她爲精神狀態失常、說謊……等。但有智之士並未被達賴集團的政治操作及各國政府政治運作吹捧達賴的表相所欺，使她的書銷售無阻而又再版。正智出版社鑑於作者此書是親身經歷的事實，所說具有針對「藏傳佛教」而作學術研究的價值，也有使人認清假藏傳佛教剝削佛母、明妃的男性本位實質，因此洽請作者同意中譯而出版於華人地區。珍妮·坎貝爾女士著，呂艾倫 中譯，每冊250元。

霧峰無霧—給哥哥的信：本書作者藉兄弟之間信件往來論義，略述佛法大義；並以多篇短文辨義，舉出釋印順對佛法的無量誤解證據，並一一給予簡單而清晰的辨正，令人一讀即知。久讀、多讀之後即能認清楚釋印順的六識論見解，與眞實佛法之牴觸是多麼嚴重；於是在久讀、多讀之後，於不知不覺之間提升了對佛法的極深入理解，正知正見就在不知不覺間建立起來了。當三乘佛法的正知見建立起來之後，對於三乘菩提的見道條件便將隨之具足，於是聲聞解脫道的見道也就水到渠成；接著大乘見道的因緣也將次第成熟，未來自然也會有親見大乘菩提之道的因緣，悟入大乘實相般若也將自然成功，自能通達般若系列諸經而成實義菩薩。作者居住於南投縣霧峰鄉，自喻見道之後不復再見霧峰之霧，故鄉原野美景一一明見，於是立此書名爲《霧峰無霧》；讀者若欲撥霧見月，可以此書爲緣。游宗明　老師著　售價250元。

假藏傳佛教的神話—性、謊言、喇嘛教：本書編著者是由一首名叫「阿姊鼓」的歌曲爲緣起，展開了序幕，揭開假藏傳佛教—喇嘛教—的神秘面紗。其重點是蒐集、摘錄網路上質疑「喇嘛教」的帖子，以揭穿「假藏傳佛教的神話」爲主題，串聯成書，並附加彩色插圖以及說明，讓讀者們瞭解西藏密宗及相關人事如何被操作爲「神話」的過程，以及神話背後的眞相。作者：張正玄教授。售價200元。

達賴真面目—玩盡天下女人：假使您不想戴綠帽子，請記得詳細閱讀此書；假使您不想讓好朋友戴綠帽子，請您將此書介紹給您的好朋友。假使您想保護家中的女性，也想要保護好朋友的女眷，請記得將此書送給家中的女性和好友的女眷都來閱讀。本書爲印刷精美的大本彩色中英對照精裝本，爲您揭開達賴喇嘛的眞面目，內容精彩不容錯過，爲利益社會大眾，特別以優惠價格嘉惠所有讀者。編著者：白志偉等。大開版雪銅紙彩色精裝本。售價800元。

喇嘛性世界—揭開假藏傳佛教譚崔瑜伽的面紗：這個世界中的喇嘛，號稱來自世外桃源的香格里拉，穿著或紅或黃的喇嘛長袍，散布於我們的身邊傳教灌頂，吸引了無數的人嚮往學習；這些喇嘛虔誠地爲大眾祈福，手中拿著寶杵（金剛）與寶鈴（蓮花），口中唸著咒語：「唵・嘛呢・叭咪・吽……」，咒語的意思是說：「我至誠歸命金剛杵上的寶珠伸向蓮花寶穴之中」！「喇嘛性世界」是什麼樣的「世界」呢？本書將爲您呈現喇嘛世界的面貌。當您發現眞相以後，您將會唸：「噢！喇嘛・性・世界，譚崔性交嘛！」作者：張善思、呂艾倫。售價200元。

末代達賴——性交教主的悲歌：簡介從藏傳僞佛教（喇嘛教）的修行核心—性力派男女雙修，探討達賴喇嘛及藏傳僞佛教的修行內涵。書中引用外國知名學者著作、世界各地新聞報導，包含：歷代達賴喇嘛的祕史、達賴六世修雙身法的事蹟，以及《時輪續》中的性交灌頂儀式……等；達賴喇嘛書中開示的雙修法、達賴喇嘛的黑暗政治手段；達賴喇嘛所領導的寺院爆發喇嘛性侵兒童；新聞報導《西藏生死書》作者索甲仁波切性侵女信徒、澳洲喇嘛秋達公開道歉、美國最大假藏傳佛教組織領導人邱陽創巴仁波切的性氾濫，等等事件背後眞相的揭露。作者：張善思、呂艾倫、辛燕。售價250元。

第七意識與第八意識？——穿越時空「超意識」 「三界唯心，萬法唯識」是佛教中應該實證的聖教，也是《華嚴經》中明載而可以實證的法界實相。唯心者，三界一切境界、一切諸法唯是一心所成就，即是每一個有情的第八識如來藏，不是意識心。唯識者，即是人類各各都具足的八識心王——眼識、耳鼻舌身意識、意根、阿賴耶識，第八阿賴耶識又名如來藏，人類五陰相應的萬法，莫不由八識心王共同運作而成就，故說萬法唯識。依聖教量及現量、比量，都可以證明意識是二法因緣生，是由第八識藉意根與法塵二法爲因緣而出生，又是夜夜斷滅不存之生滅心，即無可能反過來出生第七識意根、第八識如來藏，當知不可能從生滅性的意識心中，細分出恆審思量的第七識意根，更無可能細分出恆而不審的第八識如來藏。本書是將演講內容整理成文字，細說如是內容，並已在《正覺電子報》連載完畢，今彙集成書以廣流通，欲幫助佛門有緣人斷除意識我見，跳脫於識陰之外而取證聲聞初果；嗣後修學禪宗時即得不墮外道神我之中，得以求證第八識金剛心而發起般若實智。平實導師 述，每冊300元。

黯淡的達賴——失去光彩的諾貝爾和平獎：本書舉出很多證據與論述，詳述達賴喇嘛不爲世人所知的一面，顯示達賴喇嘛並不是眞正的和平使者，而是假借諾貝爾和平獎的光環來欺騙世人；透過本書的說明與舉證，讀者可以更清楚的瞭解，達賴喇嘛是結合暴力、黑暗、淫欲於喇嘛教裡的集團首領，其政治行爲與宗教主張，早已讓諾貝爾和平獎的光環染污了。本書由財團法人正覺教育基金會寫作、編輯，由正覺出版社印行，每冊250元。

人間佛教——實證者必定不悖三乘菩提　「大乘非佛說」的講法似乎流傳已久，卻只是日本人企圖擺脫中國正統佛教的影響，而在明治維新時期才開始提出來的說法；台灣佛教、大陸佛教的淺學無智之人，由於未曾實證佛法而迷信日本人錯誤的學術考證，錯認爲這些別有用心的日本佛學考證的講法爲天竺佛教的眞實歷史；甚至還有更激進的反對佛教者提出「釋迦牟尼佛並非眞實存在，只是後人捏造的假歷史人物」，竟然也有少數人願意跟著「學術」的假光環而信受不疑，於是開始有一些佛教界人士造作了反對中國佛教而推崇南洋小乘佛教的行爲，使佛教的信仰者難以檢擇，導致一般大陸人士開始轉入基督教的盲目迷信中。在這些佛教及外教人士之中，也就有一分人根據此邪說而大聲主張「大乘非佛說」的謬論，這些人以「人間佛教」的名義來抵制中國正統佛教，公然宣稱中國的大乘佛教是由聲聞部派佛教的凡夫僧所創造出來的。這樣的說法流傳於台灣及大陸佛教界凡夫僧之中已久，卻非眞正的佛教歷史中曾經發生過的事，只是繼承六識論的聲聞法中凡夫僧依自己的意識境界立場，純憑臆想而編造出來的妄想說法，卻已經影響許多無智之凡夫僧俗信受不移。本書則是從佛教的經藏法義實質及實證的現量內涵本質立論，證明大乘佛法本是佛說，是從《阿含正義》尚未說過的不同面向來討論「人間佛教」的議題，證明「大乘眞佛說」。閱讀本書可以斷除六識論邪見，迴入三乘菩提正道發起實證的因緣；也能斷除禪宗學人學禪時普遍存在之錯誤知見，對於建立參禪時的正知見有很深的著墨。　平實導師　述，內文488頁，全書528頁，定價400元。

童女迦葉考—論呂凱文〈佛教輪迴思想的論述分析〉之謬　童女迦葉是佛世率領五百大比丘遊行於人間的歷史事實，是以童貞行而依止菩薩戒弘化於人間的大菩薩，不依別解脫戒（聲聞戒）來弘化於人間。這是大乘佛教與聲聞佛教同時存在於佛世的歷史明證，證明大乘佛教不是從聲聞法中分裂出來的部派佛教的產物，卻是聲聞佛教分裂出來的部派佛教聲聞凡夫僧所不樂見的史實；於是古今聲聞法中的凡夫都欲加以扭曲而作詭說，更是末法時代高聲大呼「大乘非佛說」的六識論聲聞凡夫極力想要扭曲的佛教史實之一，於是想方設法扭曲迦葉菩薩爲聲聞僧，以及扭曲迦葉童女爲比丘僧等荒謬不實之論著便陸續出現，古時聲聞僧寫作的《分別功德論》是最具體之事例，現代之代表作則是呂凱文先生的〈佛教輪迴思想的論述分析〉論文。鑑於如是假藉學術考證以籠罩大眾之不實謬論，未來仍將繼續造作及流竄於佛教界，繼續扼殺大乘佛教學人法身慧命，必須舉證辨正之，遂成此書。平實導師 著，每冊180元。

中觀金鑑—詳述應成派中觀的起源與其破法本質　學佛人往往迷於中觀學派之不同學說，被應成派與自續派所迷惑；修學般若中觀二十年後自以爲實證般若中觀了，卻仍不曾入門，甫聞實證般若中觀者之所說，則茫無所知，迷惑不解；隨後信心盡失，不知如何實證佛法；凡此，皆因惑於這二派中觀學說所致。自續派中觀所說同於常見，以意識境界立爲第八識如來藏之境界，應成派所說則同於斷見，但又同立意識爲常住法，故亦具足斷常二見。今者孫正德老師有鑑於此，乃將起源於密宗的應成派中觀學說，追本溯源，詳考其來源之外，亦一一舉證其立論內容，詳加辨正，令密宗雙身法祖師以識陰境界而造之應成派中觀學說本質，詳細呈現於學人眼前，令其維護雙身法之目的無所遁形。若欲遠離密宗此二大派中觀謬說，欲於三乘菩提有所進道者，允宜具足閱讀並細加思惟，反覆讀之以後將可捨棄邪道返歸正道，則於般若之實證即有可能，證後自能現觀如來藏之中道境界而成就中觀。本書分上、中、下三冊，每冊250元，已全部出版完畢。

實相經宗通：學佛之目的在於實證一切法界背後之實相，禪宗稱之爲本來面目或本地風光，佛菩提道中稱之爲實相法界；此實相法界即是金剛藏，又名佛法之祕密藏，即是能生有情五陰、十八界及宇宙萬有（山河大地、諸天、三惡道世間）的第八識如來藏，又名阿賴耶識心，即是禪宗祖師所說的眞如心，此心即是三界萬有背後的實相。證得此第八識心時，自能瞭解般若諸經中隱說的種種密意，即得發起實相般若——實相智慧。每見學佛人修學佛法二十年後仍對實相般若茫然無知，亦不知如何入門，茫無所趣；更因不知三乘菩提的互異互同，是故越是久學者對佛法越覺茫然，都肇因於尚未瞭解佛法的全貌，亦未瞭解佛法的修證內容即是第八識心所致。本書對於修學佛法者所應實證的實相境界提出明確解析，並提示趣入佛菩提道的入手處，有心親證實相般若的佛法實修者，宜詳讀之，於佛菩提道之實證即有下手處。平實導師述著，共八輯，全部出版完畢，每輯成本價250元。

真心告訴您（一）——達賴喇嘛在幹什麼？這是一本報導篇章的選集，更是「破邪顯正」的暮鼓晨鐘。「破邪」是戳破假象，說明達賴喇嘛及其所率領的密宗四大派法王、喇嘛們，弘傳的佛法是仿冒的佛法；他們是假藏傳佛教，是坦特羅(譚崔性交)外道法和藏地崇奉鬼神的苯教混合成的「喇嘛教」，推廣的是以所謂「無上瑜伽」的男女雙身法冒充佛法的假佛教，詐財騙色誤導眾生，常常造成信徒家庭破碎、家中兒少失怙的嚴重後果。「顯正」是揭櫫眞相，指出眞正的藏傳佛教只有一個，就是覺囊巴，傳的是　釋迦牟尼佛演繹的第八識如來藏妙法，稱爲他空見大中觀。正覺教育基金會即以此古今輝映的如來藏正法正知見，在眞心新聞網中逐次報導出來，將箇中原委「眞心告訴您」，如今結集成書，與想要知道密宗眞相的您分享。售價250元。

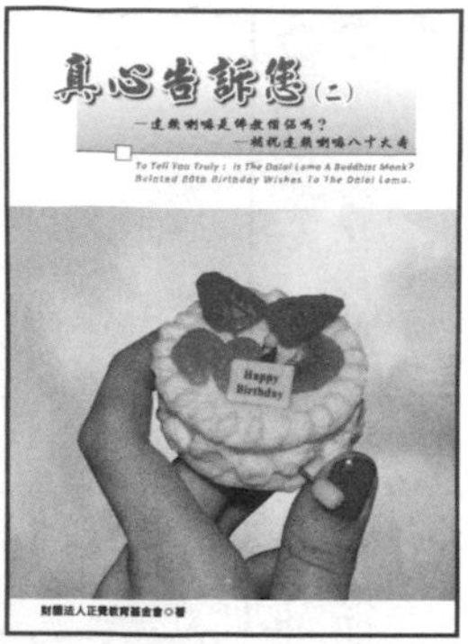

真心告訴您（二）——達賴喇嘛是佛教僧侶嗎？補祝達賴喇嘛八十大壽：這是一本針對當今達賴喇嘛所領導的喇嘛教，冒用佛教名相、於師徒間或師兄姊間，實修男女邪淫，而從佛法三乘菩提的現量與聖教量，揭發其謊言與邪術，證明達賴及其喇嘛教是仿冒佛教的外道，是「假藏傳佛教」。藏密四大派教義雖有「八識論」與「六識論」的表面差異，然其實修之內容，皆共許「無上瑜伽」四部灌頂爲究竟「成佛」之法門，也就是共以男女雙修之邪淫法爲「即身成佛」之密要，雖美其名曰「欲貪爲道」之「金剛乘」，並誇稱其成就超越於（應身佛）釋迦牟尼佛所傳之顯教般若乘之上；然詳考其理論，則或以意識離念時之粗細心爲第八識如來藏，或以中脈裡的明點爲第八識如來藏，或如宗喀巴與達賴堅決主張第六意識爲常恆不變之眞心者，分別墮於外道之常見與斷見中；全然違背 佛說能生五蘊之如來藏的實質。售價300元。

西藏「活佛轉世」制度——附佛、造神、世俗法：歷來關於喇嘛教活佛轉世的研究，多針對歷史及文化兩部分，於其所以成立的理論基礎，較少系統化的探討。尤其是此制度是否依據「佛法」而施設？是否合乎佛法眞實義？現有的文獻大多含糊其詞，或人云亦云，不曾有明確的闡釋與如實的見解。因此本文先從活佛轉世的由來，探索此制度的起源、背景與功能，並進而從活佛的尋訪與認證之過程，發掘活佛轉世的特徵，以確認「活佛轉世」在佛法中應具足何種果德。定價150元。

法華經講義：此書爲平實導師始從2009/7/21演述至2014/1/14之講經錄音整理所成。世尊一代時教，總分五時三教，即是華嚴時、聲聞緣覺教、般若教、種智唯識教、法華時；依此五時三教區分爲藏、通、別、圓四教。本經是最後一時的圓教經典，圓滿收攝一切法教於本經中，是故最後的圓教聖訓中，特地指出無有三乘菩提，其實唯有一佛乘；皆因眾生愚迷故，方便區分爲三乘菩提以助眾生證道。世尊於此經中特地說明如來示現於人間的唯一大事因緣，便是爲有緣眾生「開、示、悟、入」諸佛的所知所見——第八識如來藏妙眞如心，並於諸品中隱說「妙法蓮花」如來藏心的密意。然因此經所說甚深難解，眞義隱晦，古來難得有人能窺堂奧；平實導師以知如是密意故，特爲末法佛門四眾演述《妙法蓮華經》中各品蘊含之密意，使古來未曾被古德註解出來的「此經」密意，如實顯示於當代學人眼前。乃至〈藥王菩薩本事品〉、〈妙音菩薩品〉、〈觀世音菩薩普門品〉、〈普賢菩薩勸發品〉中的微細密意，亦皆一併詳述之，開前人所未曾言之密意，示前人所未見之妙法。最後乃至以〈法華大意〉而總其成，全經妙旨貫通始終，而依佛旨圓攝於一心如來藏妙心，厥爲曠古未有之大說也。平實導師述　已於2015/05/31起開始出版，每二個月出版一輯，共有25輯。每輯300元。

涅槃：眞正學佛之人，首要即是見道，由見道故方有涅槃之實證，證涅槃者方能出生死，但涅槃有四種：二乘聖者的有餘涅槃、無餘涅槃，以及大乘聖者的本來自性清淨涅槃、佛地的無住處涅槃。大乘聖者實證本來自性清淨涅槃，入地前再取證二乘涅槃，然後起惑潤生捨離二乘涅槃，繼續進修而在七地心前斷盡三界愛之習氣種子，依七地無生法忍之具足而證得念念入滅盡定；八地後進斷異熟生死，直至妙覺地下生人間成佛，具足四種涅槃，方是眞正成佛。此理古來少人言，以致誤會涅槃正理者比比皆是，今於此書中廣說四種涅槃、如何實證之理、實證前應有之條件，實屬本世紀佛教界極重要之著作，令人對涅槃有正確無訛之認識，然後可以依之實行而得實證。本書共有上下二冊，每冊各四百餘頁，對涅槃詳加解說，每冊各350元。預定2018/9出版上冊，2018/11出版下冊。

解深密經講記：本經係　世尊晚年第三轉法輪，宣說地上菩薩所應熏修之唯識正義經典，經中所說義理乃是大乘一切種智增上慧學，以阿陀那識—如來藏—阿賴耶識爲主體。禪宗之證悟者，若欲修證初地無生法忍乃至八地無生法忍者，必須修學《楞伽經、解深密經》所說之八識心王一切種智；此二經所說正法，方是眞正成佛之道；印順法師否定第八識如來藏之後所說萬法緣起性空之法，是以誤會後之二乘解脫道取代大乘眞正成佛之道，尚且不符二乘解脫道正理，亦已墮於斷滅見中，不可謂爲成佛之道也。平實導師曾於本會郭故理事長往生時，於喪宅中從首七開始宣講，於每一七各宣講三小時，至第十七而快速略講圓滿，作爲郭老之往生佛事功德，迴向郭老早證八地、速返娑婆住持正法。茲爲今時後世學人故，將擇期重講《解深密經》，以淺顯之語句講畢後，將會整理成文，用供證悟者進道；亦令諸方未悟者，據此經中佛語正義，修正邪見，依之速能入道。平實導師述著，全書輯數未定，每輯三百餘頁，將於未來重講完畢後逐輯出版。

阿含經講記—小乘解脫道之修證：數百年來，南傳佛法所說證果之不實，所說解脫道之虛妄，所弘解脫道法義之世俗化，皆已少人知之；從南洋傳入台灣與大陸之後，所說法義虛謬之事，亦復少人知之；今時台灣全島印順系統之法師居士，多不知南傳佛法數百年來所說解脫道之義理已然偏斜、已然世俗化、已非眞正之二乘解脫正道，猶極力推崇與弘揚。彼等南傳佛法近代所謂之證果者多非眞實證果者，譬如阿迦曼、葛印卡、帕奧禪師、一行禪師……等人，悉皆未斷我見故。近年更有台灣南部大願法師，高抬南傳佛法之二乘修證行門爲「捷徑究竟解脫之道」者，然而南傳佛法縱使眞修實證，得成阿羅漢，至高唯是二乘菩提解脫之道，絕非**究竟**解脫，無餘涅槃中之實際尚未得證故，法界之實相尚未了知故，習氣種子待除故，一切種智未實證故，焉得謂爲「究竟解脫」？即使南傳佛法近代眞有實證之阿羅漢，尚且不及三賢位中之七住明心菩薩本來自性清淨涅槃智慧境界，則不能知此賢位菩薩所證之無餘涅槃實際，仍非大乘佛法中之見道者，何況普未實證聲聞果乃至未斷我見之人？謬充證果已屬逾越，更何況是誤會二乘菩提之後，以未斷我見之凡夫知見所說之二乘菩提解脫偏斜法道，焉可高抬爲「究竟解脫」？而且自稱「捷徑之道」？又妄言解脫之道即是成佛之道，完全否定般若實智、否定三乘菩提所依之如來藏心體，此理大大不通也！平實導師爲令修學二乘菩提欲證解脫果者，普得迴入二乘菩提正見、正道中，是故選錄四阿含諸經中，對於二乘解脫道法義有具足圓滿說明之經典，預定未來十年內將會加以詳細講解，令學佛人得以了知二乘解脫道之修證理路與行門，庶免被人誤導之後，未證言證，干犯道禁，成大妄語，欲升反墮。本書首重斷除我見，以助行者斷除我見而實證初果爲著眼之目標，若能根據此書內容，配合平實導師所著《識蘊眞義》《阿含正義》內涵而作實地觀行，實證初果非爲難事，行者可以藉此三書自行確認聲聞初果爲實際可得現觀成就之事。此書中除依二乘經典所說加以宣示外，亦依斷除我見等之證量，及大乘法中道種智之證量，對於意識心之體性加以細述，令諸二乘學人必定得斷我見、常見，免除三縛結之繫縛。次則宣示斷除我執之理，欲令升進而得薄貪瞋痴，乃至斷五下分結…等。平實導師述，共二冊，每冊三百餘頁。每輯300元。

修習止觀坐禪法要講記：修學四禪八定之人，往往錯會禪定之修學知見，欲以無止盡之坐禪而證禪定境界，卻不知修除性障之行門才是修證四禪八定不可或缺之要素，故智者大師云「性障初禪」；性障不除，初禪永不現前，云何修證二禪等？又：行者學定，若唯知數息，而不解六妙門之方便善巧者，欲求一心入定，未到地定極難可得，智者大師名之爲「事障未來」：障礙未到地定之修證。又禪定之修證，不可違背二乘菩提及第一義法，否則縱使具足四禪八定，亦不能實證涅槃而出三界。此諸知見，智者大師於《修習止觀坐禪法要》中皆有闡釋。作者平實導師以其第一義之見地及禪定之實證證量，曾加以詳細解析。將俟正覺寺竣工啟用後重講，不限制聽講者資格；講後將以語體文整理出版。欲修習世間定及增上定之學者，宜細讀之。平實導師述著。

★聲明★

本社於2015/01/01開始調整本目錄中部分書籍之售價，以因應各項成本的持續增加。

喇嘛教修外道雙身法，墮識陰境界，非佛教

弘揚如來藏他空見的覺囊派才是真正藏傳佛教

總經銷： 飛鴻 國際行銷股份有限公司
231 新北市新店區中正路 501 之 9 號 2 樓
Tel.02－82186688（五線代表號） Fax.02-82186458、82186459

零售：1.**全台連鎖經銷書局：**
三民書局、誠品書局、何嘉仁書店
敦煌書店、紀伊國屋、金石堂書局、建宏書局
諾貝爾圖書城、墊腳石圖書文化廣場

2.**台北市：**佛化人生 **大安區**羅斯福路 3 段 325 號 6 樓之 4　台電大樓對面
3.**新北市：**春大地書店 **蘆洲區**中正路 117 號
4.**桃園市：**御書堂 **龍潭區**中正路 123 號
5.**新竹市：**大學書局 **東區**建功路 10 號
6.**台中市：**瑞成書局 **東區**雙十路 1 段 4 之 33 號
佛教詠春書局 **南屯區**永春東路 884 號
文春書店 **霧峰區**中正路 1087 號
7.**彰化市：**心泉佛教文化中心 南瑤路 286 號
8.**高雄市：**政大書城 **苓雅區**光華路 148-83 號
明儀書局 **三民區**明福街 2 號
青年書局 **苓雅區**青年一路 141 號
9.**宜蘭市：**金隆書局　中山路 3 段 43 號
10.**台東市：**東普佛教文物流通處 博愛路 282 號
11.**其餘鄉鎮市經銷書局：**請電詢總經銷**飛鴻**公司。
12.**大陸地區請洽：**

香港：樂文書店
旺角店 :香港九龍旺角西洋菜街 62 號 3 樓
電話 :(852) 2390 3723　email: luckwinbooks@gmail.com
銅鑼灣店 :香港銅鑼灣駱克道 506 號 2 樓
電話 :(852) 2881 1150　email: luckwinbs@gmail.com

廈門：廈門外圖臺灣書店有限公司
地址：廈門市思明區湖濱南路809 號 廈門外圖書城3 樓 郵編：361004
電話：0592-5061658（臺灣地區請撥打 86-592-5061658）
E-mail：JKB118@188.COM

13.**美國：世界日報圖書部：**紐約圖書部　電話 7187468889#6262
洛杉磯圖書部　電話 3232616972#202

14.**國內外地區網路購書：**
正智出版社 書香園地　http://books.enlighten.org.tw/
（書籍簡介、經銷書局可直接聯結下列網路書局購書）
三民 網路書局　http://www.sanmin.com.tw
誠品 網路書局　http://www.eslitebooks.com

博客來 網路書局　http://www.books.com.tw
金石堂 網路書局　http://www.kingstone.com.tw
飛鴻 網路書局　http://fh6688.com.tw

附註：1.請儘量向各經銷書局購買：郵政劃撥需要八天才能寄到（本公司在您劃撥後第四天才能接到劃撥單，次日寄出後第二天您才能收到書籍，此六天中可能會遇到週休二日，是故共需八天才能收到書籍）若想要早日收到書籍者，請劃撥完畢後，將劃撥收據貼在紙上，旁邊寫上您的姓名、住址、郵區、電話、買書詳細內容，直接傳眞到本公司 02-28344822，並來電 02-28316727、28327495 確認是否已收到您的傳眞，即可提前收到書籍。 **2**.因台灣每月皆有五十餘種宗教類書籍上架，書局書架空間有限，故唯有新書方有機會上架，通常每次只能有一本新書上架；本公司出版新書，大多上架不久便已售出，若書局未再叫貨補充者，書架上即無新書陳列，則請直接向書局櫃台訂購。 **3**.若書局不便代購時，可於晚上共修時間向正覺同修會各共修處請購（共修時間及地點，詳閱**共修現況表**。每年例行年假期間請勿前往請書，年假期間請見共修現況表）。 **4**.郵購：郵政劃撥帳號 19068241。 **5**.正覺同修會會員購書都以八折計價（戶籍台北市者為一般會員，外縣市為護持會員）都可獲得優待，欲一次購買全部書籍者，可以考慮入會，節省書費。入會費一千元（第一年初加入時才需要繳），年費二千元。**6.尚未出版之書籍，請勿預先郵寄書款與本公司，謝謝您！** **7**.若欲一次購齊本公司書籍，或同時取得正覺同修會贈閱之全部書籍者，請於正覺同修會共修時間，親到各共修處請購及索取；**台北市讀者**請洽：103 台北市承德路三段 267 號 10 樓（捷運淡水線 圓山站旁）請書時間：週一至週五為 18.00~21.00，第一、三、五週週六為 10.00~21.00，雙週之週六為 10.00~18.00 請購處專線電話：25957295-分機 14（於請書時間方有人接聽）。

敬告大陸讀者：

大陸讀者購書、索書捷徑（尚未在大陸出版的書籍，以下二個途徑都可以購得，電子書另包括結緣書籍）：

1.**廈門外國圖書公司**：廈門市思明區湖濱南路 809 號 廈門外圖書城 3F
郵編：361004 電話：0592-5061658 網址：http://www.xibc.com.cn/

2.**電子書**：正智出版社有限公司及正覺同修會在台灣印行的各種局版書、結緣書，已有『**正覺電子書**』陸續上線中，提供讀者於手機、平板電腦上購書、下載、閱讀正智出版社、正覺同修會及正覺教育基金會所出版之電子書，詳細訊息敬請參閱『正覺電子書』專頁：
http://books.enlighten.org.tw/ebook

關於平實導師的書訊，請上網查閱：
成佛之道 http://www.a202.idv.tw
正智出版社 書香園地 http://books.enlighten.org.tw/

中國網採訪佛教正覺同修會、正覺教育基金會訊息：

http://big5.china.com.cn/gate/big5/fangtan.china.com.cn/2014-06/19/content_32714638.htm

http://pinpai.china.com.cn/

★ 正智出版社有限公司售書之稅後盈餘，全部捐助財團法人正覺寺籌備處、佛教正覺同修會、正覺教育基金會，供作弘法及購建道場之用；懇請諸方大德支持，功德無量。

★ 聲 明 ★

本社於 2015/01/01 開始調整本目錄中部分書籍之售價，以因應各項成本的持續增加。

＊ 喇嘛教修外道雙身法、墮識陰境界，非佛教 ＊

＊ 弘揚如來藏他空見的覺囊派才是真正藏傳佛教 ＊

換書及道歉公告

《法華經講義》第十三輯，因謄稿、印製等相關人員作業疏失，導致該書中的經文及內文用字將「**親近**」誤植成「清淨」。茲爲顧及讀者權益，自 2017/8/30 開始免費調換新書；敬請所有讀者將以前所購第十三輯初版首刷及二刷本，攜回或寄回本社免費換新，或請自行更正其中的錯誤之處；郵寄者之回郵由本社負擔，不需寄來郵票。同時對因此而造成讀者閱讀、以及換書的困擾及不便，在此向所有讀者致上最誠懇的歉意，祈請讀者大眾見諒！錯誤更正說明如下：

一、第 256 頁第 10 行~第 14 行：【就是先要具備「**法親近處**」、「**眾生親近處**」；法**親近**處就是在實相之法有所實證，如果在實相法上有所實證，他在二乘菩提中自然也能有所實證，以這個作爲第一個**親近**處——第一個基礎。然後還要有第二個基礎，就是瞭解應該如何善待眾生；對於眾生不要有排斥或者是貪取之心，平等觀待而攝受、親近一切有情。以這兩個**親近**處作爲基礎，來實行其他三個安樂行法。】。

二、第 268 頁第 13 行：【具足了那兩個「**親近處**」，使你能夠在末法時代，如實而圓滿的演述《法華經》時，那麼你作這個夢，它就是如理作意的，完全符合邏輯去完成這個過程，就表示你那個晚上，在那短短的一場夢中，已經度了不少眾生了。】

正智出版社有限公司 敬啓

售後服務—換書啓事（免附回郵） 2017/12/05

《楞伽經詳解》第三輯初版免費調換新書啓事：茲因 平實導師弘法早期尚未回復往世全部證量，有些法義接受他人的說法，寫書當時並未察覺而有二處（同一種法義）跟著誤說，如今發現已將之修正。茲爲顧及讀者權益，已開始免費調換新書；敬請所有讀者將以前所購第三輯（不論第幾刷），攜回或寄回本公司免費換新；郵寄者之回郵由本公司負擔，不需寄來郵票。因此而造成讀者閱讀、以及換書的不便，在此向所有讀者致上萬分的歉意，祈請讀者大眾見諒！

《楞嚴經講記》第 14 輯初版首刷本免費調換新書啓事：本講記第 14 輯出版前因 平實導師諸事繁忙，未將之重新閱讀而只改正校對時發現的錯別字，故未能發覺十年前所說法義有部分錯誤，於第 15 輯付印前重閱時才發覺第 14 輯中有部分錯誤尚未改正。今已重新審閱修改並已重印完成，煩請所有讀者將以前所購第 14 輯初版首刷本，寄回本公司免費換新（初版二刷本無錯誤），本公司將於寄回新書時同時附上您寄書來換新時的郵資，並在此向所有讀者致上最誠懇的歉意。

《心經密意》初版書免費調換二版新書啓事：本書係演講錄音整理成書，講時因時間所限，省略部分段落未講。後於再版時補寫增加 13 頁，維持原價流通之。茲爲顧及初版讀者權益，自 2003/9/30 開始免費調換新書，原有初版一刷、二刷書籍，皆可寄來本公司換書。

《宗門法眼》已經增寫改版爲 464 頁新書，2008 年 6 月中旬出版。讀者原有初版之第一刷、第二刷書本，都可以寄回本公司免費調換改版新書。改版後之公案及錯悟事例維持不變，但將內容加以增說，較改版前更具有廣度與深度，將更能助益讀者參究實相。

換書者**免附回郵**，亦無截止期限；舊書請寄：111 台北郵政 73-151 號信箱 或 103 台北市承德路三段 267 號 10 樓 正智出版社有限公司。舊書若有塗鴨、殘缺、破損者，仍可換取新書；但缺頁之舊書至少應仍有五分之三頁數，方可換書。所有讀者不必顧念本公司是否有盈餘之問題，都請踴躍寄來換書；本公司成立之目的不是營利，只要能眞實利益學人，即已達到成立及運作之目的。若以郵寄方式換書者，免附回郵；並於寄回新書時，由本公司附上您寄來書籍時耗用的郵資。造成您不便之處，再次致上萬分的歉意。

正智出版社有限公司 啓

國家圖書館出版品預行編目資料

優婆塞戒經講記／平實導師講述. —初版—
臺北市：正智，2005—　〔民94—　〕
冊；　公分

ISBN 978-986-81358-2-6 （第1輯：平裝）
ISBN 978-986-81358-3-3 （第2輯：平裝）
ISBN 978-986-81358-5-7 （第3輯：平裝）
ISBN 978-986-81358-7-1 （第4輯：平裝）
ISBN 978-986-82992-0-7 （第5輯：平裝）
ISBN 978-986-82992-3-8 （第6輯：平裝）
ISBN 978-986-82992-6-9 （第7輯：平裝）
ISBN 978-986-82992-8-3 （第8輯：平裝）

1.律藏

223.1　　94024925

優婆塞戒經講記

——第一輯

著 述 者：平實導師
音文轉換：正覺同修會編譯組
校　　對：章乃鈞 陳介源 白志偉 崔世偉
出 版 者：正智出版社有限公司
電話：〇二 28327495 28316727（白天）
傳真：〇二 28344822
111台北郵政73-151號信箱
郵政劃撥帳號：一九〇六八二四一
正覺講堂：總機〇二 25957295（夜間）
總 經 銷：飛鴻國際行銷股份有限公司
231新北市新店區中正路501-9號2樓
電話：〇二 82186688（五線代表號）
傳真：〇二 82186458 82186459
初版首刷：公元二〇〇五年十二月 二千冊
初版九刷：公元二〇一八年六月 二千冊
定　　價：二五〇元